놀면서 걸어서
한국의 산티아고를 가다

제주올레 완주기
29코스 437km

놀면서 걸어서 한국의 산티아고를 가다
제주올레 완주기 29코스 437km

초판 1쇄 발행 2024년 3월 15일

지은이 장현
펴낸이 장길수
펴낸곳 지식과감성#
출판등록 제2012-000081호

교정 한장희
디자인 정윤솔
편집 정윤솔
검수 김지원, 이현
마케팅 김윤길, 정은혜

주소 서울시 금천구 벚꽃로298 대륭포스트타워6차 1212호
전화 070-4651-3730~4
팩스 070-4325-7006
이메일 ksbookup@naver.com
홈페이지 www.knsbookup.com

ISBN 979-11-392-1702-5(03810)
값 17,000원

- 이 책의 판권은 지은이에게 있습니다.
- 이 책 내용의 전부 또는 일부를 재사용하려면 반드시 지은이의 서면 동의를 받아야 합니다.
- 잘못된 책은 구입하신 곳에서 바꾸어 드립니다.

지식과감성#
홈페이지 바로가기

놀면서 걸어서
한국의 산티아고를 가다

제주올레 완주기
29코스 437km

장현 지음

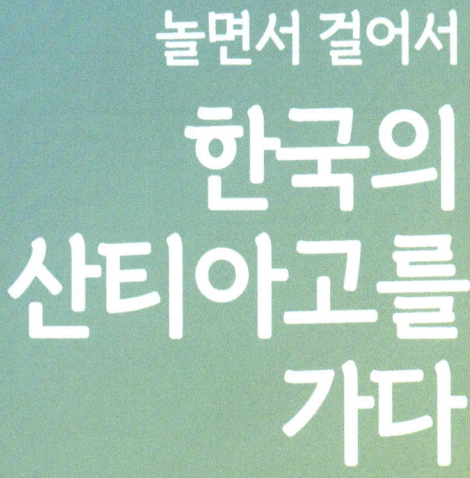

PROLOGUE

마음에 담아 둔
버킷 리스트를 실행하라!

　처음에는 스페인 산티아고의 대체지로 선택된 제주 해안 길 완주(253km) 목표가 어느 날 갑자기 제주올레 완주로 바뀌었다. 나는 제주올레가 1코스, 2코스 개장될 즈음이었던 2008년도에 6코스의 쇠소깍이 있는 효돈마을에서 10개월 동안 살았다. 하지만 정작 올레길에는 관심이 없었고 같이 근무하던 직원들이 코스 개장식에 다녀왔다는 이야기를 들어도 무관심했다.
　다만 서명숙 이사장이 펴낸 『놀멍 쉬멍 걸으멍 제주올레여행』이라는 책을 통해 올레의 탄생 역사를 알게 된 정도였고, 서명숙 이사장과 남동생의 살신성인 정신에 감격할 따름이었다. 이때만 해도 제주올레는 9코스 정도만 개장되고 있었다.
　나는 제주올레보다 스페인의 산티아고에 대한 열망이 대단했고, 그 소망은 꼭 도전하고 싶은 버킷 리스트가 되었다.
　70세에 맞춰 실행하리라는 희망은 2019년 무릎 통증으로 찾은 병원에서 병명을 확인하기까지 유효한 것이었다.

병명은 퇴행성 관절염으로, 나이가 들면서 그동안 많이 사용한 무릎 관절에 이상이 생겨 찾아오는 병이었다.

일단 모든 것을 접었다. 의사는 수영과 걷기를 하되 등산은 안 된다고 한다. 그때부터 수영을 시작하여 지금까지 4년 동안 유지하고 있고, 걷기는 생활 속에서 대중교통 수단 이용과 평소 걷기에 주력한 결과, 체중 감량 성공으로 무릎 관절의 부담을 줄여 지금은 걷는 데 큰 불편이 없을 정도가 되었다.

스페인 산티아고 순례길 도전은 신체적 제약으로 인해 무산되었지만, 그 대안으로 제주올레 완주 그리고 그를 토대로 책을 내겠다는 발상은 내가 생각해도 참으로 가상하다.

나만의 글을 세상에 내놓는다는 것이 정말 모르고 행하는 무식한 용감성이라고 말하면서도 그래도 해 보자고 자신을 믿고 격려하며 시작하였다.

나는 문학적 소양이나 글을 쓰는 재능이 있다고는 생각지 않고 살았다. 필요할 때 문자로 알리는 정도의 글쓰기가 유일한데 과연 400여 페이지를 채울 수 있을까 걱정이 없지 않았다. 하지만 나 자신을 믿었다. 한 발 한 발의 뚜벅이 발걸음과 진솔하고 정성을 다한 마음을 모으면 꼭 채울 수 있다고 확신하며 시작했다.

올레길의 완주는 나의 발걸음으로, 글쓰기는 진솔한 마음의 표현으로 매일매일 PC방에서 자판을 두드리며 기록하였던 결과물을 감히 세상에 내놓게 되었다.

내가 갈망해 온 계획이 실행되었기에 기쁜 마음이다.

목차

PROLOGUE : 마음에 담아 둔 버킷 리스트를 실행하라! ······ 4

D - 1
남양주에서 서귀포시 신시가지 강정동에 안착 ······ 11

제주올레 1코스 시흥 - 광치기 올레
기대감과 설렘을 동반한 길 ······ 17

제주올레 1-1코스 우도 올레
옛 추억을 찾아가듯 걷는 길 ······ 31

제주올레 2코스 광치기 - 온평 올레
밤에 대화하며 걷는 길 ······ 45

제주올레 3-A코스 온평 - 표선 올레
기다리는 마음으로 걷는 길 ······ 61

제주올레 3-B코스 온평 - 표선 올레
외롭게 사색하며 걷는 길 ······ 71

제주올레 4코스 표선 - 남원 올레
꽃과 나무의 이름을 배우며 걷는 길 ······ 81

제주올레 5코스 남원 – 쇠소깍 올레
옛 정취를 찾아 걷는 길 ……… 91

제주올레 6코스 쇠소깍 – 제주올레 여행자센터 올레
일 듯 모를 듯 한 풍경을 그리며 걷는 길 ……… 105

제주올레 7코스 제주올레 여행자센터 – 월평 올레
기쁜 마음으로 걷는 길 ……… 115

제주올레 7-1코스 서귀포버스터미널 – 제주올레 여행자센터 올레
신성한 곳으로 걸어가는 길 ……… 127

제주올레 8코스 월평 – 대평 올레
4.3에서 4.3까지 걷는 길 ……… 139

제주올레 9코스 대평 – 화순 올레
다양한 인간 군상을 만나는 길 ……… 151

제주올레 10코스 화순 – 모슬포 올레
기억에 새겨진 발자국을 찾아가는 길 ……… 163

제주올레 10-1코스 가파도 올레
친구들과 함께 걷는 길 ……… 177

제주올레 11코스 모슬포 - 무릉 올레
군대 생활을 회상하며 걷는 길 ························ 187

제주올레 12코스 무릉 - 용수 올레
잊지 못할 아름다운 추억을 만들며 걷는 길 ············ 201

제주올레 13코스 용수 - 저지 올레
밤길 따라 불빛 따라 걷는 길 ························ 219

제주올레 14코스 저지 - 한림 올레
시선이 바쁜 길 ······································ 233

제주올레 14-1코스 저지 - 서광 올레
가만히 걸어가는 길 ·································· 247

제주올레 15-A코스 한림 - 고내 올레
어린 시절을 회상하며 걷는 길 ························ 263

제주올레 15-B코스 한림 - 고내 올레
아침에 걷는 길 ······································ 275

제주올레 16코스 고내 - 광령 올레
복잡한 심정으로 걷는 길 ···························· 287

제주올레 17코스 광령 - 제주원도심 올레
밤늦은 시간까지 헤매었던 길 ·············· 301

제주올레 18코스 제주원도심 - 조천 올레
몇 번이고 돌아보며 걷는 길 ·············· 317

제주올레 18-1코스 상추자 올레
겁 없이 걸었던 길 ·············· 335

제주올레 18-2코스 하추자 올레
상쾌하게 원점 회귀를 위해 걷는 길 ·············· 347

제주올레 19코스 조천 - 김녕 올레
독서하며 혼자 걷는 길 ·············· 357

제주올레 20코스 김녕 - 하도 올레
눈으로 가만히 걷는 길 ·············· 369

제주올레 21코스 하도 - 종달 올레
의지를 갖고 걷는 길 ·············· 385

EPILOG : 세 번의 감동을 느껴 보자! ·············· 398
제주올레 안내 표지 ·············· 400
참고 도서 ·············· 401

D-1

남양주에서
서귀포시 신시가지 강정동에 안착

기대와 흥분으로 시작된 출발은 두려움을 밀고 온다. 내가 하고자 하는 계획이 실전으로 다가오니 은근히 부담이 된다.

제주공항에 착륙할 즈음에 비행기 창을 통하여 한라산을 본다면 굉장히 재수가 좋나고 하는데 나는 한라산을 보았다. 좋은 출발이라고 스스로 안위한다.

서귀포시 신시가지에 있는 숙소로 가기에 앞서 제주 도착을 알리는 행사를 한 가지 계획하였다. 바로 한라산 신에게 제주에 입도했다는 보고를 하고 가까운 마을 본향당에서 기원하는 행위이다.

택시를 타고 기사님에게 산천단, 월평다라굿당을 거쳐 시외버스 터미널으로 가려고 한다고 알리면서 산천단, 월평다리굿당의 주소가 쓰인 종이를(집에서 미리 준비) 내밀며 가능하냐고 물으니 기사님은 그곳에서 너무 오래 있지는 말고 바로 나오면 가능하다고 한다. 가는 도중 CU편의점에서 한라산 소주 2병과 컵을 샀다.

산천단은 엊그제 온 눈으로 하얗게 덮여 있어 제단을 찾기가 쉽지 않았다. 제단 위에 있는 눈을 쓸었으나 완전히 제거되지 않아 하얀 제단으로 더욱 신성함을 느끼게 한다. 소주 한 잔을 올리며 한라산 신령께 도착

보고를 드리고 나머지 소주는 제단 주변에 뿌렸다. 월평다라굿당은 근처까지 갔으나 제단을 찾지 못하고 돌아섰다. 이제껏 몇 번 제주에 왔지만 그때는 업무차, 여행차 왔어도 이렇게 한라산 신령께 도착 보고를 하지 않았고, 마을 본향당에 기원을 할 생각도 하지 못했다. 하지만 이번은 다르지 않은가! 제주에 온 목적이 뚜렷하고 그 실행과 완성을 위하여 준비도 많이 했고 그만큼 성공에 대한 내 나름대로의 기대가 크다면 크다. 이런 의식을 통하여 나의 흐트러질 수 있는 마음을 바로잡고 정진할 수 있다면 더 바랄 것이 없을 것이다. 그래서 굳이 이런 행사를 하였던 것이다.

택시 기사님과 이야기를 나누었다. 필리핀에서 여행업을 23년간 하다가 11년 전에 제주도로 귀환하여 곧바로 운전을 시작했다고 한 기사님은 다른 때보다 지금이 행복하다고 한다. 박형한(59세) 기사님은 제주도의 장점으로 치안이 잘 되어 있고, 아열대 기후이면서도 사계절이 뚜렷하다는 점과 암반수인 물이 좋아서 여생을 제주에서 보내기 위해 귀국했다고 한다.(원래 고향은 전남 영암이라고 한다.)

시외버스 터미널에 오니 바로 800-1번 버스가 출발을 기다리고 있다. 서귀포 신시가지까지 소요시간은 1시간 25분이라고 한다.

숙소는 시외버스 터미널과 수영장이 각각 10분 거리에 있고 10층 맨 꼭대기에 위치하여 전망도 좋고 깨끗하다.

서귀포 시내에 서귀본향당이 있어 월평다라굿당에서 하지 못한 기원을 하려고 시내행 버스를 탔다. 본향당은 이중섭미술관 근처에 있는 것으로 나온다. 40여 분을 헤매다가 남의 대문을 통과해야 본향당에 갈 수 있음을 발견했다. 그런데 이건 또 어쩌랴! 본향당의 문이 굳게 닫혀 있었

산천단

서귀본향당

다. 하지만 그냥 갈 수는 없지 않은가! 그래서 본향당이란 표지석이 있는 곳을 제단이라 생각하고 소주잔을 올리고 고개를 숙여 가슴속에 품고 있는 한지에 소원을 하나하나 열거하며 빌어 본다. 나와 가족의 안녕과 행복, 친구들이 아프지 않도록, 조카들의 안위와 행복을, 마지막으로 나의 29코스 올레길을 무사히 완주하고 그 결과물을 책으로 펴낼 수 있을 정도로 이야깃거리를 많이 주십사 하고 기원했다. 의식을 끝내고 나오는데 한지가 몸에서 툭 떨어진다. 한지를 가슴에 품고 기도한 후 바로 한지(소전)를 나무에 매달면 의식은 끝나는데 마지막을 잊고 있었다. 다행히 한지가 가슴에서 떨어지는 바람에 한지를 나무에 거는 마지막 의식을 마치고 나올 수 있었다. 그때가 저녁 7시이다.

한라산 산천단

산천단은 제주시 아라동 제주대학교 뒤편 소산봉(소산오름) 기슭에 있다.

본래 제주인들은 탐라국 시절부터 해마다 정월이면 백록담까지 올라가 산신제를 올렸다. 그런데 한겨울에 백록담까지 올라가자면 날이 춥고 길이 험해 제물을 지고 올라가는 사람들이 얼어 죽거나 부상당하곤 했다고 한다.

조선 성종 1년(1470)에 부임한 제주목사 이약동은 이런 사실을 알고 지금의 위치에 제단을 만들고 여기서 산신제를 지내게 했다. 제의를 형식이 아니라 정성으로 바꾼 대단히 혁신적인 조치를 내렸던 것이다.

본향당

제주는 1만 8천의 신이 살고 있는 제신諸神의 고향이며 또한 458곳의 신당神堂이 있다. 산에는 산신당山神堂, 바다에는 해신당海神堂, 마을에는 본향당本鄕堂이 있다. 본향당이란 제주 사람들, 특히 제주 여인네들에게 영혼의 동사무소이다. 여인네들은 자기 삶에서 일어난 모든 것을 본향당에 와서 신고하는 곳이다. 중요한 점은 신과 독대獨對한다는 점이다.

모진 자연과 싸우며 살아가는 제주인들에겐 심신의 카운슬링 상대로 신을 모시는 것이라고 한다.

제주올레 1코스
시흥 – 광치기 올레

기대감과 설렘을 동반한 길

　아침 8시 30분경 수영을 마치고 거리로 나오니 한라산이 하얀 눈을 듬뿍 쓰고 모습을 드러냈다. 오늘도 행운이다. 맑고 아름다운 자태의 한라산을 볼 수 있었으니까. 한라산이 제주이고 제주가 한라산이라고 극단적으로 말하는 사람도 있다. 그만큼 제주에서 한라산은 중요한 위치를 차지할 뿐 아니라 영험함을 품고 있는 것이다.

　시흥리에 도착했다. 1코스 출발을 알리는 파란 간세가 있고 일출사日出寺 표지석, 동백꽃, 저 멀리 말미오름의 겹겹이 쌓여 있는 바위층도 보인다.

제주올레 민박 1호 강태여할망민박

우선 1코스를 진입하기 전에 강태여 할머니를 뵙고 싶었다. 제주올레 민박 1호로서 상징적인 의미도 있고, 앞서 만났던 사람들의 이야기를 확인하고 싶었다. '강태여할망민박'이란 빨간 간판이 보인다. 깔끔하게 단장된 강태여 할머니 집에는 아무도 없다. 그냥 지나칠까 하다가 후회할 것 같아 간판에 있는 예약 핸드폰 번호로 전화를 드렸다. 반갑게 받으면서 곧 가니까 기다리라고 한다. 밖에서 20여 분을 기다리니 승용차를 타고 오셨다. 바로 방으로 안내하여 들어가니 커피를 내오신다. 찾아 주어 고맙다는 말을 몇 번이고 하신다. 반갑게 맞아 주는 모습을 보니 성품도 좋으시고 사교성도 좋으시다. 제주올레 사무국에서 민박 1호를 제대로 선정했다는 느낌이다. 따님이 용띠(71세)이며 속초에 사는데 1월 14일(음력)에 제주도청으로 업무차 온다고 한다. 날짜를 음력으로 사용하는 마지막 세대임을 알 수 있다. 현재 방 11개 중 3개만 민박으로 운영하고 나머지는 월세로 놓고 있다고 한다. 남편이 4.3 때 억울하게 학살된 뒤 홀로 사 남매를 키웠으며, 아직도 건강하게 일하고 계시는 것을 보니 대단하다는 생각이다. 인사를 드리고 아쉬운 마음을 안고 길을 나선다.

시흥초등학교 국민교육헌장탑은 철거해야 하나 철거하지 않고
산 교육 자료로 이용하겠다는 안내문

시흥리

첫 번째로 마주치는 리본이 반갑다. 밭담과 집담이 어우러진 길로 이어진다. 제주올레안내소까지 갔으나 시흥초등학교가 보이지 않았다. 제주올레안내소의 직원에게 물으니 1코스 시작 지점에서 밑으로 100여m 내려가야 초등학교가 있다고 한다. 다시 내려와 시흥초등학교에 들어서니 정문 앞에 있는 국민교육헌장탑 바로 옆에 새로운 안내판이 눈길을 끈다. 내용은 바로 이렇다.

"국민교육헌장은 1968년 12월 5일 박정희 정부 당시 발표된 헌장으로 일제의 교육칙어 이념을 모방하였다.
교과서 앞 부분에 가장 먼저 인쇄되어 나왔으며 각급 학생은 물론 노동자, 공무원, 군인, 경찰 등을 막론하고 외워야 했다.

제주특별자치도 교육청은 『일제강점기 식민잔재 청산에 관한 조례』(2019. 7. 10.)에 의해 국민교육헌장을 학교 내 일제강점기의 식민잔재로 분류하여 일제 잔재의 청산 대상으로 삼았다.

우리 학교 국민교육헌장 기념탑은 1975년 12월 5일, 재일본시흥성진회 회원과 일본 대판 김희용이 타향살이의 어려운 생계에서도 금전을 짜내어 애향심에 불타는 마음으로 어린이의 배움터에 기념탑을 기증했다. 이에 철거하기보다는 학교의 역사 교육 자료로 삼고자 한다."

2022. 10. 시흥초등학교

국민교육헌장탑은 철거해야 하지만 기금을 출연하신 분들의 성의를 보아 철거하지 않고 학생들에게 산 교육 자료로 이용하겠다는 내용이다.

2007년 9월 8일, 시흥초등학교 운동장에서 사단법인 제주올레 출범식이 열렸고, "말미오름에서 섭지코지까지"라는 타이틀로 역사적인 제주올레 1코스는 개장되었다. 출범식이 열렸던 바로 그 장소에서 그 당시를 생각하니 올레를 만든 주최 측과 개장식의 실질적 수혜자로 참석했던 사람들이 느꼈던 감회가 나에게도 그대로 전해지는 듯했다. 운동장에서 보는 말미오름은 웅장하게 보여 그 당시 참여하는 자들을 더욱 고무시켰을 것이다.

시흥초등학교 교무실에 들어가니 젊은 남자 선생님과 여자 선생님 두 분이 계셨다. 큰 소리로 올레꾼이라고 말하고 몇 가지 알아보고 싶어 왔다고 했다. 남자 선생님이 나오셔서 밖으로 나가서 이야기하자고 하면서 운동장으로 데리고 오더니 귀찮다는 듯 어서 길을 나서라고 한다. 나는 '학생들이 줄고 있느냐, 다문화가정 학생들이 있느냐'고 물었다. 선생님은 모든 자료는 홈페이지에 기록된 대로라고 한다. 떠미는 선생님을 뒤로하고 학교 교정을 살피는데 한쪽에는 공덕비가 즐비하게 세워져 있다.

시흥초등학교는 1947년 1월 18일에 설립되었고 현재 학생 수 48명(남 21명, 여 27명)이다. 교원 수는 11명(남 3명, 여 8명)이고 2022년 졸업생은 8명(남 6명, 여 2명)이다. 이 학교도 일반 농어촌 학교처럼 학생 수가 계속 줄어들고 있다. 시흥초등학교는 제주올레가 존속하는 한 역사의 한편에 자리하고 있을 터인데 학생이 계속 줄어들면 폐교하게 되지나 않을까 하는 안타까움이 드는 것은 공연한 과민인가?

처음 올레를 걷겠다고 마음을 다졌을 때 의문이 있었다. 제주도 내에 유명하고 아름답고 접근이 쉬운 곳도 많은데 하필 조금은 구석지고 외지고 잘 알려지지 않은 시흥리에서 처음 개장식을 가졌을까? 그렇다. 역사적 사실이 숨겨져 있기 때문이었다. 지금부터 100여 년 전, 시흥리가 속한 당시 정의현의 채수강 군수가 "맨 처음 마을"이란 뜻으로 "시흥리"라는 이름을 붙였다. 제주에 부임한 목사가 맨 처음 제주를 둘러볼 때면 시흥리에서 시작해 종달리에서 순찰을 마쳤다고 한다.

서명숙 이사장이 제주올레의 첫 시발점을 찾던 중 성산포구에서 고깃배를 수리하는 아저씨를 우연히 만나 그의 추천에 의해 말미오름을 찾아보고 오름의 절벽을 보는 순간 이곳을 시작섬으로 삼겠다고 결정했다고 한다.

삼거리 출발점에서 조금 지나니 밭에서 당근을 캐고 있는 아들과 어머니가 있다. 아들에게 먼저 아래쪽 비닐하우스는 포도밭이냐고 물으니 비닐하우스는 키위밭이라고 한다. 어머니에게 무슨 일을 하느냐고 여쭈니 본인은 해녀로서 오늘 소라를 잡으러 가야 하는데 물질하는 대신 당근을 캔다고 한다. 인건비가 비싸 일꾼을 사느니 본인이 직접 일을 한다고 한다. 작년 9월초 힌남노 태풍으로 당근에 염분이 들어와 흉작이 되어 당근이 비싸다고 한다. 20kg 한 상자에 5만 원을 받는데 시중에서는 더 비

당근 수확 후 버려진 당근 모습

쌀 것이라고 한다. 어떻게 피해를 감당하느냐고 물으니 보험에 들어서 피해를 보상받아 예전보다는 나아졌다고 한다. 밭에 버려진 것 중에는 청수현상으로 당근의 윗부분이 파랗게 된 것이 있는데, 이것은 당근이 자랄 때 흙으로 계속 덮어서 당근이 흙 안에 있도록 흙을 북돋워야 하는데 그것을 하지 않아 그렇게 되었다고 한다.

말미오름은 초반에 가파르게 출발한다. 힘들게 땅만 보고 걷다 보니 갑자기 건물이 나타난다. 산불 감시소이다. 조금 더 오르니 전망대처럼 나무 덱으로 별도 장소를 만들어 놓았으나 그곳이 정상이라는 어떤 팻말도 없었다. 왼쪽은 성산일출봉 오른쪽은 바다가 어렴풋이 보이는데 안개가 끼어 있어 더욱 신비롭게 다가왔다. 말미오름 정상에서 알오름으로 가는 길에 제주의 산담(묘지 둘레에 쌓은 돌담)과 동자석을 처음으로 본다. 숲속을 걷게 되어 삼림욕을 하는 기분이다. 알오름은 이제까지 보았던 동쪽의 바다뿐만 아니라 서남쪽 바다까지 보여 주면서 한라산과 성산일출봉, 우도까지 어우르는 절경이었다.

한비야가 제주올레 1코스 개장식을 마치고 알오름 정상에 올라 "이건 천하 제1경이야, 녹색과 검정이 이렇게 잘 어울릴 줄이야!"라고 외쳤던 대로 나 역시 두 손을 하늘로 곧게 펴고 아름다움을 노래했다. "오름을 오르지 않고 제주를 안다고 말할 수 없으리라!"

중국의 모택동은 만리장성의 위대함을 다음과 같이 말하였다. "만리장성에 오르지 않고는 남아라고 할 수 없다.不到長城 非好汉" 이처럼 "제주의 오름에 오르지 않고 제주를 어찌 여행했다고 자부할 수 있겠는가?"라고 감히 말하고 싶다.

무밭에서 쓰레기를 태우는 아주머니에게 물었다.

"육지에서는 무 채소가 모두 수확이 끝났는데, 이곳은 아직 밭에 그대로 남아 있는데 어떻게 된 거예요?"

"네, 제주 무는 2월부터 4월까지가 수확하는 제철입니다."

종달리

종달은 맨 끝에 있는 땅, 제주목의 동쪽 끝 마을, 종처럼 생긴 지미봉(165.3m) 인근에 생긴 마을이라는 뜻이라고 한다. 800년 전 사람이 살면서 마을이 형성되었다. 이 마을은 반농반어 마을이다. 최근에는 어업 인구가 줄어들고 농업의 중요성이 커지고 있다. 주요 소득원은 당근, 감자, 마늘이라 한다. 동쪽 해안은 조개잡이 체험장으로 지정되어 많은 관광객이 찾아오고 있다.

세계 트레일러 관계자들이 제주올레에 놀라는 것은 트레일 코스가 마을을 정통으로 통과한다는 것이다. 외국은 되도록이면 마을을 피해서 설정한다고 한다. 마을 주민들의 사생활이 트레일러로 인해 침해받지 않도록 하기 위함이다. 그래서 제주올레가 독특하다. 제주도 주민들이 올레꾼들을 위해 최대한 배려하고 지원하고 있다는 것이다. 종달리 마을도 예외는 아니다. 벽에 예쁜 그림을 그려 산뜻하게 집을 치장하고 올레꾼들에게 최대한 친절을 베풀고 있다.

이색적인 공간이 있어 들어갔다. 여자분 두 분이 있다. 한 분이 일어나서 차분히 감상하라고 안내한다. 젊은 분인데 몇 살이냐 물으니 30대 초반이라고 한다. 20대 초반에 제주에 와서 살고 있는데 처음에 종달리

598번지에서 출발하여 상호를 "Showroom598"로 하였다고 한다. 이름은 조현민 사장이다. 그림을 직접 그려 인쇄한 것을 판매하는 4평 정도의 작은 공간이다. 그림은 산뜻하고 개성이 있다. 개인전은 해 보셨느냐고 물으니 서울에서 진행하는 프로그램에 한두 번 참가했으나 번거롭고 소득도 없어 그 이후로 참가하지 않았다고 한다. 올해는 개인전을 제주에서 열 계획이라고 한다. 종달리는 자기처럼 작은 공방이 많다고 한다. 그림엽서 10장을 구입하였다. 주변에는 역시 그의 말대로 작은 공간의 간판들이 즐비했다. 창고 건물에 공청회라는 상호가 있어 들어갔다. 굉장히 큰 공간에 술병이 벽에 가득 장식되어 있는 곳이다. 종업원에게 와인바냐고 물으니 카페 겸 술도 판다고 한다. 이색적인 종달리 마을 분위기이다.

옛 종달리 사람들이 척박한 땅에 농사를 지을 수 없어 소금을 만들어 팔던 밭이 여전히 남아 있다. 소금이 귀하던 시절, 이곳에서 가마솥에 끓여 만들어진 소금은 제주 전역으로 팔려 나갔다고 한다. 1900년 초까지 마을 353호 가운데 160명이 소금 생산에 종사하였고, 소금을 생산하는 가마도 46개나 있었다고 한다. 소금을 만들던 밭은 방조제를 쌓아 간척지를 조성하여 논으로 만들어 쌀을 재배하였으나 쌀이 남아돌아 자연 폐작되었다. 현재는 개인 소유로 남아 갈대밭이 되어 있다.

목화휴게소는 수요일이 정기휴일이다. 아주머니 한 분이 연못 앞 솔밭에서 뭔가를 줄에 널고 있다. 올레 안내 책자에서 소개한 대로 한치를 말리고 있으리라고 생각했다.

"한치를 널고 있으세요?"

"아니요, 오징어입니다."

"한치와 오징어의 차이가 무엇입니까?"

"한치는 오징어에 비해 발의 길이가 작아요."

제주도에서 오징어를 말리는 모습을 처음으로 본다. 여자분은 목화휴게소 여자 사장님이신데 휴일은 낮에, 평일은 새벽에 이곳에 나와 오징어를 널곤 한다고 한다. 한치는 제주도에서 6월에 제일 많이 잡히는데 비싸서 먹을 수가 없다고 한다. 처음에는 한치를 준비하여 팔았는데 손님들이 보자고 하여 냉장고에서 꺼내 보여 주면서 한 마리에 6만 원이라고 하면 그냥 기가 막힌다고 하며 사지 않는다고 한다. 그 짓을 계속하니 지겨워 한치 판매는 접었다고 한다. 한치나 오징어도 반 건조 상태로 냉장고에 보관했다가 주문을 하면 가스 불에 구워서 판다고 한다.

나보고 광치기까지 가려면 1시간 이상 걸리니 서두르라고 한다. 나는 오늘 중으로만 걸으면 된다고 큰소리를 치며 작별인사를 나누고 걸음을 재촉했다. 하지만 갑자기 날이 어두워지기 시작하면서 바람이 세차게 몰아치는데 감당이 안 되었다. 종달리 해안가를 걸으며 유유자적하고자 했으나 이제 마음도 몸도 급해졌다. 건물이나 보호물이 있는 곳은 바람이 잦아드는데 해안가 도로의 바람은 사람이 밀릴 정도였고, 으스스한 굉음은 무서움을 더하였다. 자전거를 타고 오던 학생들도 오던 길로 되돌아가고 있다.

이생진 시비, 성산포 마을회에서 설치했다.

성산포

성산일출봉 상가 거리에 오니 어둑해졌다. 그래도 오늘 꼭 보고 싶은 곳이 있다. 올레코스에서 왼쪽으로 벗어나 300m만 가면 성산포를 알린 이생진 시비거리가 나온다. 이곳에 시비거리를 만든 주체는 주민들이다. 주민들이 성금을 모아 자발적으로 조성한 공간이란 것이다. 시비거리에는 "그리운 바다 성산포" 시비가 서 있고 이생진의 시 19편은 평석으로 바닥에 놓여 있다. 참으로 대단한 성산포 주민이라고 마음속으로 경의를 표했다.

"성산포에서는 사람은 슬픔을 만들고 바다는 그 슬픔을 삼킨다. 성산포에서는 사람이 슬픔을 노래하고 바다는 그 노래를 듣는다."

이생진의 '그리운 바다 성산포' 시비 거리(성산읍 성산리 305-1)가 오정개 해안가에 있다.

태평양으로 이어지는 탁 트인 바다 왼편에 섬 우도가 있고, 오른편에 일출봉이 감싸고 있는 이생진 시인의 시비 공원은 성산포의 명소로 문학인들의 발걸음을 재촉하는 곳이다.

　이생진 시인(1929-)은 우리나라 섬의 정경과 섬사람들의 애환을 시에 담아 '섬 시인' 혹은 '바다 시인'으로 불린다.
　1978년에 펴낸 대표작 『그리운 바다 성산포』는 '바다와 섬과 사랑을 노래한 국내 시의 백미'로 꼽히며 성산포 주민뿐만 아니라 대한민국 국민으로부터 사십 년 넘게 꾸준히 사랑을 받고 있다.

　이제 거리에는 가로등 불빛이 내비친다. 성산일출봉에도 일본군 동굴 진지가 있는데, 총 18곳, 514m로 제주도 내 특공 기지 가운데 가장 긴 규모라고 한다. 이곳 성산포에도 다크투어의 현장이 있다. 바로 앞바르 터진목(앞바다 가까운 바다의 트인 길목)이다. 제주 4.3 당시, 성산읍 일대의 주민들이 앞바르 터진목으로 끌려와 집단 학살을 당했던 가슴 아픈 역사가 서린 곳이다.
　이제까지 제주를 다 안다고 했던 자만이 한꺼번에 무너지는 순간이었다. 제주는 볼 것이 없다던 경솔함이 무척이나 서글프게 다가왔다. 우리

수마포 해변 야경

가 알려고 하지 않아서 볼 것이 없는 것이고, 배우려 하지 않기에 더 이상 아는 것이 없는 것이다. 수마포는 조선시대 제주에서 기른 말을 육지로 실어 보낼 때 말들을 모아서 내보냈던 포구이다. 수마포의 밤바다는 아름답다. 까만 밤이라 길을 찾기에는 어려움이 있으나 밤바다를 감상하는 덤을 받았다. 노을에 젖어 있는 바다와 형광 불빛으로 내비치는 해변의 모습은 참으로 기묘한 분위기를 연출했다. 고성리 광치기해변은 썰물 때면 드넓은 암반지대가 펼쳐지는데, 그 모습이 광야 같다고 광치기(제주어로 빌레(너럭바위))라고 한다. 드디어 광치기해변이란 간판도 보이고 버스 정류장까지 왔다. 종점 스탬프 찍는 간세를 이리저리 찾아 봤다. 주변을 몇 번이고 돌았으나 끝내 찾지 못하고 돌아섰다. 숙소에 도착하니 밤 10시이다. 하루 총 26km를 걸었으나 정리 기록은 중간 스탬프가 있는 목화휴게소까지 8km이다.

제주도 현황

제주도는 신생대 제4기(120만 년 전~2만 5천 년 전) 동안 끊임없이 화산 활동이 이어져 왔고 이 과정에서 만들어진 퇴적암층과 현무암, 조면암 등의 화산암류, 그리고 후화산 작용에 따르는 각종 화산 쇄설물 등이 한데 어우러진 곳이다.

제주도 면적은 6억 평으로 서울 면적 2억 평의 3배에 해당하고, 인구는 69만 명으로 서울의 13분의 1에 해당한다. 유네스코 자연과학 분야 3관왕('생물권보전지역지정', '세계자연유산등재', '세계지질공원지정') 타이틀을 획득했다.

제주도 관광객 추이(제주도 관광협회)

: 한 해 1천 5백만 명 관광객이 방문하고 있다.

연도	내국인(명)	외국인(명)	합계(명)
2015년	11,040,135	2,624,260	13,664,395
2019년	13,560,004	1,726,132	15,286,136
2022년	13,803,058	86,444	13,889,502
2023년	12,661,179	709,350	13,370,529

제주올레 1-1코스
우도 올레

옛 추억을 찾아가듯 걷는 길

오전 9시 40분경 성산포항 종합 여객선 터미널에서 우도도항선을 타고 10시경 배가 도착한 곳은 하우목동항이다. 아직 잠이 덜 깬 상태인지 몸이 무겁다. 어제의 악몽이 떠오른다. 밤이 깊었다고는 하나 1코스의 공점 스탬프가 있는 곳을 찾지 못해 1시간여 헤맸기에 오늘은 스탬프가 먼저 떠오른다. 간세 스탬프함은 우도 안내판과 나란히 놓여 있다. 우선 시작 스탬프를 찍는다. 찍고 나서 생각하니 어차피 우도를 빠져나가려면 이곳에 다시 와야 하고 종점 스탬프를 그때 번거롭게 찍어야 하는데 지금 한꺼번에 찍어 놓으면 안심이 될 것 같아 종점 스탬프를 찍는다. 이곳의 여건상 지정된 시간에 배를 타야 하는 부담이 있으니 미리 찍는 것도 방법이라 생각했다.

한 해 120만 명이 찾은 우도는 소가 머리를 들고 누워 있는 섬의 모양에서 유래한다. 소의 머리 부분에 해당되는 "쇠머리 오름(우도봉)" 외 지역은 평평한 용암 대지로 이루어져 있다. 우리나라 705개의 유인도 중 우도는 76번째 큰 섬이며 제주 부속 섬 중에서는 두 번째로 큰 섬이다. 1692년(숙종 23) 국유 목장이 설치되어 국마國馬 관리 및 사육을 위해 사람이 거주한 이래 1844년(헌종 10) 김석린 진사 일행이 정착하였다. 원래는 구좌읍 연평리에 속했으나 1986년 4월 우도면으로 승격되었다. 성산포 동북쪽 3.8km, 구좌읍 종달리 동쪽 2.8km에 위치해 있고, 부근에 해 뜨는 광경이 수평선에서 해가 날아오르는 것과 같다는 비양도飛陽島가 있다. 검푸른 바다와 하얀 구름으로 덮인 하늘, 밭에는 파란 보리가 자라고 있고 잔디가 푸르게 깔려 있다. 밭담과 돌담들이 있고 그 가운데 출수점이란 석판이 있다. 종달에서 우도 간 3.03km 해저 상수도 시설은 2010년 10월 21일 완공되었으며 수도관은 남원읍 정수장에서 종달리를 거쳐 우도까지 온다.

산담과 공적비의 돌담이 모두 시멘트로 되어 있다. 소나 말이 접근하는 것을 방지하기 위한 것이라고 한다. 산담은 육지의 '사성'과 같은 기능을 하는데, 죽은 자의 울타리 경계를 두른 담이다. 산 자와 죽은 자를 가르는 돌담이다. 주흥곤 여물통이란 곳에는 옛날 생활용수와 식수로 이용하던 곳으로 돌담이 둘러져 있고 둥그런 우물이 있다. 과거에는 빗물을 받아 식수로 이용했고 가뭄이 들었을 때는 생활수로 사용하였다고 한다. 갯물통은 바닷물과 빗물을 받아 놓은 곳, 산물통은 생수로 쓰던 곳, 샘물통은 용천수가 솟아오른 곳이다. 우도는 여느 섬들과 마찬가지로 물이 부족한 섬이어서 옛날에는 우도에 가려면 물을 갖고 가라고 했다고 한다. 또한 갈수기 때는 허벅으로 물을 배급받았으며 막을 짓고 밤에 물 당번을 서기도 했다고 한다. 전화는 1975년, 전기는 1984년에 개설되었다.

오봉리

오봉리 복지관이 눈에 띈다. 1층에는 경로당이다. 들어가서 올레꾼이라고 말씀드리고 쉬어 가도 되는지 물으니 들어오라고 한다. 바로 커피를 내오신다. 노인회 회장 윤석송(76세) 씨가 맞이하며 안내를 하신다. 어디서 왔느냐, 힘들지 않느냐, 2박 3일 여행이냐고 묻는다. 한 달을 계획하고 올레코스를 모두 걷고자 하여 왔다고 하였다. 다리가 아프지 않느냐고 한다. 이제 시작이라 힘든 것은 없다고 했다.

"오봉리에 대한 설명을 부탁드려도 될까요?"

"인구는 500여 명 되고 노인은 110명이 됩니다. 오봉리는 5개 마을(주흥동, 전흘동, 삼양동, 상고수동, 하고수동)이 한데 뭉쳤다는 뜻이고 우도에서 가장 큰 마을입니다. 야간에 어선들이 작업하는 풍경(우도팔경 중의 하나인 야항어범夜抗漁帆)이 볼만하며 아름다운 하고수동 해수욕장이 있습니다."

"지금 밭에서 일하시는 분이 없네요?"

"지금은 할 일이 없어요. 5월에 땅콩을 심고, 보리 등을 거두고 10월에 땅콩을 거두면 한 해 농사가 끝납니다."

오봉리는 장수마을로 유명하다. 80세가 되어도 여자는 물질을 하고 있으며 주로 잡는 것은 소라 성게, 우뭇가사리, 오분자기 등이라고 한다. 참고로 전복은 없다고 한다. 제주의 신구간新舊間에 대해 물으니 이곳도 다르지 않다고 한다. 가옥 수리, 이사, 묘소 이장 등은 꼭 신구간에 해야 탈이 없다고 한다. 신구간은 대한大寒 후 5일부터 입춘立春 전 3일까지 일주일을 말한다. 이때는 여러 신들이 임기를 마치고 천상에 올라가고 새로운 신들이 내려오는 교대 기간이므로 지상에 신령이 없어 평소에 금기시되던 일을 해도 아무 탈이 없다는 것이다. 귀신도 모르게 해치우는 것이란다.

마을의 액운을 막아 주는 방사탑

　방사탑은 마을의 재앙과 무사 안녕을 기원하고 액厄 등을 막기 위해 세웠다. 보통 2기가 한 조이며 북쪽 방향 하르방탑(남), 남쪽 방향 할망탑(여)으로 구성되어 있고, 축조물은 현무암으로 쌓은 탑을 말한다. 꼭대기에 새의 형상은 마을 안으로 들어오는 액운을 쪼아 없애 달라는 소원을 담고 있다. 방사탑을 축조할 때 밥주걱과 솥을 묻는다. 밥주걱은 외부의 재물이 마을 안으로 들어오라는 소망을 의미하며 솥은 불에도 강하기 때문에 마을의 재난을 막아 달라는 뜻을 담고 있다.
　하고수동 해수욕장에 도착하니 고운 흰 모래사장에 검은 현무암으로 만들어진 해녀상과 인어상이 매우 인상적이다. 해녀상 옆에는 말이 묶여 있는데 관광객을 상대로 말에 태워 하고수동 해수욕장을 둘러보는 영업을 하고 있고, 관광객은 많지 않으며 주변은 깨끗하게 잘 정비되어 있다. 흑돼지버거와 땅콩아이스크림을 파는 가게와 카페 등이 있다.

메종에서 바라본 하고수동 해수욕장   메종(옛 백악관민박)과 카페 살레

"카페 살레"가 있다. 10년 전에는 '우도&살레'라는 상호로 막 영업을 시작했는데 상호가 바뀌었다. '카페 살레'에 들어서니 남자분이 카운터를 맡고 있다. 우선 땅콩아이스크림을 시켰다.

옛 백악관민박과 우도&살레에 관해 이야기를 하며 혹시 윤남규 씨 자제분이냐고 물으니 그렇다고 한다. 10년 전 처음 가게를 시작하고 아버님은 백악관민박을 할 때의 모습을 상상하며 왔다고 했다. 그동안 많은 변화가 있다. 자제분인 윤희진 사장님은 당시 40세로 서울에서 직장 생활을 하다가 귀향하여 카페를 처음 시작하였고, 아버님은 민박을 운영하고 계셨다. 우도 민박집 1호인 백악관민박(윤남규 씨 운영)에는 기상천외한 사연이 서려 있다. 집에는 방이 14개가 있는데, 4개의 방에서 우도의 일출을 볼 수 있다고 한다. 해가 뜰 때 합방을 하면 틀림없이 아들을 낳는다고 하여 유명해졌단다. 여기에 또 하나의 예화가 있다. 주인이 합방할 적절한 시간에 바깥에서 종을 쳐서 알려 준다는 것이다. 이렇게 해서 열두 쌍 이상이 아들을 낳았다고 한다.

지금도 백악관민박을 계속하시냐고 물으니 이제는 76세로 은퇴하셨다고 한다. 그러면서 지금 운영하고 있는 카페는 윤 사장의 딸에게 물려

주고 본인은 아버님의 민박을 물려받아 운영하고 있는데 보시다시피 카페의 상호도 바뀌었고 백악관민박은 같은 장소에 건물을 새로 지어 5개의 방만 운영한다고 한다. 바로 옆 건물이 '메종'이란 이름의 펜션이다. 한번 살펴볼 수 있느냐고 물으니 가 보라고 한다. 2층에 5개의 방이 있고 모두 동남향으로 하고수동 해수욕장을 볼 수 있다. 복층으로 되어 있는데 아래층은 해변을 볼 수 있게 놓여 있는 침실과 소파가 있고 위층에는 주방 시설이 갖추어져 있다. 더욱 눈길을 끄는 것은 바로 해변을 바로 보는 경치이다. 하얀 해변과 끝없이 펼쳐진 푸른 바다가 있고 파란 하늘에는 흰 구름이 햇살 무늬를 이루고 있으며 도롯가에는 워싱턴야자수가 늘어져 있다. 이런 장면을 볼 때 이곳에서 쉬어 가고 싶은 마음이 절로 일어난다. 아직도 그 기이한 사연이 계속되는지는 묻지 않았다. 아이스크림이 나왔는데 에스프레소가 곁들여 나왔다. 이렇게 세트로 파느냐고 물으니 그렇게 많이 드신다고 한다. 그러면서 나에게는 에스프레소를 서비스했다고 한다. 아이스크림을 에스프레소와 함께 먹어 보니 새로운 맛이다. 땅콩아이스크림과 에스프레소의 결합.

차를 마시고 나오면서 아버님께 꼭 안부를 전해 달라고 하였더니 윤 사장은 올레길을 설명하면서 아직 많이 가야 하니 서두르라고 하신다. 마지막 배가 오후 5시이니 늦지 않게 가라고 당부도 잊지 않으신다.

10년이면 강산이 변한다고 하더니 이를 두고 하는 말인가, 하는 마음을 가지며 길을 재촉하였다.

우연히 만난 인연을 소개한다. 해녀에 대해 관심이 있어 해녀 관련 책을 찾다가 우도 해녀에 깊은 관심을 갖고 우도에 와서 1년 동안 직접 생활하면서 사진을 찍고 그 여정을 책으로 펴낸 분이 있다. '준초이'라는 전문 사진작가로 『해녀와 나』라는 책의 저자이다. 우도 해녀에 대한 열정이 얼마나 깊으면 1년 동안이나 취재하며 지냈는지 알고 싶어서 제주올레를 완주하고, 책을 구입하여 보았다. 그런데 그 책에서 강영수 수필집 『내 아내는 해녀입니다』를 소개하고 있어 그 책 또한 구입하였다. 구입한 책 속에 명함 두 장이 끼워져 있다. "우도백악관민박 윤남규", "우도&살레 카페지기 윤희진". 너무도 반가워서 윤남규 씨에게 전화를 드렸다. 2개월 전에 우도를 방문하여 아드님(윤희진)을 만났고 옛날 우도 백악관 민박이 변하여 메종으로 바뀐 곳도 보았다고 말씀드렸더니 반가워하신다. 참으로 대단한 인연이다.

조일리

조일리는 우도에서 아침 햇살이 가장 먼저 비치는 마을이라는 뜻이다. 조일리로 들어서니 복지 회관이 있다. 점심을 아직 먹지 않았기에 들어가서 이곳에서 잠시 쉬어 가도 되느냐고 양해를 구하니 들어오라고 한다. 어른 두 분이 계신다. 커피도 한 잔 주신다. 한 분은 조일리 노인회장 김영택 씨이고 한 분은 사무국장이시다. 조금 있으니 면사무소에서 남녀 직원 2명이 들어온다. 행정지도차 나온 것 같다. 면사무소 직원에게 우도면의 인구를 물으니 1,660명이라고 한다. 조일리의 인구는 300여 명이고 노인회 정회원은 85명 정도라고 한다.

우도봉(쇠머리오름 132.5m) 입구에 왔다. 계단으로 된 길을 따라 오르는데 숲길이다. 하얀 구름이 드리워진 하늘은 평화로운 모습으로 다가

우도 등대

온다. 바다가 보이고 마을이 점점이 보인다. 산 위로는 우도봉의 등대가 보이기 시작한다. 꼬마 올레꾼도 이곳까지 가족과 함께 올라와 깡충깡충 뛰면서 달리고 있다.

   우도 홍보관이다. 우도 등대에 대한 설명이 있다. 제주도 동쪽 끝에 위치한 우도는 1906년 제주도 최초로 등대가 점등되었다. 그 후 100여 년간 운영하다 2003년 12월, 높이 16m 원형 콘크리트의 새로운 등탑을 신축하였다. 새로운 등대는 IT기술을 접목하여 순수 국내 기술로 개발한 대형 회전식 등명기를 설치하여 50km 밖에서도 확인할 수 있도록 광력을 증강시켰다. 우리나라 최초로 등대를 테마로 한 등대공원을 연계 조성하여 세계의 유명한 등대를 소개하는 등 관람객과 함께 해양 문화를 즐기고 소통하는 복합문화공간으로 자리매김하고 있다. 각종 등대 관련 기물들(무종, 도대불 등)이 있다.
   등대공원에는 우리나라뿐만 아니라 세계의 유수한 등대들이 모형으로 제작되어 전시되고 있다.

돈짓당은 바다를 다스리는 수호신 또는 어업의 수호신으로 불려 왔다. 조선시대부터 매년 2월 영등환송제, 7월 백중제, 8월 용왕제의 당제를 봉행해 왔다. 우도 일대의 돈짓당은 바닷가에 자리 잡은 전형적인 포구의 해신당이다. 특히 영등환송제는 제주 본섬에서 치러지는 영등제의 일환이다. 영등제는 바람의 신 영등신을 맞이하고 보내는 의례이다. 영등신은 음력 2월 초하루에 제주시 한림읍 귀덕 복덕개로 들어와서 2월 15일 우도를 통해 제주를 빠져나간다고 한다. 이때 들어온 영등신은 각종 곡식의 씨와 바다의 소라, 전복, 미역의 씨를 뿌려 주고 떠난다. 사람들은 이 기간 동안 농사도 해산물 채취도 고기잡이도 하지 않는다. 실제 이때는 꽃샘추위의 매우 매서운 바람이 불어 작업하기도 어렵다. 엉등신이 나가고 나서야 본격적인 봄이 시작되고 이때부터 제주 사람들의 생업은 다시 활기를 띤다.

천진리

천진리에는 천진항이 있다. 성산포항과 우도를 왕래하는 훼리2호가 정박해 있다. 성산포항에서는 아침 8시부터 30분 간격으로 우도(천진항, 하우목동항)로 운항되고 있으며 월별月別로 마지막 운항 시간을 달리하고 있다. 천진항 광장에는 해녀상과 이곳 출신 강관순 시인의 해녀의 노래비가 세워져 있다. 4절까지 있는데 모두가 애절한 가사로 되어 있다.

1. 우리들은 제주도의 가엾은 해녀들—
2. 살자하니 한숨으로 잠 못 이룬다—
3. 온 가족 생명줄을 등에다 지어—
4. 가엾은 우리 해녀들 어디로 갈까!

제113주년 천진리 마을 포제 봉행 안내 플래카드

해변을 벗어나 조금 나아가니 천진리 마을 회관이 보인다. 회관 건물에는 플래카드가 걸려 있는데 "제113주년 천진리 마을 포제. 입제: 2023. 2. 5(일), 봉행 2023. 2. 8(수)"라 쓰여 있다. 사무소는 2층에 있어 올라가니 고광환(65세) 이장님이 계신다. 올레꾼이라고 인사하며 포제에 대해 알고 싶어 왔다고 말씀드렸다. 이장님은 무슨 차를 드실 것이냐고 물으신다. 자상하신 분이다. 이장님은 포제 관련 이야기뿐만 아니라 우도에 관한 전반적인 것을 말씀해 주셨다. 마을제는 천제, 하늘에 제사를 지내는 것이며 김녕, 행원, 광령 등 마을도 마을 단위로 지낸다고 한다.

"입제는 무엇이며 봉행은 무엇입니까?"

"네, 입제는 마을에서 제사를 지낼 제관 7명을 뽑아 3일간 합숙을 합니다. 합숙은 다른 행동을 못 하게 하고 정성을 다하기 위해서입니다. 집안에 무슨 일이 있는 사람은 뺍니다. 포제를 드리는 곳은 본향당 말고 따로 제단이 있습니다. 돈짓당은 가는 날이 따로 정해져 있습니다. 하우목동에서는 오늘 포제를 했는데 무당도 왔고 아침부터 오후 2시까지 거행되었고 해녀들이 있는 곳이라 해녀굿도 했습니다."

"천진리에 대해 말씀해 주세요."

"천진리는 행정호수 농어가 88호, 비농어가 115호 총 203호, 인구는 340명(남 186명, 여 154명)입니다. 농가에 노인들이 대부분인 이유는 자녀들은 거의 도회지로 나가 있기 때문입니다. 비농어가가 있는데 마을에 회비를 내지 않고 참여도 하지 않는 주민으로 거의 외지에서 와서 장사하는 분들입니다. 학교는 초등학교와 중학교가 있는데 초등학생은 전체 60여 명, 중학생은 20여 명이며 거의 차로 데려다주기 때문에 거리는 그리 문제가 되지 않고 학교 위치도 우도 중잉에 있습니다. 옛날에는 고구마를 많이 심었으나 최근에는 땅콩과 보리, 마늘을 주로 심어요. 외지분들이 와서 이곳에 무를 심었는데 금번 한파로 모두 상했습니다. 이곳에는 영하로 자주 내려가지는 않으나 기온이 영하 2~3도에도 수도관이 터질 정도로 체감 온도가 남다릅니다. 우도의 은행으로는 농협, 수협, 우체국 지점이 있습니다."

하얀 조가비가 깔린 길이 이어지면서 서빈백사에 도착했다. 우도 8경 중의 하나인 서빈백사西濱白沙는 천연기념물 제438호, 세계 3대 홍조단괴 해변이다. 이 해변은 우도 서쪽 바닷가에서 광합성에 의해 성장하는 석회 조류 식물인 홍조단괴로 형성된 해변이다. 홍조류가 바위 등에 몸을 붙이면서 살기 위해 만들어 내는 하얀 분비물과 조가비로 만들어진 백사장이다. 홍조단괴해변은 전 세계에서 미국의 플로리다, 바하마와 함께 대한민국 우도 3곳뿐이다. 햇빛이 비치면 눈이 부실 정도로 하얗고 에메랄드빛 바다와 어우러져 감탄을 자아낼 만큼 아름다운 해변이다.

5시까지 시간에 늦지 않기 위해 열심히 걷는다. 하우목동항에 도착하니 4시 35분이다. 그런데 배가 떠나지 않고 있다. 다음 배를 타면 되지만 이왕 시간을 벌고 싶었다. 어제 광치기해변 사건이 떠올라 어서 그곳 광치기해변으로 가서 1코스 종점 스탬프를 찍어야 한다는 강압감이 작용했던 걸까, 대합실부터 뛰기 시작한다. 배에 오르니 선착에 대 놓은 인도판을 거둬들인다. 바로 아침에 미리 종점 스탬프를 찍어 놓지 않았다면 스탬프를 찍는다고 지체하여 배를 놓쳤을 것을 상상하니 미리 도용한 스탬프에 쾌감이 밀려왔다.

서빈백사 : 광합성에 의해 성장하는 석회 조류 식물인 홍조단괴로 형성된 해변

제주올레 2코스
광치기 - 온평 올레

밤에 대화하며 걷는 길

    광치기해변을 다시 찾은 것은 1코스를 시작한 후 이틀이 지난 시간이다. 간세의 스탬프함이 제주올레 안내 책자에는 광치기해변에 있다고 했는데 나는 길가에 잘 보이는 곳만을 찾다가 결국 스탬프를 찍지 못했기 때문이다.
    다시 광치기해변을 찾은 시각은 오후 5시경이다. 내가 착각한 것은 이렇게 바다 쪽 해변에 위치해 있으리라고는 전혀 예상치 못했기 때문이다.

말굽 모양의 돌 모서리에 간세가 서 있고 그 아래 돌로 된 함이 특이하다.

석양은 서쪽으로 뉘엿뉘엿 저물어 가고 그 앞으로 한라산이 선명하게 보이는 아름다운 저녁놀 광경이다.

2코스를 시작하기에 오후 5시는 늦은 시간인데 해가 있고 날이 좋아 무리라는 사실을 잊은 채 출발하게 되었다.

일주도로를 건너니 내수면이란 안내판이 있다. 조선 말기에 보를 쌓아 만든 논은 늪지대로 변했고 그 후 새마을 사업으로 조성한 8만 평에 달하는 양식장 역시 거의 버려진 상태지만 독특하고 아름다운 풍광을 보여 주고 있다.

내수면 둑방 길을 걷는데 작은 집이 보인다. 문을 두드려 사람을 찾으니 젊은 분이 나온다.

"이곳 양식장을 관리하세요?"
"네, 왜 그러시죠?"
"양식장에 무엇을 키우는지 알고 싶습니다."

내수면 둑방 길에서 바라본 노을 진 한라산

"광어를 키우는데 현재는 치어가 없습니다. 한겨울과 한여름에는 수온 차(너무 춥고, 너무 덥고)가 심하여 양식을 할 수 없습니다."

"양식장 운영에 대해 알고 싶습니다."

"이 양식장 8만 평은 개인이 소유하고 있고 소유자로부터 임대하여 양식장을 운영하고 있습니다. 30~40개 가두리로 양식하고 있으며 위탁받아 수수료를 받고 키워 주는 위탁 경영을 하고 있습니다. 치어 5~6cm를 18~20cm로 키워 육지로 보내고 있으며 광어밥은 따로 있습니다."

양식장 관리인 송현우(39세) 씨는 경력 10년 차라고 한다.

제주 역시는 제주 사람에게

식산봉(60.2m) 입구에 도착하니 날이 어두워지기 시작하여 오르는 데 애를 먹었다. 주변이 온통 까맣게 되어 분별이 되지 않았으나 이왕 여기까지 왔으니 정상에 가야 한다는 의무감이 강하게 작동하였다. 정상에서 바라본 사방은 어둠 속에서 반짝이는 등불들만 있고 성산일출봉은 까만 형태로 낮처럼 위용을 드러내지 못한 채 형상만이 보일 뿐이다. 그런데 이 캄캄한 밤에 산 정상에 사람이 있는 것이다. 놀랐으나 길을 묻지 않을 수 없었다. 동마트까지는 가야 하는데 길을 알려 달라고 하였다. 그는 길

식산봉 정상에서 바라본 성산일출봉 야경

을 설명하고 나는 잘 이해가 되지 않아 큰길로만 가겠다고 생각했다. 그리고 조심스럽게 혼자 내려왔다. 이제 식산봉을 올라갈 때와 같이 식산봉 입구에 도착했으나 어디로 가야 하는지 막막하였다. 이리저리 살펴도 나에게는 감이 오지 않았다. 제주올레 앱은 쓸 줄도 몰랐다. 왔다 갔다 살피고 있는 사이에 젊은이가 내려와 내 곁에 있었다. 내가 길을 헤매고 있는 것을 본 그 청년은 자기가 동마트 근처에 살고 있으니 같이 가자고 하는 것이다. 천군만마를 얻은 기분이었다.

우리 두 사람은 밤하늘과 까만 밤공기를 마시며 걷기 시작했다. 왜 이리 늦은 시간에 이곳까지 왔다가 돌아가는지 물었다. 그는 가끔 시간 날 때면 이곳에 와서 쉬었다 간다고 하였다. 오늘도 오후에 나와서 늦게 식산봉에 올라왔다고 한다. 그는 고고학을 전공한 30대 제주 청년이다. 나는 나의 이야기를 해야 했다. 원래는 스페인 산티아고 순례길을 가려고 하였는데 무릎의 발병으로 미루다가 그 대안으로 제주올레를 선정하여 오게 되었다는 이야기, 또한 올레를 완주하고 책을 내려고 준비하는 과정에서 몇 권의 제주 관련 서적을 읽었는데, 제주 출신인 이영권 교사의 『새로쓰는 제주사』를 읽고 충격을 받았다는 이야기, 그리고 그 책의 내용을 중심으로 이야기를 하였다. 주로 내가 말을 하는 편이고 젊은이는 듣는 편이었다.

내가 이야기한 내용은 이런 것이었다. 이영권 교사는 제주의 역사는 제주 사람에게 맡겨야 한다는 요지였다. 그것이 가장 보편적이고 합리적인 서술이 될 것이라는 것이다.

"제주 사람에겐 고려도 몽고도 삼별초도 모두 똑같은 외세에 불과하다. 그가 누구이든 제주 사람들과 대등하게 교류를 나누면 그는 친구인 것이고, 고통을 주면 적일 수밖에 없는 것이다. 국가와 민족을 통해 추상적 조상은 배웠으되, 나의 구체적 조상에 대한 이야기는 배워 보질 못했다. 구체적 역사를 부정케 하고 바로 우리 부모님의 신앙을 조롱하게끔 배웠다. 이것은 자기부정이자 분열행위이다. 국가 이데올로기에 충실한 역사, 중앙 지배 계급의 입장이 철저히 녹아 있는 그런 역사만이 남아 있을 뿐이다. 그런데도 왜 학교에선 중앙 중심의 획일적인 역사만을 가르치는 것인가? 지방 사람들의 역사는, 그 구체적 삶은 도대체 어디로 가 버린 것일까?

명분만으로도 지방자치의 시대이다. 풀뿌리 민주주의를 강조하는 시대이다. 중앙 중심의 역사관에서 벗어나 보다 구체적인 사실史實들이 정리되어 나갈 때만이 진정한 풀뿌리 민주주의도 정착될 수 있을 것이다.

이 시대에 주체적 시각을 갖춘 지방사가 필요한 건 바로 이 때문이다. 동네 사람들의 이야기로 친근하게 다가와 읽기도 쉬워야 한다.”

이런 이야기를 하면서 이재수의 난에 대해서도 이야기하였다. 당시 이재수는 반역자로 몰려 처형을 당했으나 지금 제주에서는 청년들이 일어나 삼의사 기념비를 세워 모시고 있다. 이것을 중앙에서 인정하든 안 하든 그것은 문제가 되지 않는다. 제주인에게 친근하게 대하고 민중의 편에서 일한 사람은 민중의 편에서 기억되고 추앙되어야 한다는 논리를 세우게 된 것이다.

삼의사비는 대정읍에 세워져 있는데, 그 내용도 파격적이다. 당시 천주교가 관제와 결탁하여 백성을 괴롭혔던 내용을 기재하고 있기 때문이다.

이 비를 세울 때 천주교가 반발했으나 현실은 현실이기에 청년들이 의도한 대로 의사비는 세워졌다고 한다. 대정읍 성벽 한쪽에 삼의사비三義士碑라는 비석을 새로 세워 놓았는데 이는 1901년에 일어난 신축교란辛丑敎亂, 일명 이재수의 난 때 장두 역할을 하다 처형된 이재수, 오대현, 강우백 세 분의 넋을 기리기 위한 것이다.

이 비문에 쓰여 있는 것을 요약 정리하면, 대정에서 포교 활동을 하던 프랑스인 천주교 신부가 부패한 관리와 결탁하여 대정 주민들을 학대하고 수탈하자 이에 주민들이 봉기하여 천주교 신자를 관덕정 앞에서 살해하는 사건이 일어나, 결국 난리를 진압하기 위해 관군이 파견되고 프랑스 함대까지 동원되었다는 내용이다. 수백 명의 사망자를 냈고 민중을 이끈 장두들이 처형되고 끝난 사건이다. 신축교란은 민중 봉기였기 때문에 누구도 추모비를 세워 주지 않았다. 그러나 60년 뒤 다시 신축년으로 돌아온 1961년에 주민들이 대정읍 보성리 홍살문 거리에 시멘트로 만든 1m 정도의 조촐한 비를 세워 두었다. 그러나 박정희 군사 정권 때 이도 철거되어 농협 뒤쪽 드랫물이라는 구석진 곳으로 옮겨졌다. 이에 1997년 대정읍 청년회에서 비석을 새로 만들어 여기에 세우고 시멘트 비는 땅에 묻었다고 한다.

천주교 측과 숨바꼭질하는 대립 끝에 천주교 측이 물러섬으로써 1997년 8월 비문의 수정 없이 제막이 되었다. 그것이 '삼의사비'이다.

이런 내용과 스페인에 대한 이야기를 했다. 스페인이 영국 이전에 세계를 제패했던 사실을 이야기하며 프랑코 총통의 39년 철권 정치로 인해 스페인이 정치 후진국이 되어 유럽에서 변방으로 취급되었다. 천주교인이 대다수를 차지하는 국가이기에 성당이 많고 그 여파로 천주교 신자는 물론이고 일반 대중들도 예수의 제자 중 한 명인 야고보의 순례길(산티아고)을 걷고자 하는 사람들이 전 세계에서 많이 찾고 있다. 브라질 출신 파올로 코엘료는 이 산티아고 길을 걷고 그 기록을 『순례자』란 이름으로 출판함으로써 노벨문학상을 수상하게 되었다는 것과 제주올레 서명숙 이사장이 이 산티아고 순례길을 걷고 나서 함께했던 영국인 '헤니'로부터 너도 네 나라에 가서 이런 아름다운 길을 만들라는 조언을 듣고 올레길을 조성하기 시작했다는 내용들을 이야기하였다.

그는 이영권 교사의 책을 구입해 보겠다고 하면서 늦은 밤에 동마트 앞에서 헤어졌다. 식산봉에서 동마드까지 눈으로 본 것은 없고 내 입으로 뿜어내는 나의 이야기만 허공에 메아리로 남아 있는 밤이요, 길이 되었다. 거의 50여 분간을 이야기하며 걸어왔던 것 같다. 젊은이여 참으로 고마웠네. 길을 안내해 주고 내 이야기도 경청하여 주었으니 말일세.

고성리

다음 날 아침 서귀포 신시가지 시외버스 터미널에서 201번을 타고 동마트를 찾아간다. 고성리가 가까워질 즈음에 할머니들이 많이 타신다. 옆자리에 앉은 할머니에게 여쭈어 보았다.

"어디를 가시는데 많은 분들이 한꺼번에 타세요?"

일을 하지 않는 노인들은 성산리에 가면 볼거리와 작은 선물도 준다고 한다. 대략 80여 명 정도가 모이는데, 그곳에서 할머니들과 서로 대화도 하고 즐겁게 해 주니까 할머니들이 좋아한다고 한다. 아마 체험방을 이야기하시는 것 같았다.

고성리 하나로 마트 맞은편에서 내렸다. 60대 남자분이 걸어온다. 동마트를 물으니 본인도 동마트에 가니 동행하자고 한다. 왜 하나로 마트에서 물건을 사지 않고 동마트까지 오시느냐고 하니 가격은 비슷하고, 동마트 근처에 살고 있어 물건을 동마트에서 구입한다고 한다. 사람들이 성산포는 잘 알아도 고성리는 잘 모르는데 고성리에 대해 이야기를 해 달라고 하였다. 고성리에는 성산읍사무소뿐만 아니라 모든 관공서가 다 있으며, 우체국만 성산리에 있고 성산읍 인구는 18,000명 정도라고 한다.

마을 길로 접어드니 이제껏 보지 못한 광경을 보았다. 감귤밭에 샛노란 감귤이 수없이 바닥에 떨어져 노란 꽃밭을 이루었다. 아무리 제주에 감귤이 흔하기로 밭에 감귤이 떨어져 버려지고 있는 현상은 도저히 이해할 수 없었다. 물론 상품성이 없는 감귤은 따로 따서 음료의 원료나 혹은 지인들을 통하여 무상으로 따 가게 한다는 것은 익히 알았지만 이렇게 무자비하게 땅에 떨어뜨려 거름으로 삼는 것은 처음 접했기 때문이다.

감귤밭 옆에 건물이 있어 찾았다. 마침 감귤을 사러 온 사람이 있어 기

상품성을 잃은 감귤이 꽃밭을 이룬다

다렸다. 감귤이 팔리고 구매한 사람도 가고 난 후 젊은 농부와 단 둘이 있다.

"감귤이 땅에 많이 떨어져 있네요?"

"네, 이번 눈(1월 30일경 눈이 내림)으로 상품성이 없어 아내와 둘이서 온종일 따서 떨어뜨렸습니다. 떨어뜨린 감귤은 썩어서 곰팡이가 생기면서 거름이 됩니다. 비상품성 감귤 즉 너무 크거나 작은 것도 떨어뜨립니다. 이것도 인력이나 시간이 없으면 동네 정보망에 올려서 무상으로 따 가라고 하면 많이들 따 갑니다. 감귤이 익어 갈 때도 상태가 안 좋으면 떨어뜨리고 있으며 일반적으로 30% 정도는 낙하할 것을 예상합니다. 감귤은 가지 하나에 뿌리가 각기 연결되어 있는데 뿌리가 안 좋으면 가지도 안 좋아 뿌리와 가지를 동시에 제거합니다. 전정할 때 옛날 가지를 쳐 내고 새 가지를 받습니다. 노지 감귤은 '해거리'를 합니다. 그러니까 한 해 열리고 그다음 해에는 감귤이 열리지 않습니다. 그래서 감귤농장을 2~3개씩 가지고 운영합니다. 저도 3개의 감귤밭을 운영하고 있으며, 어느 감귤밭은 중간중간에 '해거리'하는 나무를 심어 전체 밭을 반반으로 열리도록 조정하기도 합니다.

감귤밭은 약을 많이 하는데 열리지 않는 감귤나무도 같이 약을 뿌려 거의 15일에 한 번씩 약을 칩니다. 저는 7~8월 장마철에는 약을 자주 치고 9월부터는 약을 치지 않습니다. 약을 안 치면 감귤 겉에 까만 점들이 많이 나타나고 스크래치가 생겨 무농약이지만 예쁘지는 않습니다. 무농약은 볼품은 없으나 달고 맛이 있어 더 비싸게 파는데 10kg에 3만 5천 원을 받습니다. 약 중에 제초제가 당도를 떨어뜨리며 깨끗하고 맛있는 감귤은 약을 잘 친 감귤입니다."

그는 계속해서 감귤 관련 이야기를 했다.

"선과장(감귤을 선별하는 작업장)에서는 스팀 처리하고 코팅도 하는데 코팅제가 방부제 역할을 합니다. 저장을 장기간 하기 위해서 저장약을 치는데 겉이 하얗게 되면 하얗게 된 부분은 닦아 내야 하는데 씻어 내는 기계가 300만 원 정도로 비싸기 때문에 저희는 손으로 씻어 냅니다."

감귤 농장 주인은 이광호(47세) 씨이다.

이야기는 어느새 이광우 씨 개인 이야기로 돌아갔다. 45세 때 그러니까 2년 전에 광주(전남) 여자를 이곳 제주에서 만나 결혼했다고 한다. 본인은 부산에서 살았고 그곳에서 선박 관련 일을 했다고 한다. 우연히 제주에 한 달 살기로 왔다가 오래 머물게 되었다. 이곳에 온 지는 5년 되었는데 2년 동안은 겨울에 무 공장에서 일을 하고 여름에는 밭일을 하면서 아르바이트를 했다고 한다.

3년 전부터 감귤을 해 보자고 마음먹고 시작하게 되었다. 지금 이곳 동네에는 자기보다 나이가 어린 사람을 찾을 수 없고 아직 2세를 생각지 않고 있다고 한다. 그래도 제주에 와서 결혼도 하고 감귤밭도 운영하니 복 받았다고 말했다. 이광호 사장의 무궁한 발전을 기원하며 감귤밭을 나왔다.

비석이 옆 제단석을 보고 서 있다

한 무리의 올레꾼들이 나를 앞뒤로 포위하며 나아가고 있다. 웬일인가, 어디서 이 많은 올레꾼이 왔을까 의문스러워하며 걷는다. 중간에 젊은이가 길을 안내하고 많은 올레꾼들이 그의 안내를 받으며 걷는다. 나는 나의 걸음대로 천천히 그들과 간격을 벌리며 걷는데 그래도 여자분들은 걸음이 느려 나보다 뒤처지는 경우가 있다. 대수산봉(137.3m)으로 오른다. 흐르는 물을 사이에 두고 고성리의 두 개의 오름 중 큰 오름이 '큰물뫼'다. 정상에 서면 1코스 시흥리부터 광치기까지 아름다운 제주 동부가 한눈에 들어온다. 섭지코지가 가장 아름답게 보이는 곳이다.

대수산봉을 오르는 길은 소나무 숲길로 이어져 있다. 오르는 중에 산담이 있다. 이곳도 묘를 둘러싼 네모난 담을 쌓고 있는데 시멘트로 만든 것도 이색적이고 또한 비석을 세웠는데 상석(제단석)과 같이 나란히 놓는 것이 아니라 상석을 보도록 옆으로 설치된 것도 특이했다.

하산하는 길에 한 무리의 일행에서 나온 세 분의 여성분들과 같이 길거리에 앉아서 점심을 먹게 되었다. 나는 점심으로 떡을 가져왔고 세 여성분들은 한결같이 김밥 도시락을 꺼내서 드신다. 그분들은 나를 자기들처럼 여행사의 같은 일행인 줄 알았는데 아니라는 것을 나중에 알았단다. 어제 우도에서도 나를 보았기에 같은 일행이라고 생각했다고 한다. 점심을 먹으면서 어떻게 올레에 참여하게 되었는지 물으니 알파캠프라는 제주올레 전문 여행사의 가이드를 받고 있다고 한다.

"비용은 어떻게 되나요?"
"1인실 한 달은 380만 원이고, 2인실은 310만 원, 일주일 1인실은 140만 원 정도, 3박 4일 1인실은 80만 원입니다. 일요일이나 밤에 별도

제주올레 전문 여행 업체 알파캠프의 안내를 받고 있는 여성 올레꾼들

로 참가하는 프로그램이 있는 경우 1만 원의 옵션 비용이 있습니다. 예를 들어 한라산 백록담 등산, 야시장 방문, 가까운 오름 오르기 등입니다."

오늘도 45인승 버스가 꽉 찼다고 한다.

이 세 분 중에도 1인실 한 달을 이용하시는 분이 계셨다. 내가 책을 내려고 하는데 사진을 찍어도 되느냐고 물으니 찍으라고 하면서 장난스럽게 포즈를 취해 주신다. 서로 음식을 나누어 먹고 세 분은 단체를 따라 떠났다. 이 세 분을 만나서 제주올레의 전문 여행사가 있다는 것도 알았다.

온평리

혼인지라는 곳에 도착하였다. 혼인지는 탐라국(지금의 제주도)의 시조인 삼신인(고을나, 양을나, 부을나)이 지금의 온평리 바닷가에서 떠밀려 온 나무 상자 속에서 나온 벽랑국 세 공주를 만나 혼인한 곳으로 알려진 연못이다.

삼신인은 그 나무 상자 속에서 나온 망아지, 송아지를 기르고 오곡의 씨앗을 뿌려 태평한 생활을 누렸으며 이때부터 농경 생활이 시작되었다고 한다. 나무 상자가 발견된 해안을 '황루알'이라고 부르는데 지금도 '황루알'에는 세 공주가 나무 상자에서 나와 처음으로 발을 디딘 자국이 암반 위에 남아 있다고 한다.

환해장성은 제주도 해안선 300여 리(120km)에 쌓은 석성을 말한다. 고려 원종 11년(1270), 몽고와의 굴욕적인 강화에 반대하는 삼별초군이 진도에 들어가 용장성을 쌓아 항거하다 함락되자 탐라로 들어가는 것을 방어하기 위하여 조정에서 영암부사 김부와 고여림 장군을 보내어 쌓은 것이 그 시초다. 고려 왕조 말까지 보수, 징비를 하면서 왜구 침입을 방어하였으며 현재 양호하게 남아 있는 곳 10개소(온평, 신산, 곤흠, 별도, 삼양, 북촌, 동북, 행원, 한동, 애월)를 제주도지정문화재로 지정하여 관리하고 있다.

온평리 환해장성 성벽의 길이는 2,120m 정도로 다른 환해장성들과 비교해 매우 길다. 온평은 따뜻하고 평평하다는 뜻이다. 다른 지역에 비해 기온이 높고 암반 위에 터를 잡아 평평하다. 주변에 오름이 없는 대신 마을 앞 해안선 길이가 6km에 이르러 제주도에서 가장 너른 바다를 보유하고 있다.

북상하는 태풍을 맨 먼저 맞이하는 동네라고 한다.

혼인지婚姻池, 삼성혈三姓穴 유감

탐라국 건국 신화에는 흔히 삼성 신화三姓神話, 즉 제주 고高씨, 양梁씨, 부夫씨의 시조 신화로 널리 알려져 있다. 제주시에 있는 삼성혈은 이들

세 성씨의 시조가 땅에서 솟아난 곳이라 하여 주요 관광지로 소개되고 있다.

세 사람은 나이 차례에 따라 벽랑국에서 온 세 공주와 나누어 장가를 들고, 물이 좋고 땅이 기름진 곳으로 나아가 활을 쏘고 거처할 땅을 점쳐 각각 차지하니, 양을나가 거처하는 곳을 제1도라 하고, 고을나가 거처하는 곳을 제2도라고 했으며, 부을나가 거처하는 곳을 제3도라고 했다. 비로소 오곡의 씨앗을 뿌리고 소와 말을 기르니 날로 살림이 풍부해지더라는 이야기이다.

고, 양, 부 세 성씨가 땅에서 솟아났다는 것은 씨족 중심의 세 개의 작은 권력체가 통합의 과정에 들어갔음을 보여 주는 상징이다. 3공주로 대표되는 외래의 정치 세력과 결합함으로써 드디어 탐라국을 형성할 수 있었다. 그런데 조선 정부가 탐라의 뿌리 의식을 제거하기 위하여 건국 신화를 의도적으로 왜곡하여 고, 양, 부 세 성씨의 시조 신화로 전락시켰다는 것이다. 그럴 경우 독립국 탐라의 기억은 영원히 제거될 수도 있다. 왕 또는 우두머리를 뜻하는 을나乙那가 빠지고 대신 구체적인 집안을 지칭하는 삼성三姓이 등장한 것은 바로 그런 의도가 관철된 결과라는 주장이다.

유교 이데올로기가 강화되면서 성씨 중심 사상이 확산된 것도 삼성 신화로의 전환을 가져온 중요한 원인이라고 한다. 성씨 중심 사상에 도취된 제주도 내의 토호 세력들이 차츰 건국보다는 자신들의 시조에 그 의미를 두게 되었다는 얘기다. 이것은 신화의 변질이다. 국가라고 하는 정치적 관점이 가족적 관점으로 축소된 것이다. 따라서 이러한 변질이 일어나기 전인 조선 전기에는 삼성이라는 표현이 쓰이지 않았다고 한다. 그리고 삼성혈의 본래 이름도 모흥혈毛興穴이었다고 한다. 확인 가능한 사료 중에 삼성혈이라는 명칭이 등장하는 것은 효종 4년(1653년)에 만들어진 이원진의 『탐라지』가 처음이다.

탐라국의 건국 신화 역시 삼성 신화여서는 안 된다. 을나가 주체로 자리매김되어야 한다. 을나신화 혹은 삼을나신화가 적격이겠다. 그리고 삼성혈도 이제 본래의 이름인 모흥혈로 환원해야 한다. 그래야 신화의 의미 축소를 막을 수 있다. 하지만 이러한 이름 고치기가 수월치는 않을 것 같다. 낡은 성씨 중심 사상이 포로가 되어 있는 사람들의 반발이 결코 작지 않을 것이기 때문이다. (이영권, 『새로 쓰는 제주사』 중에서)

제주올레 3-A코스
온평 – 표선 올레

기다리는 마음으로 걷는 길

온평포구는 옛날 벽랑국 공주 3명이 바닷가에 떠밀려 온 포구이다. 그들은 제주의 시조인 고을나, 양을나, 부을나와 혼인하여 탐라국이 탄생되었다. 그러므로 제주의 시발점은 '온평리부터'라고 해도 지나친 말이 아니다.

3코스는 A와 B코스의 갈림길이다. A코스든 B코스든 선택을 해야 한다. 오늘은 중산간 도로를 걷게 되는 A코스를 택했다.

제주에서 해안마을은 해발 100m까지, 산간마을은 400m 이상, 중산간 마을은 그 사이를 의미한다. 그러니까 오늘은 해발 100m에서 400m에 있는 중산간 마을을 주로 걷게 된다.

도롯가에는 이제까지 보지 못한 삼나무가 제법 많이 눈에 띈다. 중산간에 많이 산재해 있는 듯하다. 1970년대 일본에서 들여와 심었는데 유네스코에서는 자연적인 자생이 아닌 인위적 식생인 삼나무를 베어 내는 게 좋겠다는 권고가 있었다. 쭉쭉 곧게 빨리 자라 좋게 보였지만 지금은 베어야 할 처지가 되었다. 그래서 일부 지역에서는 삼나무를 베어 내고 있다. 전국에서 제주도민들이 아토피 발병률이 가장 높다고 한다. 삼나무 꽃가루 때문으로 봄이면 삼나무 꽃가루 예보를 할 정도이다. 올레꾼도 인적도 거의 없이 호젓한 산길을 걸으며 이런저런 상념에 잠긴다.

난산리

옛 이름은 '난미'라는 난산리 마을이다. 난산리는 광산 김씨 집성촌으로 800년 전통의 유서 깊은 양반마을이다. 예전에는 관리가 말을 타고 오다가도 이 마을에 이르면 말에서 내려 걸어 들어왔다. 교육열이 높아 1893년에 초등학교 과정인 사설 간이학교를 세워 학생들을 가르쳤다. 이후 서울 유학은 물론 해외에까지 많은 인재들이 공부를 하러 나갔다.

얼마간 산속으로 들어가니 새로운 건물이 보인다. 이런 산속에 건물이! 산뜻하게 지어진 건물에는 난산리 재활용도움센터라고 쓰여 있다. 주변에 1톤 트럭이 있고 옆에서 작업을 하고 계신 분이 있다. 복장은 주황색 야광 조끼를 입고 있다. 송광표(65세) 씨로 1년간 계약직 경력 사원으로 입사를 했다고 한다. 예전에 다른 곳에서 이런 재활용도움센터에 근무한 경력으로 뽑혔으며 경쟁이 심했다고 한다. 하는 일이 어떤 것이며 이 건물은 무엇인가 물으니 난산리 주민들이 재활용품을 직접 가지고 와서 분리하여 수거함에 넣고 가는데 이런 것을 지도하고, 봉투가 채워지면 바꿔 주며 전반적인 모든 것을 관장한다고 한다. 난산리도 여느 마을이나 동처럼 마을 주변 큰 도로 등에 클린센터라는 것을 운영했는데 미

난산리 재활용 도움센터 2023. 2. 1. 개관

난산리 난미 밭담길 : 2.8km 약 45분 소요

관상 좋지 않아 몇 개를 없애고 그것을 통합하여 크고 깨끗하면서 눈에 띄지 않는 산속으로 이전하여 2023년 2월 1일 오픈했다고 한다.

제주도 밭담이 세계중요농업유산에 등재된 이후 마을 공동체와 연계해 밭담길을 조성하였다. 척박한 자연환경과 맞서 싸운 제주인들의 삶을 들여다보고 저 멀리 바다와 한라산을 머금은 밭담의 풍경이야말로 가장 제주다운 아름다움이다. 제주 밭담길은 시커먼 밭담들을 모두 이으면 2만 2천여km 정도로 추정되며, 이 중 8개(제주시 6개, 서귀포시 2개)의 코스가 정비되어, 제주의 자연과 벗 삼아 함께 걷고, 체험할 수 있도록 밭담길을 조성하였다.

난산리 난미 밭담길은 해발 50여m 고지에 자리하고 있고, 천년의 장구한 역사와 함께 유림촌이 형성되었던 지역이기도 하며, 선량한 심성과 아름다운 자연환경을 간직한 고즈넉한 농촌 마을의 풍경 길이다. 그윽한 문화와 함께 돌담 위로 늘어진 황금빛 감귤을 만나고, 서민의 삶을 느낄 수 있는 제주의 전형적인 농촌 마을을 품고 있는 난미 밭담길이다. 제주 밭담의 최고 매력은 역시 주변의 자연과 어우러지는 소박함이다. 규격, 표준화한 것 하나 없이 어느 담을 보아도 구불구불 제각기 다른 모양이다. 척박한 화산토에서 사람이 살아남기 위해 누대에 걸쳐 돌을 쌓아 올린 오랜 역사까지 담 안에 녹아 있으니 완벽한 예술품으로 손색이 없다. 이 밭담은 제주 사람들이 정성스레 키워 온 작물을 보호하고 그 작물을 팔아서 생활했으니 밭담을 제주 사람들의 밥줄이라고 말하기도 한다.

올레꾼은 허가받은 마을 진입자라는 생각이 들었다. 마을마다 외지인을 경계하는 텃세가 있는데 제주도가 인정하는 제주올레사무국의 올레 패스포트를 들고 들어가면 주민들로부터 환대를 받는다. 안심하고 마을을 탐방하고, 주민들과 함께 즐기며 통과할 수 있어 특혜를 받았다고 생각하니 기분이 좋다. 시멘트 길을 호젓이 2시간 정도 걸었다. 이곳도 역시 삼나무는 많았다. 통오름(143.1m)이다. 오름의 모양이 물통처럼 움푹 패어 있다 하여 붙은 이름이다. 2시간여 만에 그나마 땅을 밟아 본다. 발이 한결 부드럽다. 산등성이에 오르니 이제까지 동부 오름들 중에 보지 못한 낙엽수 군락이 있다.

앙상한 가지 사이로 하늘이 파랗게 보이며 시원한 느낌이다. 특이한 현상이다.

통오름을 내려와 아스팔트 도로를 건너니 독자봉(159.3m)이다. 오르는 길은 맨땅과 야자수 매트가 깔려 있다. 정상에 오르니 전망 덱이 있다. 동쪽으로는 우도, 성산일출봉, 표선 해수욕장과 줄지어 늘어선 오름의 향연이 펼쳐져 있는 광경이다. 내면 북쪽으로 오랜만에 멀리서나마 한라산이 보인다.

독자봉에서 삼달1리 쪽으로 내려가는 길은 2008년도에 제주올레 탐사팀이 복원한 길이라는데, 지금은 키위 재배를 위한 대단위 비닐하우스 단지가 조성되어 있다. 키위 비닐하우스는 도에서 75% 지원과 25%의 자비로 설치되고 있다. 현재 짓고 있는 대부분의 비닐하우스가 키위를 생산하기 위한 것이다. 많은 정부 지원이 매력이 있는 것 같다. 하우스 주변에는 2022년 3월에 준공한 태양광 발전소가 대단위로 세워져 있다. 문재인 정부에서 원전(원자력 발전) 대체 에너지 자원으로 태양광 사업을 지원한 덕분에 생겨난 것이다.

김영갑갤러리

　삼달1리 마을에 내려오니 어두워졌다. 김영갑갤러리까지는 10여 분 더 걸어야 한다. 사물을 육안으로 분간하기 어려워 랜턴을 켜야 할 시간이다. 분홍색 바탕에 김영갑갤러리라는 간판이 입구 양쪽에 걸려 있다. 안으로는 주차장이 있고 전기 자동차 충전소가 곁들여 있다. 주차장 바로 곁에는 쪽문이 있고 안내판이 있다. 김영갑갤러리에 대한 통상적 안

김영갑갤러리 두모악

내문에는 봄, 여름, 가을, 겨울 계절별로 개점과 마감 시간을 달리하고 있다. 겨울철은 오후 5시에 마감하는데, 마감 시간 30분 전까지만 입장이 가능하다고 되어 있다. 지금 시간 저녁 6시 40분, 늦어도 보통 늦은 것이 아니다. 마감 시간을 2시간이나 지났으니까.

내일 다시 와야겠다. 3-A코스를 출발할 때는 낮 시간에 도착할 수 있다는 막연한 생각이 있었지만, 결국 밤까지 걸어야 했고 관람 시간을 충분히 고려하지 못한 불찰이리라. 이럴 줄 알았으면 마감 시간이 없는 B코스로 갔더라면, 하는 후회가 되었다.

다리는 천근만근, 김영갑의 작품을 감상하지 못한 눈은 눈대로 불만이다. 버스 정류장에 도착하니 어느 곳이든 다 어둠뿐이다. 몸은 몸대로 난리다. 배도 고프고 피곤하다. 벽에 붙은 버스 시간표를 랜턴을 켜고 살피고 있는데 갑자기 쉬웅 하는 소리와 함께 버스가 지나간다. 실망이 크다. 버스 시간표는 주로 시작점(제주시, 서귀포시)을 기준으로 한쪽 방향으로만 표시되어 있기에 정확한 버스 시간을 가늠할 수 없어 올레 안내 책자를 펴고 표선24시콜택시회사의 전화번호를 찾아 걸려는 순간 버스가 도착했다.

차분하게 장갑을 벗어 한쪽에 놓고 핸드폰 터치를 하던 중이었기에 장갑 한 짝을 의자에 놓고 버스에 올라탄 것을 뒤늦게 알았다. 버스 기사님은 내가 서귀포시로 간다고 하니까 친절하게 삼달리 삼거리 신호등에서 정차하여 차를 세워 주면서 돌아가서 정류장에서 다시 이쪽으로 오려면 번거로우니 내려서 201번 버스를 타라고 알려 주신다. 고맙다고 큰 소리로 인사하고 내렸다. 내리고 보니 삼달2리(김영갑갤러리) 정류장과는 그리 멀지 않은 곳이다. 장갑을 찾으러 걸어갈까 아니면 포기할까 하는 갈등이 일었다. 피곤도 하고 힘도 들어 나의 불찰에 대한 액땜이라 여기고 포기했다. 버스는 10여 분 기다리니 도착했다. 버스가 이렇게 소중한 줄 처음으로 느끼는 순간이다. 평소에 정류장에 가면 탈 수 있었던 버스가 한밤중에 갈 길은 멀고, 고독하고, 컴컴한 빈 시골 정류장에서는 귀하고 귀한 보배가 아닐 수 없다.

다음 날 새벽 6시 35분에 201번 버스를 탔다. 삼달리 교차로에서 내리는데 기사님이 북쪽으로 1.8km 거리에 김영갑갤러리가 있다고 알려 주신다.

마음이 급하다. 김영갑갤러리에 입장하기 위한 것이 아니라 어제 잃어버린 장갑을 찾아야 하는데 그사이 누가 가져가 버리면 어쩌지 하는 걱정이 앞서기 때문이다.

버스가 오지 않아 지나가는 차를 세워 태워 달라고 부탁을 시도했으나 아침 시간이라 모두가 바쁜 모양이다. 태워 주지 않는다.

야속하다는 생각을 하며 기다리는데 버스는 아무래도 늦을 것 같은 예감에 걷기로 했다. 10여 분 만에 삼달2리 정류장에 도착하니 장갑은 내가 어젯밤에 벗어 놓았던 그대로 기다란 의자 위에 놓여 있다. 반갑고 고마웠다. 장갑이 그렇게 귀중한 것은 아닐지라도 나의 분신이 나도 모르게 사라져 버린다는 것이 싫은 것이다. 장갑을 찾고자 하는 노력만큼이나 결과가 좋아 하루를 기분 좋게 출발한다.

김영갑갤러리 주차장에서 싸 가지고 온 빵과 더운물로 아침 식사를 했다. 9시에 출입구로 가니 직원이 9시 30분에 입장이 시작된다고 한다.

사진가 김영갑(1957~2005)은 그의 길지 않은 생애를 제주도의 아름다움을 찾아 기록하는 데 바쳤다. 충남 부여 출신인 그는 1985년 제주도에 정착해 제주도 구석구석을 찾아다녔다. 제주도에 그의 발길이 닿지 않은 곳이 없다. "밥 먹을 돈을 아껴 필름을 사고 배가 고프면 들판의 당근이나 고구마로 허기를 달랬다."라고 한다. 두모악갤러리는 김영갑의 제주도 사진 20만 장을 보유하고 있으며, 작품은 상설 전시되고 있다. 김영갑은 상업 사진을 철저히 부정하고 오로지 작품 사진에 집중하여 불후의 명작 풍경 사진을 남기고 그의 분골마저 갤러리 정원에 오롯이 뿌려 제주의 것에 동화된 삶을 남겼다.

김영갑갤러리 두모악(옛 한라산 이름)에 들어선다. 9시 30분에 입장하여 입장료를 내니 엽서 한 장을 준다. 커다란 예쁜 엽서이다. 이곳에서는 우표도 팔고 우체통도 있다. 故 김영갑 예술인에게 경의를 표한다는 내용의 글을 방명록에 기록했다. 무인 찻집이 있어 그곳에서 코코아 한 잔을 마시며 친구에게 엽서를 써서 바로 우체통에 넣었다. 전시된 사진에 취하고 고인의 영혼이 깃든 정원에서 나도 영혼의 자유를 만끽했다. 오름 사진으로 만든 냉장고 자석을 샀다. 더 큰 사진도 있고 사고 싶은 사진도 있으나 가지고 다니기에 부담이 되어 간단하고 소지하기 편한 냉장고 자석을 샀다.

삼달2리 정류장에서 삼달1리 보건소 정류장까지 1.8km의 가로수가 낙엽수로 이루어져 있는 특이한 구간이다.

온갖 푸른 숲속에 유독 가로수가 낙엽수이다.

제주올레 3-B코스
온평 – 표선 올레

외롭게 사색하며 걷는 길

버스를 타고 온평초등학교 앞 정류장에서 내렸다.

사거리 한쪽 길가에 커다란 탑이 있어 다가갔다. 큰 탑과 작은 탑이 있다. 마을의 안녕과 발전을 기원하는 애향탑과 충혼탑이다. 충혼탑은 6.25 당시 온평리 출신 젊은이 24명이 전사했다는 내용을 비碑 뒷면에 새겨 놓고 기리고 있다.

애향탑 아랫부분에는 마을의 유래와 전설을 자세히 기록해 놓았다.

"벽랑국에서 온 세 공주를 맞이한 삼신인은 연못에 와서 정안수를 떠 놓고 혼인을 하였다. 정안수를 떴던 샘물은 제주어로는 산물통(살아 있는 물)이라 한다. 우리 마을에서는 1년에 한 번 천제(하늘에 지내는 제)를 지내는데, 일주일 전부터 이 샘물을 깨끗이 관리

삼신인이 공주를 맞이하는 모습

하여 관수로 쓰고 있다. 우리 마을은 온화하고 평화롭다 하여 온평리라고 불린다. 마을 중심에는 100년이 넘은 두 그루의 백년해로 나무가 있어 마을에서 묵어가는 이들이 무병장수하고 득남한다는 말이 전해진다.

배를 타고 바다에서 우리 마을을 바라보면 여자의 음부처럼 생겼다 하여 나팔동산이라 부르는 곳이 마을 중심부에 보인다. 풍수지리학에서 여자의 음부처럼 생긴 곳을 명당자리로 꼽는다고 한다. 또한, 사신과 같이 왔던 거북이는 돌아가지 않고 온평리를 지키고 있다. 이처럼 길한 곳이니 찾아오는 분들에게는 행운이 함께할 것이다."

온평마을에서 조금 걸으면 "바다한그릇" 음식점이 있고, 그 앞에 있는 환해장성 돌성을 넘어서 바로 바다 돌담을 끼고 걷게 된다. 바닥은 현무암 돌들이며 바다 쪽은 검은 돌들이 즐비하고 바다와 가장 가까이 접하면서 걷게 된다. 넘실대는 바다를 실감 나게 볼 수 있는 길이지만 발걸음을 조심해야 하는 이중성을 가진 곳이다. 익숙할 때쯤 올레 리본은 어김없이 코스를 바꾼다. 이번에도 예외는 아니다. 큰길가를 걷는가 싶더니 길은 바뀌어 탄성을 지르지 않을 수 없는 길로 인도한다. 숲길이다. 울창한 숲길인데 한 사람만 겨우 들어설 수 있는 작은 숲길이다. 비좁다는 것 자체가 실로 특권이며 특혜라 하지 않을 수 없다.

올레길이 아니면 찾기도 쉽지 않고 걸어 볼 수도 없는 독특한 길이라고 자부한다.

한치와 오징어를 구워 파는 포장 가게에 들어갔다. 한치를 파느냐 물으니 판다고 한다. 내가 물었던 이유는 그러니까 1코스 중간 지점 스탬프 찍는 곳의 목화휴게소 여사장님 때문이다. 여사장님 왈 제주도에서

만 한치가 나지만 비싸서 사 먹을 수 없으며 지금 한치를 파는 것은 거의 수입이라고 보면 된다고 하여 확인하고 싶었다. 할머니에게 한치를 보여 달라고 하니 가격대별로 꺼내 놓는다. 보통 오징어 크기의 한치가 1개에 2만 원이라고 한다. 오징어는 그의 반값이다. 비싸다. 그러나 여사장님이 말한 것처럼 수입품도 아닌 것 같고 생각보다 비싸지 않았다. 그 여사장님의 말을 완곡히 해석하면 비싸다는 말을 강조한 것 같다.

한치 1마리를 구입했다. 반건조 상태에서 가스 불에 바로 구워 먹으니 고소하다. 한치는 6월부터 9월까지 제주 바다에서만 잡힌다고 한다. 이때 잡은 한치를 냉동하여 저장했다가 필요한 만큼 해동하여 껍질을 벗기고 반건조시키는 등 손이 많이 간다고 한다.

가게 주인 할머니는 84세 홍춘자 님이다. 3년 전까지 물질을 했던 상군이었다. 은퇴하고 한치와 오징어를 팔고 있다. 온평리에 해녀가 몇 명 있느냐 물으니 80여 명이나 되는데, 나이가 제일 어린 해녀가 45세라고 한다. 가구는 400여 가구 되는데 외지인들이 많아 인구는 자세히 모르겠다고 한다. 해녀들이 보통 몇 분 정도 잠수를 하냐고 물으니 상군이 최장 2분, 하군은 보통 1분 정도라고 한다. 온평리에서는 소라, 성게를 잡고 미역을 주로 캐고 있으며 전복은 전혀 없고, 그중에서도 온평미역은 전국에서 알아주며 3월부터 캔다고 한다.

바닷가 길은 아스팔트 길인데 왼쪽에는 바다, 오른쪽에는 검은 비닐 포장으로 둘러쳐진 여러 채의 건물들이 즐비하다. 해양수산이라고 쓰여 있는 건물로 들어갔다. 인도네시아 청년과 나이 든 어른 4명이 있다. 그중에서 한국말을 제법 잘하는 분과 대화를 했다.

"한국에서 일한 지는 얼마나 되셨나요?"

"3년 되었습니다."

"이곳의 양식장에 대해 설명해 주세요?"

"약 1,500여 평의 양식장에 광어를 키우고 있습니다. 치어가 5~8cm일 때 받아서 3kg 내외에서 출하하게 됩니다."

더 이상은 소장님에게 물어보라며 사무실로 안내한다. 소장은 나오지 않고 들어오지 말라고 하면서 그곳에서 말하라고 한다. 위탁 경영이냐, 직접 경영하느냐 물으니 직접 경영한다고 한다.

지난 2코스의 가두리 양식을 하는 곳에서는 위탁 경영으로 수수료만 받는 형식을 하고 있었는데, 이곳은 규모도 크고 자본력 등이 자연 가두리 양식장보다 좋은 듯하였다.

제주 양식장의 90%가 광어 양식장이라고 한다. 왜냐하면 광어가 양식하기에 다른 어종에 비해 쉽다는 것이다. 양식장은 모두 바다 옆 경치 좋은 곳에 몰려 있다. 법 때문이란다. 양식장은 수도관을 통해 바닷물을 끌어 올려야 하는데, 현무암을 3m 이상 파괴하면 안 된다고 한다. 그러니 조건에 맞는 바닷가로 몰릴 수밖에 없다.

신산리

신산리는 조그마한 만으로 형성되어 양질의 용천수가 솟는 곳이라 하여 만물이라고 불리었다. 예전에는 식수와 우마의 급수장으로 사용되었던 곳이어서 예로부터 물이 차가워 한여름에도 5분 이상을 견디기 힘들다고 한다. 만물에는 다금바리와 민물장어, 우럭 등의 어종이 풍부한 마을 어장이 있으며, 천연적으로 생성된 아름다운 담수욕장이 있다.

마을의 상징인 독자봉을 중심으로 삼태기 꼴 모양으로 경사져 내려오다가 마을 중심부에 와서는 완만한 지역을 이루고 있다.

김상헌의 『남사록』에 의하면 말 등 포구는 병선을 숨기기에 적당하다고 했고, 외지인이 들어오면 잘 된다고 한다. 이유는 지형이 닭이 알을 품고 있는 형

최고의 명당자리로 일컫는 금계포란형

상이라 포용, 화목, 단결이 잘되는 곳이기 때문이다. 풍수지리학으로 보면 최고의 명당자리로 일컫는 금계포란형(닭이 알을 품고 있는 형상)이라고 전한다.

삼달리

테우 모형이 전시되고 있었는데 이유는 제주특별자치도 무형문화재 제21호 「삼달리 어업요」 보유자 강성태 님의 「테우 젓는 소리」와 「갈치 낚는 소리」를 보존하고자 노래 발상지인 이곳에 전통적인 짜맞춤 수공 방식의 테우를 설치한 것이다.

테우는 통나무를 엮어서 만든 배로, 해녀를 태워서 미역, 톳 등 해산물을 채취하여 운반하거나 자리돔을 뜨고 고기를 낚을 때 사용하는데 본래는 한라산에서 살아 있는 구상나무를 베어다가 만들었지만 근래는 삼나무로 만들기도 한다.

바다 목장은 신풍리와 신천리에 걸쳐 있는 잔디밭으로 30만 평에 달한다.

바다 목장

　해변 길은 돌밭이 계속 이어지더니 드디어 바다 목장이 도래하였다. 드넓은 초원과 바다가 맞닿아 있는 바다 목장이다. 신풍리와 신천리에 걸쳐 있는 잔디밭이 30만 평에 펼쳐져 있다. 사유지이지만 소유주가 제주올레에 흔쾌히 길을 열어 주어 그 장관을 보게 되었다. 11월 말에서 이듬해 3월까지 제주도의 감귤 껍질을 이곳에서 말리는데, 바다 곁 넓디넓은 초원에 일렁이는 주황색 물결 또한 이곳에서만 볼 수 있는 장관이라고 한다. 여기서 말린 귤껍질은 한약재와 화장품 재료 등으로 사용된다. 혹시 감귤 껍질이 널려 있나 기대를 했는데 그저 노랗게 시든 잔디가 넓게 펼쳐져 있다. 이렇게 넓은 광장을 본다는 것도 행운이다. 어디서 이

기를 할 수 있으랴! 예전에는 '신천마장'이라 불리는 마을
이었는데 지금은 사유지로 소를 방목하여 키우는 곳이다.

당을 지나니 배고픈 다리가 나온다. 고픈 배처럼 밑으로
라산에서부터 흘러와 바다로 이어지는 천미천의 꼬리
점으로 신천리와 하천리로 경계가 된다.
교 기도 도량이며 바로 옆에는 해신사가 해신용왕당
하천리의 할망당을 관리하고 있고, 하천리 마을의 천제를
곳에서 드린다고 한다. 바로 옆에 신천리의 본향당이 있어
는 따로 본향당이 있다. 그만큼 마을마다 다른 신들을 모시고
문이다.

표선 해수욕장

해는 서산으로 지고 있고 달은 동녘 하늘에 높게 떠 있는 저녁 광경이다. 하얀 모래 해변과 끝없이 펼쳐진 수평선 위에 떠 있는 달을 보는 것은 여유로운 마음의 정겨운 모습이다. 이제 3-B코스의 마지막 지점인 표선 해수욕장이 다가온다. 하얀 백사장이 돌연 눈앞에 활짝 펼쳐져 있는 표선 해수욕장이다. 길이 800m에 넓이 8만 평에 이르는 백사장은 밀물 때면 마치 호수처럼 보인다고 한다.

어쩌면 이제까지 까만 바위의 해변에서 완전 반전의 역사가 기록되는 것이다. 하얀 백사장이 수만 평 펼쳐지고 있다. 내가 살아서 본 해수욕장 중 가장 넓은 백사장으로 끝이 보이지 않는 해변으로 기억될 것이다. 클

수록 좋다는 가설을 증명하는 현장이 바로 표선 해수욕장이다.
모래사장 그것도 하얀 모래가 끝없이 펼쳐진 바닷가 광경은 황홀한
을 이루는 무대로는 부족함이 없다. 다소 길었던 3-B코스가 길었던
수많은 이야기가 가슴에 새겨져 잊지 못할 기억으로 남을 것이다.
해수욕장에 분명 내가 지나간 발자국을 새겨 놓았고 그것은 나에게
추억의 한 장면이 될 것이다.

표선에는 다섯 볼거리와 다섯 맛이 있다고 한다.

다섯 볼거리로는 봄에 왕벚나무 아래 유채꽃 길, 여름에는 산여리통물
과 산물각, 이웃과 함께하는 대문 없는 집, 가을에는 드넓은 가을 들판의
억새꽃 물결, 겨울에는 오름 정상에서 본 일출과 일몰. 사시사철에는 표
선면 3대 축제(제주유채꽃축제, 표선해비치해변 하얀모래축제, 정의고
을 전통민속재현축제)가 있다.

표선 해수욕장의 광활한 해변

다섯 맛은,
  물회 : 자리물회, 한치물회, 옥돔물회, 어랭이물회, 객주리물회
  죽 : 갱이죽, 성게죽, 전복죽
  국 : 몸국, 성게국, 옥돔국, 갈치국, 멜국
  떡 : 빙떡, 오메기떡, 상외떡
  고기 : 흑돼지구이, 순대국, 돼지고기 두루치기, 말고기구이
등이 있다.

제주올레 4코스
표선 – 남원 올레

꽃과 나무의 이름을
배우며 걷는 길

　표선 해수욕장은 어제저녁 3코스 피날레를 장식할 때와는 크게 달라졌다. 밀물로 인해 크게만 보이던 해변이 무척이나 작아지고 커다란 호수가 생겼다. 해 뜨기 직전 수평선의 노을은 동쪽 하늘을 불그스레 물들여 한편의 수채화 그림을 보는 것 같다. 멋진 감동의 아침 풍경이다.

　이른 시간이라 공원에도 해변에도 사람이 별로 없고 새들만이 부산하게 움직이며 아침 찬가를 부르고 있다. 그래서 외국에서는 부지런한 사람을 이른 아침의 새처럼 early bird란 애칭으로 부른다.

갈대밭과 해돋이 장면

바로 길 대각선 건너편에 제주올레(공식)안내소가 있다. 제주 올레가 높이 평가받고 인정이 되는 것은 순수 민간 차원에서 출발했고 관리되고 있다는 것이다. 관이 주도한다고 나쁠 것도 없으나 관의 주도는 권위적이고 관의 지시에 의해 지배되는 폐단 때문에 부정적인 이미지를 갖고 있는 것이다. 작은 규모지만 곳곳에 알뜰한 올레안내소가 있다는 것은 올레꾼들에게 커다란 자부심과 함께 마음에 안정감을 준다.

길은 해변이 끝나는 지점에서 현무암 자갈길로 걷게 된다. 해비치호텔(현대 그룹이 운영) 앞에서 도로로 나왔다가 10여 m 지나 다시 숲속으로 인도되고 있다. 숲길은 말랑한 아침 햇살과 출렁이는 파도 소리, 오롯한 오솔길과 숲길이 연달아 이어져 훌륭한 아침 명상의 길이며 사색의 길이다.

용왕제

해변가에 해녀의 집 앞에 중년 남자들이 많이 모여 있다. 이른 아침 시간에 사람들이 모여 있는 것이 특이했다. 가까이 다가가 보니 제를 지내

표선 청룡피싱클럽팀이 용왕제를 드리는 모습.
설날 이후 해가 떠오르는 밀물 때를 맞춰 제사를 드려야 한다.

려 준비하고 있다. 사람들은 모두 10여 명이 모였다. 삼각대에 깃발이 꽂혀 있고 그 옆에는 커다란 제사상 위에 돼지머리며 각종 과일과 음식이 차려져 있다.

참석한 사람 중에 김성배(60세) 씨에게 무슨 제를 지내느냐고 물으니 낚시동호회(표선리 청룡피싱클럽 회원 12명)에서 용왕님께 회원들의 안녕과 풍요를 기원하는 제를 지낸다고 한다. 이 제사에도 원칙이 있다고 하였다. 설날 지나고 1월 밀물 때 그리고 해가 떠오를 때에 맞춰 제를 올려야 한다는 것이다. 또 하나 제사상에 물고기를 꼭 올려야 하는데 이번에는 벵에돔을 올려놓았다고 한다. 월 1회 정기 출조를 하고 수시로 나가는데 주로 우도에 자주 간다고 한다. 회장부터 차례대로 돈 봉투를 돼지머리의 입에 넣고 절을 한다.

바닷속에 숲 가꾸기가 필요하다는 문답식 안내판이 있다.
"바다에도 숲이 필요해요?"
"네, 바다에도 나무를 심습니다. 바다에 심은 나무는 해조류입니다. 해조류의 숲이 생기면 전복, 소라, 물고기들이 찾아오고 바다가 생명력이 되살아나지요."
바다 숲 가꾸기는 바닷속에 해조류 심기-바다 숲 조성-해양 생태계 복원-산소와 이로운 물질을 발산, 어패류 산란장 및 서식처 마련-안정된 수산 자원 회복으로 이어집니다. 표선읍에서는 5월 10일을 바다식목일로 지정하여 운영하고 있다.

하얀 등대가 보인다. 영화 「아이리스」에 나오는 등대로 1984년 12월

4일에 세워진 무인 등대, 가마 등대이다. 이 등대에 올라가 맨 꼭대기에서 바다와 북쪽 하늘에 걸쳐 있는 한라산을 감상하는 것도 좋을 것 같다고 예전에 완주하신 분이 조언을 하여 올라갔다. 주변에는 올레꾼도 여행객도 없다. 오직 나 혼자 이 넓은 바닷가에 있다. 기회를 놓치지 않는 것도 현명하다고 생각되어 등대 꼭대기까지 올라갔다. 그렇게 높지 않은 등대지만 꼭대기는 좁고 바람이 세차게 불어와 심하여 흔들린다. 누구도 감히 실행할 수 없는 것을 이루었다는 성취감과 올레길을 걷지 않으면 얻을 수 없는 희열이다. 혼자 스스로 사진도 찍는다. 통쾌한 순간이다. 수평선의 잔잔한 바다는 끝없이 펼쳐진 대지와 같고, 구름으로 덮인 하늘은 고요를 더욱 깊어지게 한다. 저 멀리 한라산은 실루엣으로 다가왔다.

가마리포구가 나오고 세화2리 마을이다. 길옆의 비닐하우스는 한라봉 감귤밭이다. 마침 일하고 계신 남자분이 있다.

"무슨 일을 하고 계세요?"

가마 등대 꼭대기에서 바라본 수평선

비닐하우스에서 탐스럽게 익은 한라봉, 주인은 첫 수확을 준비하고 있다.

"네, 한라봉을 따려고 귤 박스를 준비하고 있습니다."

"언제부터 따셨어요?"

"오늘 처음 따려고 합니다. 지금은 한라봉 가격이 좋지 않아 따서 창고에 보관하였다가 가격이 좋아지면 출하를 하려고 계획하고 있습니다."

"보관은 저온 창고에 하세요?"

"5도 정도에서 보관하면 됩니다."

막 일어나는데 한라봉 하나를 주시면서 먹어 보라고 한다. 참으로 인심이 좋은 제주 농촌 마을 인심이다. 올레꾼들에게 친절히 대하는 모습은 감히 최상이다.

가마리 해녀올레로 접어든다. 가는개로 이어지는 바다 숲길은 한동안 사라졌다가 제주올레에서 35년 만에 복원한 곳이다. 이 길을 조성할 때 해병대 장병들이 힘을 보태어 도와주어서 '해병대길'이라고도 부른다고 한다.

농협은행 제주수련원을 지나게 되는데 올레꾼들에게 길을 내어주고 화장실도 이용하게 하고 있다. 따뜻한 햇빛이 있는 곳을 찾아 앉아서 간식을 먹는다. 올레꾼들이 하나둘 화장실을 이용하기 위해서 찾아온다. 감사한 일이다. 바닷가에는 상굿 불턱이란 안내판이 있다. 불턱은 예전에 해녀들이 옷을 갈아입고 바다로 들어갈 준비를 하는 곳이며 작업 중 휴식하는 장소이다. 이곳에서 물질에 대한 지식, 물질 방법, 어장의 위치 파악 등 물질 작업에 대한 정보 및 기술을 전수하고 습득한다. 상굿 불턱은 태흥3리에 위치한 불턱으로 내부에 담을 쌓아 상군과 하군 공간을 구분 짓는 것과 달리 큰 불턱과 작은 불턱(할망 불턱)을 별도로 쌓은 독특한 형태로 마치 제주도 집의 안거리와 밖거리 형태를 연상시킨다.

나무, 꽃 이름을 배우며

알토산 고팡에서 식사를 마치고 나온 50대 중반 남자 김 선생(55세)을 만났다. 길을 같이 걸으면서 들어 보니 육지에서 제주도로 발령을 받아 혼자 내려와 근무하고 있다. 주말이면 육지에 있는 가족을 만나러 가든지 그렇지 않으면 올레길을 걷는 분이다. 주로 친구들과 함께 걷는데 오늘은 혼자 나왔다고 한다. 제주에 온 지는 1년쯤 되었는데, 올레길과 오름을 자주 다녔으며 좋은 풍경의 올레코스는 몇 번이고 반복해서 다니고 있지만 아직 완전히 완주는 하지 못했다고 한다. 다녀 본 코스 중에서는 5코스에서 12코스가 좋았고 5, 6코스는 조금 짧다고 한다. 이분은 걸음이 굉장히 빠르고 식물의 이름을 많이 알고 있었다. 가는 길에 특이한 식물이 있으면 꼭 사진을 찍어 나에게 보여 주며 내가 기억할 수 있도록 배려해 주었다.

순비기나무

　이분이 처음 알려 준 식물은 순비기나무로 바닷가 모래 해변에 줄기를 쭉쭉 뻗어 나가며 보라색 꽃을 피우는 식물이다. 덩굴성 염생 식물인 순비기나무는 제주 해녀들의 숨비소리(숨비기 소리)에서 유래된 이름이라고 한다. 다음으로는 가자니아, 유카, 털머위, 돈나무, 까마귀쪽나무, 후박나무 등이다. 김 선생은 보통 올레길을 걸을 때는 제주시 집에서 아침 7시 30분경 나와 1시간 내외 버스를 탄다. 걷기는 대개 오후 3시경이면 올레길을 마무리하고, 귀가하면 4시경으로 집에서 쉬면서 다음 날 출근 준비를 한다고 한다.

　옥돔마을로 유명한 태흥2리에 도착하였다. 조선시대 제주 목민관으로 재임했던 응와 이원조李原祚 목사가 기록한 고서 『탐라지초본』에 의하면 영진상營進上 중 의례적으로 바친 특산 품목인 제주 옥돔은 솔라니라 불리며 맛이 은근하면서도 비린내가 적고 담백한 생선이라고 한다. 이는 오늘날에도 귀한 음식으로 여기는 제주 최고 명품 태흥 옥돔이다. 옥돔 경매는 오후 1시에 시작된다고 한다.

 태흥2리 체육공원이다. 제주는 겨울철이 따뜻하여 육지에서 학생, 체육인들이 동계 훈련차 많이 내려오기 때문에 체육공원 내에 다양한 시설이 준비되어 있다. 먼바다에는 지귀도(바다 가운데 평평하게 보이는 섬 : 일명 자꾸섬)가 고래 등처럼 기다랗게 펼쳐져 있다. 4코스를 걷는 동안 내내 따라와 함께했던 섬이다. 지귀도는 남원읍 위미리에 속하는 무인도이다. 위미리에서 6.5km, 서귀포항에서 동남쪽으로 10km 정도 떨어져 있다. 낚시꾼들의 천국이며 바다 다이빙하기에도 좋은 곳으로 알려져 있다.

 4코스의 종점 남원포구이다. 함께 달려온 동행자와 종점 스탬프를 찍고, 그분은 제주시로 나는 서귀포시로 가는 버스를 탔다.

옥돔마을 안내 표지석

제주올레 전문 여행 가이드 업체 요금 현황 (단위 : 원)

기간	객실	퐁낭여행	간세다리캠프	알파캠프
한 달	1인	2,950,000	3,400,000	3,800,000
	2인	2,850,000	2,750,000	3,100,000
일주일	1인	840,000	1,000,000	1,440,000
	2인	700,000	650,000	1,089,000
3박 4일	1인	400,000	450,000	847,000
	2인	340,000	350,000	605,000
1박 2일	1인	150,000	150,000	726,000
	2인	130,000	130,000	460,000
숙박지		서귀포 징크호텔	제주시 하이커호텔	서귀포 타마라호텔
식사제공		2식(저녁제공X)	3식	3식
전화		064-762-2178	064-799-7727	010-2098-3946

제주올레 5코스
남원 - 쇠소깍 올레

옛 정취를 찾아 걷는 길

서귀포 시외버스 터미널을 막 들어서는데 101번 버스가 터미널에서 나온다. 무례하게 손을 들었더니 다행히 세워 주신다. 한라산은 동쪽으로 달리는 차에서는 언제나 볼 수 있는 특혜가 있다. 한참을 달리는데 마이크 켜는 소리가 들리더니 버스 기사님께서 유창한 영어로 안내 방송을 한다. 이어서 중국어 따지아(여러분)로 시작하여 시에시에(감사합니다)로 마치고, 한국어 방송이 이어진다. 내용인즉, 본인은 금남여객 기사로 여러분을 목적지까지 안전하게 모시겠다는 것과 여러분들의 여행이 즐겁고 행복하길 바란다는 내용이다. 꼭 비행기에서 기장이 비행기 탑승객에게 하듯이 인사말을 한다. 참으로 신선한 느낌이 들고 국제선 버스를 탄 기분이다. 버스에 승차하는 외국인 승객에게는 '웰컴'으로 한국인 승객에게는 '어서 오세요'라고 인사를 하신다. 다른 기사분들이 안 하고 있으니 더욱 돋보인다. 이 기사님으로 인해 금남여객의 승객들은 금남여객을 다시 보게 될 것이다. 오늘까지 다섯 번을 101번과 201번을 번갈아 탔는데 처음 듣는 신선한 충격이다. 이곳이 국제적인 도시라는 것은 알았지만 실제 오늘처럼 느껴 보기는 처음이다.

8시경 남원 환승 센터에 도착하였다. 해변가로 걸어서 10여 분을 걸으니 제주올레안내소가 나온다. 올레꾼에게는 이런 안내소나 간세마크가 있는 가게를 보면 동질감을 느끼게 된다. 마음도 편안하다. 안내소는 벌써 업무를 시작했다. 시간은 8시 30분경. 안내소에 들어가니 안내원이 맞이한다. 제주올레로 인해 제주가 한층 활성화되었다는 이야기를 하고, 직원에게 근무와 관련해서 물으니 2명이 교대로 일하고 있고 설날과 추석 당일만 쉬고 363일을 근무한다고 한다.

제주올레가 생기면서 변화가 일어났다. 제주에 가면 으레 올레길을 걷겠다는 계획을 세워 한두 코스는 걷고 오는 사람이 많아졌다. 모임에서 친구들을 만나면 제주올레 전 코스 완주 계획을 알렸는데 어떤 친구는 나의 계획을 화제로 삼으면서 금년 칠순잔치에 가족과 함께 제주에 가는데 자기는 올레코스 걷는 것을 최우선으로 설정했다고 한다. 그러면서 어느 코스가 가장 좋은 코스냐고 묻는다. 제주올레는 우리에게 제주를 재발견할 기회를 갖게 하는 길이다. "풍경이 좋으면 좋은 대로, 지루하면 지루한 대로 여기서 이 시간에 걷는다는 것" 자체가 의미가 있는 것이다. 걷는 길은 어디가 좋다 나쁘다 하는 평가의 대상이 아닌 것이다.

바다를 끼고 포장도로를 걷는다. 멀리서 섶섬이 길을 안내하는 것같이 아른거린다. 바다는 며칠간 밀물 시간대인 듯 도로 밑까지 바닷물이 다가와 있다.

제주는 체육인들에게는 겨울철 동계 훈련 장소로 많이 이용되고 있다. 내가 묵고 있는 숙소도 예외는 아니다. 구내식당의 알림판에는 학교별 단체별 명단이 있고 식사 시간을 단체별로 따로 배치하여 혼잡하지 않도록 하고 있다. 엘리베이터 안에서는 여러 종목의 선수들을 만날 수 있었

마라톤 선수들의 베이스캠프

다. 오늘 아침에는 키가 큰 농구선수, 키가 작은 멀리뛰기 선수, 경보 선수를 만났다.

남원큰엉해안경승지

남원리 도롯가에서는 마라톤 선수들이 방금 봉고차에서 내려 베이스캠프를 치고 있었다. 베이스캠프라고 해 봐야 비닐 깔판 위에 생수, 간식 박스가 고작이다. 제주여행 가이드북마다 큰엉경승지 산책길을 우리나라에서 가장 아름다운 해안 산책로로 꼽는다. 제주도의 남쪽 바다를 감상할 수 있는 아름다운 큰엉경승지 산책로, 큰엉은 큰 언덕이라는 제주 방언으로, 높이 15~20m에 이르는 기암절벽이 성을 두르듯 서 있는 해안 산책로다. 왼쪽으로는 쪽빛 바다가 아득한 수평선으로 펼쳐지고, 발밑으로는 검은색 돌들이 촘촘히 깔려 있다. 먼바다 검푸른 물의 색깔은 차차 엷어져서 땅과 만나는 지점에 이르러서는 연한 연두색으로 투명하게 변한다. 풍경은 마음을 뻥 뚫리게 한다. 산책로는 걷기에 더없이 편하다. 각종 아열대 식물 군락이 있고 길은 나무 숲속으로 들어간다. 중간에 각종 이름을 붙여 단조로움을 애써 피하려 한 흔적이 보인다. 호두암, 유두암, 우렁굴, 한반도 모양의 궁륭 등이 있다. 바다만 보고 걷는 것도 지루하다 싶으면 바로 숲이 형성되고 또다시 그늘에서 벗어나고 싶으면 바다로 나아가는, 숨바꼭질하는 형상이다. 해녀들이 잠수하여 물속으로 들어갔다가 숨 고르기를 위해 물 위로 나왔다를 반복하는 숨비기가 연상되기도 하였다. 곰솔이 있고 바닥은 판석이 있는가 하면 야자매트가 있고 흙이 있는 오솔길로 다양하다. 바다가 그리우면 확 트인 공간을 택하여 사진을 찍으며 숨을 돌리기도 하였다. 파도는 자기를 봐 달라고 큰 울음을 울리고 있고 이것도 통하지 않으면 몸통을 날려 하늘로 치솟아 눈길을 유혹하기도 한다. 한반도를 형성한 숲은 일정하지가 않다. 여느 때는 정말 닮은 모양일 때도 있고 나무가 자라면 그냥 궁륭일 뿐이다. 하지만 그런들 어쩌리. 우리가 마음을 갖고 본다면 그곳의 모양은 영원히 한반도의 모양을 유지하고 있을 것이다.

  큰엉을 지나고 이제 실제로 바닷가를 체험하는 바닷길을 걷는다. 또 다른 체험이다. 제주올레가 아니면 이런 아기자기한 코스를 경험할 수 있으랴! 중간에 시간적 여유가 있는 분들은 탑을 만들어 놓기도 하였다.

숲으로 이루어진 대한민국 전도

    나는 탑까지는 만들지 못하지만 돌을 하나 큰 돌 위에 올려놓고 하루의 트레킹이 즐겁고 안전하게 종점에 이를 수 있게 해 달라고 마음속으로 기원하였다. 바닷가에 인접한 아담한 양옥집이 있고 그 옆길에서 나무를 정지하는 두 분을 만났다. 한 분은 집주인이고 한 분은 작업을 하는 분이다. 이곳이 행정상 어떻게 되냐고 물으니 남원읍 남원리 신성동이라고 한다. 본인은 합천에 살고 있으며 가끔 이곳에 온다고 한다. 마을 길인데 나무가 너무 우거져 길을 어둡게 하여 나무를 잘라 내고 있다고 한다. 손진기 님이라고 하면서 올레길을 개척한 서명숙 이사장을 잘 안다고 한다. 제주올레는 올레와 관련 있는 분들은 물론 일반 많은 사람들의 공통의 화제가 되고 있음은 부인할 수 없는 일이다.

위미리

이제 시멘트의 길바닥을 대면하게 된다. 바로 자연에서 문명으로 들어간다는 느낌이 든다. 바닷가에 촘촘히 솟아오른 바위들은 남해의 다도해를 연상케 한다. 그 바위 위에 새들이 앉아 쉼을 갖고 있다. 멀리 지귀도는 바다 수평과 일직선으로 평평하여 자칫 지나칠 수 있는 모양이나 유람선이 그곳 주변을 돌아오는 코스로 이용되고 있다. 위미2리에 접어드니 동네 어귀에서 바로 눈 덮인 한라산이 출현한다. 보기에도 좋고 설렘도 인다.

동백나무 군락지는 황무지를 옥토로 가꾸기 위하여 끈질긴 집념과 피땀 어린 정성을 쏟은 현맹춘(1858~1933) 할머니의 얼이 깃든 유서 깊은 곳이다. 해초를 캐고 품을 팔아 가며 근검절약한 돈 35냥으로 황무지(속칭 버둑)를 사들였다. 거기에 한라산 동백나무 씨앗을 따다가 뿌린 것이 오늘날 기름지고 울창한 숲으로 변했다. 동백나무숲은 겨울에 그 위용을 자랑하며 각양각색의 꽃을 피워 내고 있다.

마을 안쪽으로 들어서니 정자가 있고 바람을 피하기 위해 북쪽으로는 비닐로 가리고 있다. 그 안에 네 분의 할머니들이 계신다. 쉬어 가도 되

눈 덮인 한라산

동백꽃 군락지

공공 근로 중인 위미리 할머니들

느냐고 묻고 정자 안으로 들어갔다. 네 분 중 세 분이 공공 근로를 하고 있다고 하였다. 하루 3시간 월 10일을 근무하며 3시간당 2만 7천 원을 받는다고 한다. 하는 일은 올레꾼들의 길 안내자 역할이다. 성姓씨를 물으니 오씨가 두 분, 문씨가 한 분, 강씨가 한 분인데 나이가 모두 85세를 넘기고 있고 최연장자는 92세이다. 이분들 중에 탐라국의 시조 후손(고, 양, 부)이 있을 것을 기대했으나 전혀 아니다.

올레길 아래에 위치한 서귀포 수협수산물처리저장시설에서는 인부들이 많은 양의 포장품을 운반하고 있다. 무엇이냐고 물으니 냉동 갈치라고 한다. 제주의 은갈치가 전국으로 배송되는 첫 출발점이다.

위미항구는 공사 중이다. 지금까지 보았던 포구 중에서 단연 크기가 으뜸이다. 항구에 들어서니 거대한 암석이 먼저 맞이한다. 알고 보니 이것이 바로 일본인이 이곳에 위인이 생길 것을 염려하여 한국인 김 씨를 시켜 없애 버렸던 조배머들코지이다. 이 돌을 1998년 9월 위미리개발

협의회에서 재건하여 건립했다고 한다.

위미항은 위미항다기능어항(피셔리나형)축조공사를 하고 있다. 기존의 어항 기능을 재배치하여 요트, 레저 보트, 마리나 등 해양 레저 기능을 강화, 주변 및 배후 어촌 마을의 관광, 숙박 등과 연계하여 수산 기능과 해양레저 기능이 어우러진 피셔리나항으로 재창조하여 지역 발전을 도모하고자 한다고 한다. 이와 어울리게 거대한 호텔(CO'OP Cityhotel)이 산 밑으로 펼쳐져 거대한 병풍을 두른 것처럼 보여 압도적인 모습으로 서 있다.

어르신 한 분이 길옆에 앉아 계신다. 다가가 공공 근로를 하고 계시냐고 물으니 이곳에 있는 고망물(옛날에는 구멍에서 나오는 용천수로 식용 식수이다. 이 물로 1940년에 소주를 생산하던 황하 소주 공장이 있었다고 한다.)을 관리하면서 올레꾼들에게 길을 안내하는 일을 하고 있다고 한다. 77세이신 오 선생님이다. 이 동네에 왜 오씨가 많으냐고 물었다. 오 씨 할아버지는 이곳에서 태어나고 자랐다고 한다. 오 씨는 제주에 입도한 선조가 있는데 큰아들은 위미1리, 작은아들은 위미2리에 안착하였고 위미2리 둘째의 자손이 많이 번창하였다고 한다. 위미항은 제주나 다른 항구가 발달하기 전부터 일본과의 연락선이 다녔고 일본의 재일동포 중 위미 사람이 제일 많았다고 한다. 처음 전기 가설을 할 때에도 재일동포의 도움을 많이 받았다고 한다. 이분도 앞서 만났던 할머니들과 마찬가지로 오전에 근무하고 오후에는 다른 분이 근무한다고 한다.

위미1리 본향당이 있다. 제주 지역 각 마을에는 하나 이상의 신당이 있다. 그중 하나는 마을의 토지와 주민의 안전을 관장하여 수호해 주는 신의 좌정처인 본향당이다. 풍농신의 좌정처인 여드렛당, 어업을 관장하는 해신당, 개당 등 여러 당이 있다. 이곳 본향당에는 마을에 따라 조금씩 다르지만 1년에 4번의 당굿이 있는데 당굿으로는 1월의 신과세제, 2월의 영등굿, 7월의 마불림제, 10월의 시만국대제가 있다. 각 신당의 형태는 5가지로 나눌 수 있다. 신목형, 당집형, 굴형, 돌담형, 기타형 등이 그것이다. 형태별로 볼 때 위미1리의 신당은 신목형과 돌담형이 결합된 형태라고 볼 수 있는데, 본향당 앞에는 수령 350년인 해송(지정보호수) 신목이 자리 잡고 있고, 돌담으로 둘러싸인 본향당 안에는 천선과나무 2주가 자라고 있다. 위미1리 본향당은 마을을 지켜 주고 어업을 관장하는 해신을 모신 덩으로 마을 주민의 통합 기능을 부여하고 지역 사회의 안녕과 평화를 염원하는 기도처이다.

점심시간이 지나서 식당을 찾았다. 사람들이 웅성거리는 곳으로 갔다. 식당 이름이 "바당길"이다. 들어서니 여럿이 식사를 하고 있다. 종업원은 무엇을 드시겠냐고 묻는다. 나는 어떤 음식을 이곳에서 잘하느냐고 물으니 보말국수라고 한다.

보말국수 한 상

그렇지 않아도 제주 음식을 먹고 싶었는데 마침 잘됐다. 약간 기다리는 동안 벽에 걸린 보말, 돛에 관한 설명문을 읽어 보니 보말은 육지에서 고둥이라는 것이다. 설명을 읽어 보는 사이 벌써 밑반찬이 나오고 꽁보리밥이 조금 나온다. 보말국수가 나오기 전에 미리 애피타이저로 양념과 더불어 먹는다고 한다. 몇 입을 먹는 사이 국수가 나온다. 새로운 맛이다. 보말(고둥)이 국수 속에서 이리저리 구르고 있다. 종업원에게 왜 국물이 파란색인가 물으니 보말을 믹서에 넣고 분쇄하여 육수를 만들면 보말의 원래 색인 파란색이 나온다고 한다. 보통 때는 점심시간에 줄을 서서 대기하는 의자가 밖에 배치되어 있고, 그 의자 위에는 순서별로 기록하는 전화번호가 적혀 있는 노트가 있다. 난 기다리지 않고 바로 식사할 수 있어 행운아라고 하니 종업원과 주인이 웃는다. 직원은 4명이다.

감귤의 고장 효돈마을

한라산 아래로 비닐하우스가 넓게 펼쳐져 있다. 감귤밭이 많은 효돈마을이다. 제주 사람들에게 효돈마을에 대해 물으면 열이면 열, 귤을 이야기할 것이다. 매서운 겨울 북서풍이 한라산에 걸려 비켜 가는 효돈마을은 연중 따뜻하고 귤이 맛있기로 유명하다. 20세기 초 일본에서 온주밀감을 처음 들여왔을 때 가장 먼저 심은 곳도 효돈이었다. 1970년대, 제주도에서 귤 농사가 본격화된 후에는 맛좋은 귤 덕분에 온 마을이 먹고 살았으니 효돈이 귤 마을이라는 말은 틀린 데가 없다. 그런 연유인지 감귤박물관이 효돈에 세워졌다.

2008년에 직장이 바로 효돈에 있어 10개월 동안 효돈에서 살았다. 그

때 마침 우리 직장 근처에 공사가 시작되었고 완공 후에 감귤박물관으로 개관하였다. 나는 점심시간을 이용하여 감귤박물관과 월라봉, 그리고 쇠소깍을 번갈아 가면서 산책을 하곤 하였다. 어느 날 효돈천을 직접 내려가 살펴보았는데 그때 그 하천을 보고 놀라지 않을 수 없었다. 어마어마한 현무암이 온통 내川를 에워싸고 있어 운동화를 신고는 몇 발자국을 떼기도 어려웠다. 일반 하천에 있어야 할 흙과 자갈은 거의 보이지 않고 암석 사이에서 졸졸 흐르는 물소리만 조용한 내를 달랠 뿐이었다.

효돈천은 우리나라에서 난대림 식생이 가장 잘 보존된 곳으로 제주에서 가장 따뜻한 지역이라 아열대에 가까운 식생도 만날 수 있고 생물종 다양성에 큰 기여를 하고 있는 살아 있는 '생명 문화재'라 해도 괴언이 아니다.

쇠소깍다리가 나온다. 다리를 지나자 왼편으로 자동차 도로와 더불어 인도가 별도로 효돈천 쪽으로 조성되어 깔끔하게 잘 정비되어 있다. 쇠소깍에 다가서자 사람들이 많아진다. 어느 도시에 온 느낌이다. 거대한 빵집이 도로변에 있고 오고 가는 사람, 테우를 타는 사람, 보트를 타고 노를 젓는 사람, 검은 모래 해변을 걷는 사람들이 혼재되어 이제까지 보지 못한 여행객들이 주류를 이루고 있다. 쇠소깍은 2007년도에 올레길이 열리고 나서 화려하게 변신한 관광지 중의 관광지가 되었다.

쇠소깍의 '쇠'는 효돈마을의 옛 이름인 쇠돈을, '소'는 물웅덩이를, '깍'은 끝을 의미한다. 한라산 정상부의 '산 벌러진 내'에서 시작되어 지표 아래로 흐르던 물이 하효 해변 근처 암반을 뚫고 퐁퐁 솟아 장관을 이룬다. 소나무를 조림하는 바람에 자연 식생이 완벽히 보존되진 못했지만, 여전히 암벽 사이로 독특한 식생을 발견할 수 있다. 물색이 묘하기로 유명한데, 배 타기 체험을 하는 이들도 많이 찾는다. 제주 전통 배 '테우'를 체험하기에 좋다. 마을 해설사가 동승해 테우를 끌며 쇠소깍과 효돈마을에 대해 들려준다.

편의점에서 믹스커피를 한 잔 사서 벤치에 앉아 5코스 완주를 스스로 자랑스러워하며 한순간 망중한을 즐긴다. 원래 계획에는 남원경승지 중간에 있는 영화박물관과 신효동에 있는 감귤박물관도 관람하고 싶었으나 6코스를 연달아 걸어야 하기에 생략하고 6코스로 접어든다. 아쉽다. 다음에 기회를 가져야 할 것 같다.

쇠소깍의 뱃놀이, 전통 배 테우 탑승 모습

제주올레 6코스
쇠소깍
- 제주올레 여행자센터 올레

알 듯 모를 듯 한 풍경을
그리며 걷는 길

하효 검은모래해변

하효 검은모래해변의 검은 모래는 한라산 고지대에 분포되어 있는 현무암이 침식되어 하천을 통해 바닷가로 운반된 경우이다.

효돈은 푸른 바다, 검은 모래, 쇠소깍의 비경 등이 조화를 이루어 경관을 이루는 곳이다. 매년 7월에는 쇠소깍축제가 열려 카약, 테우 등의 수상 레저를 즐길 수 있고 전통문화를 체험할 수 있다.

효돈마을은 감귤의 고장으로 감귤박물관이 중산간에 있다. 오래전부터 효돈은 따뜻하여 감귤이 재배되었다고 전하며 효돈과원터가 전해 오고 있다.

보목마을

이어서 보목마을이다. 제기오름(94.8m)을 오르기 위해 제기오름 뒤쪽으로 가면 총 1,115개의 나무 계단으로 오르내리게 되어 있다. 제기오름은 섶섬이 가장 높은 곳에서 가장 가깝게 볼 수 있는 오름이다. 예전에는 이곳에 굴사窟寺가 있어 이를 지키는 절지기가 있다 하여 절오름, 절지기오름이라고 불렀다고 한다. 제기오름 정상에서 바라본 섶섬과 보목포구 전경이 무척이나 아름답다. 섶섬은 제주올레 6코스의 상징으로 꼽힐 만큼 명성이 자자한 오름이다. 천연기념물 18호 파초일엽의 자생지로서 천연 식물원이다. 제주도가 화산 활동을 시작할 때 만들어진 화산도여서 지질학적으로도 매우 귀중한 섬이다.

보목항에 도착하니 공공 근로를 하시며 길을 안내하시는 분이 있다. 76세인 고성 이씨 할아버지이다. 왜 이곳에는 탐라국의 시조인 고, 양, 부씨를 찾아보기가 어렵냐고 물으니 이씨 할아버지는 학자들이 말하지 않느냐, 고, 양, 부는 설화이고 그 시조들의 탄생 이야기만 있지(삼성혈), 묘지가 없는 것으로 보아 그 자손이 많을 수 없는 조건이라고 힘주어 말하고 있다. 고성 이씨李氏는 제주도에 입도 시조가 있고 본 시조가 있는 고성에는 1년에 한 번씩 시제를 지내러 간다고 한다.

보목리는 반농반어 마을이다. 귤 농사를 많이 짓고, 해녀와 어선 수입도 많은 부자 동네이다. 서귀포의 농촌 중에서 보목리가 제일 부촌이며 마라도를 빼고는 이곳이 최남단이다.

보목항과 섶섬

　섶섬은 보목에서는 중요한 곳이다. 여행객들이 이중섭의 「섶섬이 보이는 풍경」의 그림을 통하여 익히 알고 찾아오고 있기 때문이다. 삼성의 이건희 회장이 돌아가신 후 이재용 회장은 부친이 소장하고 있는 보물과 그림 등을 세상에 내놓고 여러 경로를 통하여 관련 있는 곳에 기증을 하였는데 그중에 이중섭의 「섶섬이 보이는 풍경」이 공개되어 화제가 되기도 하였다. 「섶섬이 보이는 풍경」의 그림은 영구히 이중섭미술관이 소장하게 되었는데 상설 전시하지 않고 6개월마다 그림을 교체하여 전시하기 때문에 시기를 잘 맞추어 찾아가야 볼 수 있는 그림이다.

　보목항을 뒤로하고 막 고개를 넘으니 작은 가게가 있다. 쉰다리(식혜 모양의 술 같은 제주 전통 음료)를 판다고 알리는 간판이 있다. 아쉽게도 문이 닫혀 있다. 겨울철이라 수요가 없어 문을 닫은 것이리라. 한번 맛보고 싶은 보목의 음식, 서귀포의 전통 음식인데….

소천지

소천지 정자 주변에 소천지라는 연못 같은 곳이 있다. 마치 백두산 천지의 모습을 축소해 놓은 모습을 닮았다고 해서 붙여진 이름이다.

시간은 낙조를 알리는 오후 5시를 넘어가고 있다. 해가 서녘에 걸쳐져 사라지려는 찰나에 있다. 발걸음이 빨라진다. 솔밭 길과 시멘트 길을 번갈아 걷는다.

활쏘기를 하는 국궁장이 나온다. 국내에서 유일하게 바다 위로 화살을 보내는 곳이다. 오늘은 내가 운이 좋다. 백록정白鹿亭이라는 국궁장에서 국궁인 7~8명이 나열하여 활을 쏘는 장면을 현장에서 볼 수 있어 참 행운이다.

섶섬과 문섬이 바다를 양분하고 있는 형국이다. 험준한 바위에 앉아 낚시하는 강태공도 보인다.

백록정이라는 국궁장에서 활 쏘는 모습

　검은여쉼터를 기점으로 바닷길이 시작된다. 제주올레사무국에서는 노약자들은 칼호텔 내부로 우회하기를 권장하고 있다. 조금 늦었지만 그래도 긴장과 서스펜스를 느껴 보고 싶어 바닷길을 택했다. 험한 바닷길이 그렇게 호락호락 인간을 받아들이지 않고 있다. 그래도 전진이다. 발바닥은 불이 난다. 걸어온 길도 만만치 않은데 마지막 구간에 결국 발바닥을 온통 짓눌리고 있으니 발에게는 미안하지만 가슴으로는 도저히 이런 기회를 놓치고 싶지 않다고 야단이다. 늦은 시간이다 보니 체력은 바닥이 났고 버티는 것도 한계가 있지 하는 마음이 솟구친다. 발은 힘들지만 몸만은 낭만을 구가하고 있다. 올레길이 아니면 내가 언제 이런 길을 밟겠는가?
　태양은 서서히 기울어 노을을 발하고 있고 서녘 하늘은 더욱 아름다운 풍경을 연출하고 있다. 이어지는 길은 덱 계단이다. 그리고 아름다운 흙으로 된 길은 대나무 숲으로 인도한다. 발은 힘을 낸다. 오솔길이라도 흙으로 된 길이다. 하늘뿐 아니라 바다도 주황색으로 물들이고 있다. 판석이 깔린 길이다. 소정방폭포는 아기자기한 모습을 하고 있다. 우리나라 폭포는 서양의 폭포에 비하면 소박하게 작으나 폭포를 즐기는 면에서는

소라의 성

서양 사람 못지않게 절대적 만족감을 가지고 있어 그들의 논리로는 설명하기 어려울 것이다. 바닥으로부터 조금 위에서 떨어지는 물은 모두 우리의 인력으로 된 것이 아니라 신이 준 선물이라고 생각하기에 절대적인 믿음을 가지고 즐기고 있는 것이다.

이국적인 느낌이 드는 '소라의 성'이란 건물이 열대 야자수에 둘러싸여 있다. 동화 속의 성을 연상시킨다. 우리에게도 이런 낭만과 여유가 있었던가 하고 자문을 해 본다. 이런 기발한 발상으로 후세에 새로운 도전과 이상의 영감을 준 설계자와 건축주에게 존경을 표한다. 한때 이곳에 제주올레 여행자센터가 있었으나 공공건물 안전 진단 결과 해안가 절벽의 붕괴 위험으로 부적격 판정을 받아 사무소를 이전하지 않을 수 없었다고 한다.

정방폭포로 가는 길에 서복전시관이 나온다. 중국 진시황의 신하 서불이 불로장생약을 구하겠다고 커다란 배와 동남동녀 500명과 함께 대선단을 이끌고 불로초가 있다는 삼신산의 하나인 영주산을 찾아 항해를 하였다. 영주산의 제일 절경인 정방폭포 해안에 닻을 내리고 서불은 영주산에 올라 불로초를 구한 후 서쪽으로 돌아갔다. 서불이 돌아가면서 정방폭포 앞면에 서불과지徐市過之라는 글자를 새겨 놓았는데, "서귀포"라는 지명도 여기에서 유래한다는 이야기가 있다. 서복전시관은 이러한 자료를 전시한 곳이다.

이중섭

서귀포 시내로 접어들었다. 이어서 이중섭거리에는 이중섭이 6.25 전란 때 가족을 동반하고 서귀포에 와서 생활하던 초가 단칸방도 있고 이중섭미술관도 있다.

이중섭(1916~56)은 우리나라 근내 미술에서 「황소」, 「해와 아이들」, 「달과 까마귀」, 「부부」 등 주옥같은 몇 점의 명화를 남기고 41세에 세상을 떠난 비운의 화가이다. 유홍준 교수는 이중섭을 평가하기를 "우리가 동정은 할지언정 특별히 존경할 면은 보이지 않는다. 그러나 그의 작품을 보면 인간이 가질 수 있는 그리움의 감정이 넘쳐흐른다. 이중섭의 그리움은 가졌던 행복을 잃은 데에서 비롯된 그리움이기 때문에 더욱 절박해 보인다."라고 하였다.

저녁은 15년 만에 만나는 태인 형님과 함께하기로 하였다. 내가 2개월 전부터 제주에 간다고 하였더니 방을 깨끗이 준비하였다고 한다. 왜 다른 곳에 돈을 들이느냐고 야단이다. 식당에서 저녁을 하고자 하였으나 태인 형의 몸이 자유롭지 않아 그냥 태인 형의 집에서 중국 음식을 시켜 먹기로 하였다. 평소 음식을 잘 시켜 드시지 않으니 마땅한 중국집을 찾지 못해 애를 먹다가 겨우 찾아 짬뽕 2개와 팔보채 한 개를 시켜 먹는 것으로 만족했다. 그간 태인 형이 죽음 직전까지 갔던 이야기며, 매일 2만

보 이상 걸었기에 심장의 동맥이 막혔으나 실핏줄의 생성으로 스턴트를 박지 않아도 되었다는 이야기 등은 간증 못지않은 삶의 절절한 스토리가 되었다. 식사를 하면서 우리는 그동안의 삶을 모두 쏟아 냈지만 할 말은 아직 많이 남았다. 시간이 더 허락하였다면 끝없이 이어질 이야기를 접고 내일을 위해 헤어져야 했다. 태인 형의 건강을 기원했다.

제주 감귤의 역사

제주 감귤은 언제부터 있었던 것일까? 감귤박물관을 찾아 문화해설사에게 설명을 듣는다. 모든 식물의 근원에서 감귤의 역사를 찾았다. 식물은 생육 조건이 맞고 적당한 시간에 씨앗이 찾아들어 자라고 열매를 맺는다는 통상적인 이야기이다. 제주 전역에 많은 종류의 자생지가 존재한다. 이러한 논리로 보면 제주도에 자생적으로 생겨난 제주 감귤이라고 말할 수 있다. 제주 감귤의 역사는 놀랍게도 2천 년이나 되었다고 한다. 해마다 7~8월이면 제주도 목사는 섬을 한 바퀴 도는 순력길에 나서는데 목사를 따르는 관속들은 감귤나무가 있는 집을 찾아다니며 귤이 열리는 숫자를 일일이 기록했다. 그 기록은 나중에 반드시 상납해야 할 숫자가 되었다. 눈물과 고통의 "진상나무"는 1960년대 말에 들어 "황금나무"로 변신한다. 제주도 개발 바람을 타고 황무지, 보리밭, 솔밭 등이 감귤밭으로 바뀌었다. 그즈음 제주도 출신 재일교포들은 고향에 감귤 묘목 보내기 운동을 펼쳤는데 그 수가 3백만 그루에 이르렀다.

감귤은 고려시대와 조선시대 동안 가장 중요한 진상품이었다. 감귤이 진상되면 중앙 정부에서는 과거 시험의 일종인 황감제黃柑製를 실시하여 경축했을 만큼 귀하디귀한 과실이었다. 현재 많이 재배되고 있는 온주밀감과 만감귤은 도입된 지 그리 오래되지 않았다. 1902년 프랑스 출신 엄탁가(Emsile, J. Touguet) 신부가 제주에 오게 되어 서귀포시 서홍동 성당에 13년간 근무하면서 제주산 식물을 연구하였다. 그는 벚나무의 원종을 한라산에서 발견하여 벚나무 원산지가 제주임을 규명하기도 했다.

1911년 제주산 벚나무를 일본에 있는 신부에게 보내고 그 대가로 온주밀감 15주를 심은 것이 현재 제주에서 널리 재배되고 있는 온주밀감의 효시이다. 제주의 감귤은 1965년부터 증식 붐이 조성되어 그 식재열이 최고조로 달한 1970년에는 매년 제주도에 식재된 본수가 282만 본에 달하였다. 최대 증식기에 해당하는 1969년부터 1973년까지 5년간 식재된 본수는 1,016만 본으로 연간 평균 203만 본이 되었다. 1964년에 413㏊에 불과했던 감귤 재배 면적이 1974년에는 11,200㏊에 달하게 되어 전례 없는 고도의 성장을 이룩하였다. 이러한 급진적인 발전은 감귤이 다른 작물이나 과수보다 월등히 수익성이 높고, 이를 뒷받침하는 정부의 적극적인 장려 정책도 큰 역할을 하였다. 1968년부터 감귤 증식 사업을 농어민 소득 증대 특별사업으로 책정하여 저리 융자로 감귤원 조성 자금을 지원하게 되어 1969년부터 획기적인 증식이 이루어졌다. 1973년 감귤 재배 농가는 36,073농가로 제주도 전체 39,822농가의 91%나 되었다. 이후 가격 폭락과 외국산 농산물의 수입 증가와 특히 오렌지 수입 급증으로 인해 최근에는 50만 톤 내외 수준의 온주감귤이 생산되고 있으며 고품질 감귤 생산을 위한 피복 재배와 출하 시기 조절을 위한 시설 재배가 확대되고 있다. 최근 한라봉, 레드향, 천혜향 등 만감류 재배가 늘어나고 있어 연중 감귤을 생산하고 있는 실정이다.

제주올레 7코스
제주올레 여행자센터 – 월평 올레

기쁜 마음으로 걷는 길

아침 수영을 마치고 8시부터 20분간 한라산을 바라보며 아침 식사를 했다.

고급 식당도 레스토랑도 아니다. 양혜란이란 자기 이름을 걸고 식사를 제공하는 서귀포시 신시가지 혁신복합혁신센터 앞에 있는 양혜란식당이다.

한라산을 바라보며 식사를 했다고 특별히 달라진 것은 없지만 기분은 좋다. 한라산은 영산靈山이다.

서귀포 시내로 이동하여 제주올레 사무국에서 출발한다. 사무국 앞에는 올레꾼들이 많다. 방금 도착한 사람, 떠날 채비를 하는 사람, 완주한 사람 등 다양하다.

7코스는 시내에서 서귀포 칠십리시공원을 거쳐 간다. 서귀포에서 가장 먼저 관광지로 발달한 곳이 칠십리 길이라고 한다. 칠십리는 정의현(현 성읍)에서 서귀포 포구까지의 거리적 개념으로 사용되었는데 오늘날에는 서귀포의 아름다움과 신비경을 대변하는 고유명사로 사용되고 있다. 결국 유행가에 등장하는 영광을 안았다.(남인수의 「서귀포 칠십리」)

천지연폭포

연외천의 서귀교를 지나는데 가까운 곳에 천지연폭포가 있다. 서귀포 칠십리 공원은 시내에서 가까워 시민들이 많이 찾는 공원이다. 오전 시간이라 그런지 사람들이 많지가 않다. 각종 나무들 꽃댕강나무, 녹나무, 사스레피나무, 파초일엽, 구실잣밤나무가 있고 매화는 꽃봉오리를 가득 품고 있다. 시비詩碑들이 돌에 새겨져 있다.

멀리서 천지연폭포가 힘찬 물줄기를 뿜으며 웅장한 모습을 드러낸다. 한쪽 잔디밭에서는 성인들이 공놀이를 하고 있다. 서귀포시 게이트볼 팀은 전국에서 몇 번의 상을 탈 정도로 수준이 있다고 알고 있었기에 당연히 게이트볼이라 생각했다. 몇 사람이 테이블에서 간식을 먹으며 담소하고 있다. 다가가서 물었다.

"저쪽에서 진행하고 있는 운동이 게이트볼인가요?" 그중 남자분이 말씀하신다. "게이트볼이 아니고 '파크볼'이라는 운동입니다." 처음 들어 보는 운동이다. 내가 생소해하는 표정을 짓고 있으니 계속해서 설명하신다. 골프와 똑같은 룰을 적용하여 경기를 하며 공도 퍼터도 모두 골프용품을 쓰고 있다고 한다. 서귀포시만 해도 40여 개 동호회가 있고 회원은 2천여 명이 넘는다고 한다. 정식 골프장에 가지 못하지만 넓은 운동장만 있으면 즐길 수 있는 운동이다. 알고 보니 칠십리시공원에 파크골프장이 넓게 자리 잡고 있다.

남극노인성 카노푸스

삼매봉(153.6m)에서는 서귀포 앞바다의 네 섬인 범섬, 문섬, 새섬, 섶섬 그리고 서쪽으로 마라도와 가파도까지 한눈에 보인다. 삼매봉 정상에 남성정南星亭이라는 이름의 필긱징이 세워져 있는데 수평선 멀리 남극노인성을 바라볼 수 있는 곳이다. 서귀포시에서만 보이는 남극노인성 카노푸스 설명이다.

"노인성老人星 또는 수성壽星이라 부르며 무병장수無病長壽를 상징하는 별입니다. 우리나라에서는 서귀포시 해안에서만 관측이 가능한 별로서 이지함(『토정비결』 저자)은 이 별을 보기 위해 한라산에 세 번이나 올랐습니다. 이 별이 밝게 보이면 국운이 융성하고 전쟁이 사라지며, 이 별을 세 번 보면 무병장수한다고 하여, 조선시대에는 국가

남극노인성을 볼 수 있는
삼매봉 정상에 있는 남성정南星亭

제사로 노인성제를 매년 춘분, 추분에 두 번 지냈습니다."라고 기록하고 있다.

실제 남극노인성 관측 시간표를 날짜와 일출, 일몰 시간별로 기록해 놓고 있다. 남성정은 노인성老人星이라고 부르는 별을 관측하던 장소를 의미한다고 한다.

천문학에서 "카노푸스"라 불리는 1등성 항성 중 두 번째로 밝은 별, 남극 가까이에 있어서 우리나라에서는 유독 서귀포 앞바다 수평선에서만 관측되는 별이다. 문헌에 의하면 조선시대 선비들이 그 별 하나를 보기 위해 제주를 찾았다고 한다. 1960년대 중후반까지 국운 융성을 비는 제사를 서귀포 남성정에서 올렸다는 기록이 있다. 세종대왕이 노인성을 관측하기 위하여 관리를 제주에 파견했다거나 그 후 정조가 제주에서 열린 특별 과거 시험에 노인성 관련 문제를 출제하였다고도 한다.

삼매봉에서 바다 방향으로 내려가니 카페 솔빛바다가 예전의 모습과

솔빛바다 카페

는 다르게 변모했으나 반가웠다. 15년 전 이곳에서 여성회관 중국어 회화반 클래스메이트가 알바를 하고 있었는데 책 한 권 사기를 권하였다. 그때 구입한 책이 바로 서명숙 이사장이 펴낸 『놀멍 쉬멍 걸으멍 제주 올레 여행』이었다.

그때는 올레가 아직 완성되지 않고 초창기였기에 이 책을 읽고 비로소 산티아고를 알았고 이때 그 산티아고에 대한 꿈을 키웠던 것이다.

나무 덱길 끝에는 「서귀포 칠십리」(작사 조명암, 작곡 박시춘, 노래 남인수) 노래비가 동판으로 새겨져 있고 동너븐덕(넓은 바위들)이 바다를 향해 넓게 펼쳐져 있다. 너븐덕 끝에는 수십 미터의 절벽으로 아찔하다. 그런데 그런 절벽 밑에서 낚시를 즐기는 분들이 있다. 깅심징이다. 바다에는 유람선이 여유롭게 떠 가고 있다.

소나무 숲길을 지나면 외돌개가 보인다. 외돌개는 삼매봉 앞바다에 홀로 외롭게 서 있는 높이 20m, 폭 7~10m의 돌기둥으로, 약 12만 년 전

외돌개

에 형성되었다고 한다. 고려 말 최영 장군이 몽골족의 목호牧胡를 물리칠 때 범섬으로 달아난 세력들을 토벌하기 위하여 외돌개를 장군 모습으로 변장시켰다고 해서 장군바위라고도 불린다.

대륜동의 속골은 수량이 매우 풍부하고 골짜기가 깊은 계곡이 바다까지 이어져 주민들이 여름 더위를 식히는 장소라고 한다.

속골 할망라면

워싱턴야자수와 선인장이 즐비한 길을 따라가면 법환마을 앞에 있는 범섬도 마주하게 되는 곳에 작은 간이 포장 천막이 있다. 회와 컵라면을 파는 가게인데, 주인은 해녀 출신인 연로한 82세이신 할머니로 물질을 67년 하셨고 지금도 한 달에 몇 번은 물질을 하신다고 한다. 장소는 허름하지만 범섬을 보면서 식사와 회를 맛볼 수 있는 이색적인 곳이다. 할머니에게 회 한 접시와 사발라면을 부탁하였다. 할머니는 곡부 이李씨로 사계리에 사시는데 올레길이 생기면서 이곳으로 와서 올레꾼을 상대로 음식을 판다. 옛날 한창 물질을 하러 다닐 때는 출가(육지로 물질을 하러 나감)를 많이 하게 되었다. 그때는 제주가 발달을 하지 못해 관광객도 많지 않아 해산물에 대한 수요가 없기도 하고 해녀들이 많아서 육지로 물질을 나가지 않을 수 없었다고 한다. 출가하게 되면 25명 정도가 떠나게 되는데 2월에 떠나 12월에 돌아왔다. 지금은 제주도에 해산물이 부족하여 육지에서 공급을 받을 정도로 해산물의 수요가 급증했다고 한다. 구글 지도를 살펴보니 이 근처를 야자수 동산이라 하고 속골 할망라면(해산물요리)이라고 커다랗게 표시되어 있다. 올레꾼만 아니라 일반 관광객도 많이 찾는 곳이다. 멍게, 소라, 전복으로 한 접시의 회가 나온다.

범섬이 바라보이는 속골 할망라면(해산물 요리) 포장 천막집

법환 잠녀마을

법환포구이다. 법환마을은 잠녀마을이라고도 부른다. 북쪽으로는 제주 월드컵 경기장이 있고 서귀포 시외버스 터미널, 서귀포 해양경찰서, 서귀포 경찰서, 서귀포시청 제2청사가 있으며 더 위쪽으로는 한라산이 자리하고 있다.

바로 앞에는 범섬이 있다. 범섬은 범과 닮아서 범섬이라고 한다. 섬 주변은 산호초들이 아름다워서 스쿠버 다이버들이 즐겨 찾는 곳으로도 유명하다.

범섬은 목호군(원나라 군사)이 최후까지 저항하던 곳이다. 원나라가 망하고 명나라가 들어서서 제주에서 기르던 말을 보내 줄 것을 요구하였으나 목호들은 원세조께서 기르던 말을 명나라에 보낼 수 없다고 하면서 관리를 죽이고 난을 일으키자 공민왕 23년(1374)에 임금은 최영에게 군사를 주어 토벌하게 하였다. 최영 장군은 군사 25,605명을 병선 314척에 태우고 명월포로 상륙하여 그들을 격퇴하자 목호군의 대장 석질리 필사와 그의 가족 및 장수들이 범섬으로 도망을 갔다. 이에 최영 장군은 법환포구에 막을 치고서 군사를 독려하며 목호의 잔당을 섬멸하였다. 최영 장군의 승전비에는 이런 내용이 기록된 까만 돌판과 더불어 한편을 차지하고 있다.

고려를 침공한 몽골은 고려를 부마국으로 삼고, 제주도는 따로 떼어 직할령으로 만들어 버렸다. 몽골은 제주도에서 삼별초를 전멸시킨 후 직할령 제주도를 탐라국이라 칭하고 몽골 기병 천7백 명을 파견하였다. 몽골은 제주도를 열네 개 국립목장의 하나로 만들었을 뿐만 아니라 남송과 일본을 치기 위한 교두보로 삼았다. 1360년대 몽골이 세운 중국의 원이 쇠망하자 중국 내의 몽골인들은 말을 타고 자기 땅으로 돌아갔다. 이를 "원의 북귀北歸"라 하는데 제주도의 몽골 후예들은 돌아가지 않은 채 그대로 눌러앉았다. 최영 장군이 정예병 2만 5천여 명을 이끌고 상륙해 치열한 전투를 벌였고 목호 수뇌부는 법환포구 앞 범섬에서 괴멸되었다.

몽골의 흔적 중에서 몽골의 전투용 호마胡馬와 제주도 토종말인 과하마의 잡종 교배로 태어나 제주도 풍토에 적응한 말이 제주도 특유의 조랑말이다. "말을 낳으면 제주도로 보내라."라는 말도 몽골의 지배 후에 생겨났다.

해녀체험센터가 있다. 체험 시기는 6월부터 10월까지 1인당 3만 원(장비 대여료 포함), 체험 시간은 2시간 이내, 체험 인원은 최소 2인 이상이다. 수트, 수경, 오리발, 납, 수건, 장갑, 양말 등을 대여해 준다.

범섬을 옆에 끼고 바닷가 해안 도로를 걷게 된다. 차도와 더불어 잘 닦인 길을 가다가 몽돌 해변을 걸으며 바다 내음을 맡게 된다. 범섬이 가장 가까이 다가선다.

 강정 환해장성이 길을 따라 이어 가고 올레요7쉼터가 기다린다. 이곳이 7코스 중간 스탬프를 찍는 곳이다.
 길은 자갈길과 오솔길을 걷게 된다. 지루함은 없다. 바다가 항상 곁에 있고 드넓은 억새밭과 비닐하우스 안에 귤들이 탐스럽게 보인다.

 걷다 보면 악근천이 나오는데 제주올레 탐사팀에서 돌다리를 놓았으나 수량이 많고 빠른 강물로 인해 유실되었고 해병대93대대가 놓은 테우도 나무다리도 견디지 못해 우회로 걷게 하고 있다. 조금 더 나아가면 강정천이 나온다. 여기는 은어 서식지로 유명한 하천이다. 사계절 내내 맑은 물이 흐른다. 여름에도 물이 얼음처럼 차가워 서귀포 시민들이 여름 더위를 식히기 위해 즐겨 찾는다. 서귀포시의 식수원으로 1급수의 맑은 물이 흐르는 강정천은 하구에서 2km 상류에 용천수를 막아 저수지를 만들었고, 거기에 정수 처리장을 두어 그 물을 정수해서 서귀포 상수의 70%까지를 감당하고 있다. 그만큼 수량이 많아서인지 강정천은 천연기념물 제32호의 원앙 서식지이며 은어도 서식하는 1급수 수질이다.

강정마을 구럼비 바위를 그리워하는 플래카드

강정마을

강정마을에 도달했음을 알 수 있는 현상이 있다. 아직도 다리 난간이며 길가에 수많은 깃발, 입간판, 플래카드가 설치되어 있다. 제주해군기지를 반대하던 시민들이 세운 것들이다. 마을 길로 접어드니 그 옛날 망루에서 결사반대를 외치던 곳도 나타난다. 중국과 일본을 겨냥해 해군력을 강화해야 한다는 정부와 이웃 나라 견제와 방어에는 별 효과도 없고 사람들의 터전을 파괴하고 평화를 위태롭게 할 것이라는 시민들, 그 사이에서 강정은 큰 상처를 받았다. 정부는 극렬한 저항을 힘으로 물리치고 해군기지를 건설했다. 오랜 세월 강정 해안을 지키던 구럼비 바위는 폭파되었다. 평화 제주를 부르짖는데 이는 제주에 더 이상 인간의 손을 대지 않는 것이리다. 개발이란 명목으로 마구 파헤치는 것도 모자라 군사기지를 세우며 평화를 내세우는 것은 하나만 알고 둘은 모르는 처사이다.

강정대로를 걷게 된다. 6차선 대로이다. 가드레일 너머에는 서귀포 강정크루즈터미널이란 표시가 커다랗게 있다. 그 앞에는 수선화 한 그루가 평화로이 꽃을 피우고 있어 아름답게 보인다.

바닷가 해변에 마을 어장 개방 안내란 안내판이 서 있다. 이제까지 봐왔던 안내판에는 마을 어장이므로 들어가지 말라는 금지 팻말이 많았는데 이곳은 마을을 찾는 내방객들이 마을 어장이지만 들어갈 수 있도록 허용했다.

그렇지만 제약이 있다. 강정동 566번지 일대로 한정하였고 개방 시간은 오전 9시부터 오후 7시까지, 잡을 수 있는 것은 1kg 이내의 보말이며 도구나 장비를 사용하지 않는 조건이다. 모처럼 보는 참신한 배려의 안내 문구이다.

  임시 우회하라고 안내하고 있다.
  월평교 설치(월평포구)로 인하여 강정해안 도로 끝에서 올레 7코스 종점까지 우회하라고 한다. 그림을 보니 예정된 코스로 가면 직선 코스인데 새로운 우회 코스는 한참을 돌아가는 길이다.
  막바지에 다다라서 조금은 쉬고도 싶고 편안히 종점에 접근하고 싶었는데 길이 조금이라도 연장된다는 모양의 그림 표시는 더욱 피곤을 가중시켰다.

제주올레 7-1코스
서귀포버스터미널
- 제주올레 여행자센터 올레

신성한 곳으로 걸어가는 길

7-1코스 완주기를 보면 이곳 초입에서 한 번씩 길을 잃었다는 내용이 나온다. 나는 이곳에 거주하니까 제대로 갈 수 있을 것이라 다짐했지만 결국 헤매었다. 안내문이 있다. 이 지역 토지는 강창학 공원 편입 토지로서 제주특별자치도에서 매입한 토지라고 한다. 내가 처음 버스를 타고 서귀포 신시가지에 들어서니 강창학 운동장이란 정류장으로 안내 방송에 나오는 것을 들었다. 도대체 강창학이란 분이 누구이기에 이토록 이름까지 경기장에 네이밍되었을까 의문이 들었다.

강창학이라는 분은 서귀포시 강정동 1461번지 외 48필지 일대의 부지를 소유하신 분으로 이 땅을 서귀포시에 기증하여 서귀포시가 이 일대에 종합운동장과 실내체육관, 천연 잔디 축구장 등의 다양한 기반 시설을 확충하여 종합스포츠 타운으로 조성하면서 그분의 숭고한 뜻을 기리기 위해 스포츠시설에 강창학이란 이름을 붙여 부르게 되었다고 한다. 감동적인 이야기이다. 제주의 기부 문화가 타 지역에 비하여 강하고 결속력이 뚜렷하다는 것을 익히 알고 있었으나 가는 곳마다 또는 동네마다 공덕비가 즐비한 것은 제주만의 자랑이요, 축복받은 문화라고 본다.

월산3교를 지나니 무인 감귤 판매소가 있다. 일반 무인 판매소와 달리 이곳에는 신나는 음악이 흘러나온다. 누구라도 흥이 돋게끔 발걸음을 가볍게 하는 음악은 지나는 이들을 더욱 즐겁게 하여 한층 더 밝은 마음을 갖게 한다. 참으로 기발한 착상이다. 현대는 콘텐츠가 성패를 좌우한다고 한다. 어떻게 콘텐츠를 개발하여 상용화하느냐에 따라서 성공 여부가 결정된다. 이 무인 판매대를 그런 면에서 보면 생활에서 신선한 콘텐츠를 덧입힌 판매대라고 할 수 있다.

엉또폭포

엉또폭포를 알리는 안내판이 있고 양쪽 길가에는 비닐하우스와 노지 감귤밭이 나란히 있는 시멘트 길을 걷는다. 엉또폭포는 한쪽에 치우쳐 있어 돌아서 나와 다시 다리를 건너가라는 제주올레 안내판이 있다. 엉뚱하게 엉또폭포에서 길을 찾지 말고 다시 나오라는 신호이다.

엉또폭포는 기암절벽과 울창한 천연 난대림 사이에 숨은 그림처럼 감춰진 비밀의 폭포로서 높이가 무려 50m에 달하지만, 폭우가 쏟아질 때만 그 위용을 드러낸다고 한다. 이 폭포는 서귀포 70경 중의 하나이다.

깡마른 엉또폭포

고근산에서 바라본 한라산

실제로 말이 폭포이지 평소에는 그냥 울창한 숲과 낭떠러지인 희멀건 암벽만 보일 뿐 어디서 물이 떨어지는지 전혀 분간이 가지 않는 형상이다. 무인 카페 엉또산장은 새로운 발상의 안내문을 내걸었다. 세계 4대 폭포에 오신 것을 환영합니다. 높이가 나이아가라와 맞먹는 50m이고, 물 안 내리는 폭포로는 세계적으로 거의 유일하여 세계 4대 폭포가 되었다고 한다. 덱을 따라 계단을 오르니 정자가 있다. 엉또폭포를 사랑하는 독지가 篤志家가 세운 정자이다. 이름은 석가정(夕佳亭 : 해 질 녘 더 아름다운 정자)이다. 도연명의 「술을 마시며 ― 그 다섯 번째」에 나오는 시의 일부에서 차용한 이름이다.

산 빛은 해 질 녘에 더 아름답고 山氣日 夕佳

서귀포 신시가지를 감싸고 있는 오름으로 시야가 탁 트여 있어 마라도부터 지귀도까지 제주 남쪽 바다와 서귀포시의 풍광이 한눈에 들어

오고 서귀포 칠십리의 야경을 보기에 좋은 장소라고 하는 고근산 오름 (396m)이다. 남쪽으로는 섶섬, 문섬, 범섬이 바다에 떠 있는 것처럼 보인다. 고근산에서 범섬까지 직선으로 5km, 북쪽 한라산 정상까지는 10km이다. 15km가 일직선으로 이어진다. 제주 섬을 만들었다는 설문대할망이 심심할 때면, 한라산 정상을 베개 삼아 고근산 굼부리에 엉덩이를 얹고 누워 남쪽 바다 범섬에 다리를 걸치고 물장구를 쳤다는 전설이 있다. 사방은 어둠으로 물들어 가고 가로등 불빛은 더욱 찬란히 빛나고 있다.

호근동 촌장 대행 허광우 님

호근동 마을 길로 접어든다. 아파트도 보이고 호근동 복지회관도 있다. 유네스코는 2019년 6월 제주도 육상전역과 해안선에서 5.5km 이내의 해양 구역까지 제주도 생물권보전지역으로 확대 지정하여 호근동도 여기에 해당된다는 안내판이 있다. 이제 거의 사방은 까만 어둠으로 물들어 있다. 길을 잘 아는 사람이 아니고는 이 길을 쉽게 헤쳐 가기가 쉽지 않은 밤이다.

오늘은 거의 혼자서 걷고 걸었다. 이렇게 하루가 마무리되는 듯했다. 그런데 밤 6시 30분이 넘어 호근동을 넘어오는데 창고에서 불빛이 새어 나오고 있어 무심코 발길은 그곳으로 옮기게 된다. 창고에는 노란 컨테이너 박스가 가득하고 남자분 한 분이 감귤을 고르고 있다. 수고하신다는 인사를 하고 무얼 하고 있는지 물으니 대뜸 감귤을 몇 알 집더니 나에게 건네주면서 먹어 보라고 한다. 사양치 않고 받으며 가방에 넣어 달라고 하니 다시 고르던 감귤에서 몇 개를 더 가져다 가방에 넣어 준다.

호근동 촌장 대행 허광우 님(57세)

    농장주님은 57세 양천 허씨 이름은 광우 씨이다. 양천 허씨는 김해 김씨로부터 나왔다고 한다. 전국에서 김해 김씨가 제일 많고 제주에는 광산 김씨가 많다고 한다.

    조선 초에 허씨 선조께서 이방원에게 쫓기어 제주로 왔는데 그때 고려의 양반 상류층이 대거 왔다고 한다. 허 선생님은 아버님으로부터 유산을 받아 15년째 감귤 농사를 하고 있는데 올해 작황도 좋지 않고 감귤 판매도 안 된다고 한다. 작황이 안 좋으면 감귤값이 오를 것 아니냐고 물으니 사장님은 사람들이 사 먹지 않아 가격도 떨어지고 감귤은 남아돌고 있다고 한다. 15년 동안 이런 일이 두 번째라고 하면서 10년 전에도 이런 현상이 있어 그때는 너무도 힘들어서 아내에게 생활비를 건네지 못하였는데 올해도 그해와 같이 어렵다고 한다. 이곳에 2천 평, 다른 곳에 1천 평 도합 3천 평을 농사하고 있다.

    노지 귤 수확기는 12월부터 익년 1월 초까지는 따야 하고, 한 달 정도는 저장이 되는데 본인은 모두 출하를 하였고 상품성이 떨어지는 것 중에서 그래도 괜찮은 것을 주스 공장으로 보내려고 고르고 있다고 한다.

본인은 비닐하우스를 1천 평 하고 있는데 한라봉, 천혜향은 2월부터 출하하여 6월까지 이어진다고 한다.

내가 궁금해하던 것을 물었다.

"탐라국 탄생 신화에 나오는 성씨들이 제주 전역에 많이 있을 것으로 생각했으나 아직까지 고, 양, 부씨를 만나지 못했는데 왜 그런가요?"

"본인의 선조는 고려가 망할 때 정몽주 계열의 고려 열성 충성파에 속하여 이방원을 피해 제주로 오게 되었습니다. 허씨뿐만 아니라 고려 충성파들의 씨족이 대거 제주도로 내려왔습니다. 그리고 이런 성씨들이 상대적으로 제주 본토 성씨들에 비해 자손이 크게 번창하여 제주 본성인 고, 양, 부씨의 자손은 감소되는 현상을 낳았습니다."

다른 한 가지 의문은 제주 지역의 묘에 관한 것이다.

"제주의 묘에 있는 비석이 옆으로 비켜 세워져 있는데 이유가 뭔가요."

"묘 앞에 제단 그러니까 석물이 있으면 비석을 바로 세우지 않고 옆으로 비켜 세워 제단을 보게 하고, 제단이 없으면 비석을 정면으로 세우고 있습니다. 또한 묘는 타원형 모양으로 하는데, 머리 부분이 북쪽 한라산 쪽으로 향하게 관을 모시고 산담의 모양을 사다리 모양으로 하여 뒤쪽이 좁고 앞쪽이 넓은 형태로 만드는 것을 예로 하고 있습니다."

타당성 있는 답변이라고 생각되어 바로 나가서 뒤편에 있는 묘소에 가서 확인해 보니 역시 설명하신 것처럼 그렇게 되어 있다. 육지와 전혀 다른 묘지 풍습이다.

"어떻게 다방면으로 많이 알고 있으시네요."

"네, 현재 호근동에는 촌장 어른이 있는데 나이가 많아 제가 촌장을 대행하여 마을 일을 처리하고 있다 보니 많이 알게 되었습니다. 보통 이장과 같은 일을 합니다."

"호근동에도 해녀가 있나요?"

"호근동도 바다를 소유하고 있으나 해녀는 없고 가정에서 먹을 정도는 남녀 모두 물질을 합니다."

호근동은 산간마을처럼 분화구와 가까이 있다고 해서 호근이라 했으며 동네가 높은 곳에 있다고 한다. 밤이 깊어 가고 있어 허 선생님과 인사를 나누고 헤어졌다.

다음 날 숙소에서 택시를 타고 하논 분화구 방문자센터로 갔다. 택시 기사님과 이야기를 나눈다. 57세, 제주 고씨 성주공파 34대손이란다. 택시 운전은 얼마나 하셨냐고 물으니 18년쯤 되며 개인택시로 전환은 4년쯤 된다고 한다. 제주 고씨를 처음 만난다고 하니 신기해한다. 본인이 어렸을 때 이곳 하논에서 미꾸라지를 잡은 기억이 있으며 쌀밥은 명절이 되어야 먹었다고 한다. 등산을 자주 다니며 동호회에서 제주 오름은 물론 육지의 산들도 많이 다녔다고 한다. 강원도의 산부터 전라도의 들판과 산들을 두루 섭렵했다고 한다. 제주 사람들은 바다를 육지의 밭이나 논으로 생각하고 있어 감상적인 눈으로 보지 않고 있어 바다를 즐기는 문화가 아니다. 대신 오름이나 산 등을 취미로 오르는 것을 낙으로 삼는 듯했다.

4월에는 강원도 원주 치악산을 간다고 한다. 고 선생님은 낮에만 근무를 하고 밤에는 일을 하지 않는다고 한다. 밤에 일거리가 많고 수입도 좋지 않느냐고 물으니 그렇지만 술에 취해 갈피를 잡지 못하는 손님을 만나면 수입은 둘째 치고 하루 일과를 망치는 기분이 들어 몇 번 경험을 하고 나서는 밤 근무를 하지 않기로 했다고 한다. 대부분 개인택시 기사들이 밤에 일을 꺼리기 때문에 밤에 택시가 부족하다는 소리를 듣는다고 한다. 서귀포시 택시가 몇 대나 되냐고 물으니 개인택시 800대 영업용 200대 약 1천여 대쯤 된다고 한다. 전라도의 음식이 제일이라고 하면서 기회가 되면 전라도로 여행을 해 보겠다고 한다. 특히 농사일하는 분들이 일을 하다가 새참 먹는 풍습이 참 보기에 좋았다고 한다.

하논 분화구

하논분화구 방문자센터에 들어서니 나이 드신 남자분이 청소를 하고 계신다. 내가 나타나자 청소를 멈추고 인사를 한다. 곡산 강씨로 62세이시며 근무한 지는 일주일째라고 한다. 하논분화구에 대해 소개해 달라고 하니 본인의 소개보다는 영상을 보는 것이 더 나을 것이라고 하면서 영상을 틀어 주신다. 영상은 5분 정도로 시간이 다 되니, 한 번 봐서 이해가

하논 분화구의 논

안 될 것이니 한 번 더 보라고 한다. 그래서 두 번을 감상하고 난 후 분화구에 내려가서 현장을 보겠다고 하고 내려갔다. 사진도 찍고 분화구 논들을 감상하였다. 현재 분화구의 논은 모두 개인 소유라고 한다. 육지의 여느 논과 마찬가지로 농수로가 있고 물을 퍼 올리는 모터 펌프가 있다. 농사는 잘된다고 한다.

하논은 마르형 응회환의 화구 바닥을 말하는데, 평탄하고 용천수가 있어 논으로 이용하고 있다. 바닥과 화구륜의 고도차는 최대 90m가량 되며, 초기 수성 환경에서 점차 육성 환경으로 바뀜에 따라 화구 안에 작은 분석구가 나중에 생긴 이중화산의 구조를 하고 있다. 화구 중앙에 있는 낮은 봉우리가 보름이 오름이다.

하논이란 한 논, 다시 말해 큰 논이라는 뜻이지만, 육지에서는 이 정도 규모의 논을 크다고 하지 않지만 제주에서 벼농사가 가능한 곳이 흔치 않기 때문에 이런 이름이 붙은 것으로 생각된다. 자료에 따르면 16세기 전부터 논농사가 이루어졌다고 한다. 하논 바닥에는 모두 3곳에서 지하수(물망수, 섯언새미, 동언새미)가 용출되는데 1일 최대 1,000~1,500㎥로 수량이 풍부한 편이며 인공 수로를 따라 각 논으로 유입되어 약 26,000평의 경작지에 주요 수원으로 이용되고 있다. 논으로 흘러간 물은 남쪽 화구벽의 수로를 통해 분화구의 외부로 나가 천지연폭포로 흘러간다.

길은 걸매생태공원으로 향한다. 걸매생태공원은 많이 알려진 서귀포 칠십리시공원과 마주하고 있으며 육지인들이 겨울철에 동계 훈련장으로 사용하고 있는 각종 경기장이 있고 연중 물이 흐르는 자연스러운 하천과 자연이 만들어 낸 암반과 언덕이 존재한다. 제주에서 상시 물이 흐르는 하천은 그다지 많지 않다. 그런데 이곳 생태공원은 항상 물이 흐르는 하천을 보유하고 있어 생태공원으로 안성맞춤이다.

드디어 제주올레사무국이 있는 제주올레 여행자센터에 도착했다. 종점 스탬프를 찍고 올레사무국으로 올라가 안은주 대표이사님을 만났다. 2022년 2월에 대표이사로 취임한 것을 늦게나마 축하드리고 개인적인 부탁을 드리려 찾았다고 말씀드렸다. 제주올레를 완주하고 이를 토대로 완주기를 책으로 내려고 하는데 책에 대한 추천사를 부탁드렸다. 다행히 추천사를 흔쾌히 수락하셨다. 물론 내가 제주올레길을 완주하고, 완주기를 기록한 후의 일이긴 해도 일단은 안도가 되었다.

제주올레 8코스
월평 – 대평 올레

4.3에서 4.3까지 걷는 길

7시경 서귀포 신시가지에서 택시를 타고 월평 아왜낭목 쉼터로 출발했다.

15분을 달려 목적지에 도착했다. 택시에 내리는 순간 깜짝 놀라지 않을 수 없었다. 바로 옆에 새카만 비석이 나를 맞이한다.

내용은 "더 이상 4.3은 숨은 그림자가 아닙니다."란 타이틀로 월평의 18명이 4.3으로 희생되었다는 것과 돌아가신 분들의 이름을 기록하여 "영원히 여러분을 기억하겠습니다. 이제 4.3을 안아 주세요."라는 내용이었다.

이곳 월평도 4.3에서 예외는 아닌 것 같다. 마음이 무겁다. 4.3을 알기 전에는 무감각했으나 알고 나니 그냥 지나칠 수가 없었다. 가슴으로 희생된 영혼들의 가족들과 함께 공감하고 싶었다.

그 옆에는 공덕비 세 개가 세워져 있다. 여느 마을처럼 이곳도 재일교포들의 고향 사랑을 기리고 있다. 그중에 전기 가설 기념비가 세워져 있는 것이 이채롭다.

호롱불과 석유등의 불빛으로 저녁을 밝히던 시절, 나 역시 어릴 때 저녁이 되면 곳곳에 불을 밝히는 것이 하나의 일이었다. 책을 보거나 어머니가 바느질을 하든지 더욱이 늦은 시간에 농사일을 마무리할 때면 어두워서 여간 불편한 것이 아니다. 도회지의 환한 전기 불빛과 흘러나오는 TV 화면의 빛 등을 연상할 때면 더욱 그리워지는 것이 전기였다. 여느 농촌도 마찬가지였을 것이다. 그래서 동네에서는 여유가 있다면 제일 먼저 전기를 끌어들이려 하는 것이 인지상정이다. 이곳 출신 재일교포들이 동네에서 가장 시급한 것이 무엇이냐고 물었을 때 전기를 쓸 수 있었으면 한다고 했을 것이다. 이런 연유로 절실한 것이 해결됨을 기념하고 싶은 심정을 표현했으리라 짐작이 된다.

골목을 돌아 중산간으로 접어들자 모닥불을 피워 놓고 몸을 녹이는 분들이 있다. 아주머니 5명과 남자 1명이다.

"무슨 일을 준비하세요?"
"한라봉을 따려고 합니다."
"첫 수확인가요?"
"네, 그래요."

하우스 한라봉이 본격적으로 출하가 되는 것이다.

약천사

길은 계속 오르다가 옆걸음을 하더니 거대한 절로 안내를 한다. 올레길이 절을 통과하도록 되어 있다. 절의 옆길을 통과하면서 간판을 보니 약천사라고 기록되어 있다. 거대한 절의 앞면만을 길가에서 보던 약천사가 올레를 통하여 나의 눈에 나타났던 것이다. 언젠가 한번 보고 싶었던 이 웅장한 절이 아니던가.

약천사 전경, 대적광전의 비로자나불금좌상과 삼불

　동양 최대 규모의 법당이며 비로자나불을 본존으로 모시는 대적광전으로 유명한 약천사 경내를 둘러본다. 사진을 몇 장 찍고 올레길로 나서려는데 초소 같은 곳에서 남자분이 나를 보고 나오면서 안내하신다. 약천사 본당 법당도 들어가서 예불도 하고 공양에서 가장 신비한 불상도 보고 불당의 2층도 올라갈 수 있으니 가 보라고 한다. 허락을 받았으니 자신 있게 법당으로 갔다. 아주머니 한 분이 청소기로 법당을 청소하고 있다. 나는 예의를 차리고 1층 법당, 2층과 3층을 구경하고 나왔다.

　나를 안내하신 분은 창원에서 25년간 회사에 다니다가 정년퇴직을 하고 1년 전에 이곳에 와서 안내와 경내의 일을 돕고 있다고 한다. 62세 서치일 님이다. 신도들 분포를 물으니 전국적이라고 한다. 제주시의 관광 코스에 약천사가 포함되어 있어 많은 분들이 무심코 왔다가 신자가 되신 분들이 많다고 한다. 그 말을 듣고 주변을 보니 서울 금천구 독산4동에 사시는 분이 조경수를 보시한 것에 대한 감사비가 세워져 있다.

　올레길도 경내를 통과하도록 배려한 것에 대해 나 역시 감사한 마음이다.

　경내의 감귤나무 밑에는 이런 문구가 쓰여 있다. "사람들아 그 벌레 함부로 죽이지 마라. 그 벌레에게도 자식들이 있으니."

법당 앞 잔디밭 가장자리에 작고 귀여운 코끼리상들의 뜻은 자료를 통해 확인할 수 있었다. 코끼리가 불교를 상징하는 동물이 된 것은 부처님의 어머니인 마야부인이 흰 코끼리白象가 품 안으로 들어오는 태몽을 꾸고 부처님을 잉태한 데서부터 시작된다. 또한 석가모니가 부처를 이루려 할 때 어떤 모습으로 어머니의 태에 들어야 좋은지 하늘 무리에 물었다. 여러 의견이 나왔으나 보살은 6개의 이빨이 있는 백상(흰 코끼리)을 타고 해와 정기를 머리에 인 모습으로 변화하여 마야부인의 태로 들어가는 꿈을 보이셨다.

약천사는 경북 영천시 팔공산에 있는 대한불교 조계종 제10교구 본사인 은해사에 소속된 말사이다. 그 이유는 창건주인 혜인스님이 은해사 소속이기 때문이다.

약천사를 지나 해안가까지는 마을 사이로 난 밭담길을 걷는다. 바다가 보이고 감귤밭이 있고 하늘은 맑지는 않지만 조용하게 아침을 열어 주고 있다.

간세 안내판은 대포 포구를 알린다. 중산간에 있는 고려의 국찰이었던 법화사를 중건할 때 막새와 주춧돌 등 주요 건축 자재들을 수도 개경에서 제작하여 대포항을 통하여 법화사로 운반되었다고 하며 그 증거로 대포항 해저에서 발견된 주춧돌이 제주의 현무암이 아니라는 사실이었다. 이런 사례를 볼 때 대포항은 제주도 불교사의 중요한 역할을 담당했던 항구로 추정하고 있다.

대포항의 위쪽에 대포연대가 있어 올라가 보았다. 남해의 바다가 보이고 서편으로 산방산, 박수기정, 군산 그리고 송악산이 보였다. 한 무리의 관광객들이 삼삼오오 무리를 지어 연대에 오르고 있다. 어떤 분은 봉수대라고 하는 분이 있고 어떤 분은 대포를 쏘던 곳이라고 추정하는 분도 있다. 연대는 옛날에 적이 침입하거나 위급한 일이 있을 때 낮에는 연기로 밤에는 횃불로 연락을 취하는 통신시설이다. 해안 구릉에 자리하여 적의 동태를 감시하는 시설을 갖추고 있다.

주상절리대가 있는 곳은 공사 중으로 어수선하다. 주상절리란 한라산 백록담으로부터 흘러내린 용암이 바다와 만나 급격하게 식으면서 수축 작용에 의해 균열이 발생하고, 그 균열들이 수직으로 발달하면서 생긴 육각형 모양의 기둥을 말한다. 인간의 인위적인 것이 아닌 자연에 의하여 생성된 것으로 너욱 의의가 있다. 대포 주상절리는 높이가 30~40m, 폭이 약 1km로 한국에서 규모 면에서 최대이며 천연기념물 제443호로 지정되어 있다.

베릿내오름 앞에서 쉬면서 올레 안내 책자를 폈다. 아뿔싸 내용을 보니 주상절리 안내소 옆에 중간 스탬프를 찍는 곳이 있는데 지나쳐 버린 것이다. 공사도 하고 혼잡하여 그냥 지나쳤는데 그곳에 중간 스탬프가 있었다니!

천제연폭포가 있는 베릿내오름(101.2m)을 오르기 시작했다. 베릿은 제주어로 절벽, 베릿내는 절벽이 있는 개울을 의미한다. 베릿내는 천제연의 깊은 골짜기 사이를 은하수처럼 흐른다고 해서 별이 내린 내(별빛이 비치는 개울)라는 뜻으로 붙인 이름이다.

옆으로는 송악산, 산방산, 박수기정, 군산오름이 아련히 자세를 취하고 있고 북쪽으로는 한라산이 자리하고 있다. 앞으로 한라산은 8코스를 걸을 때 자주 마주치게 될 것 같다. 역시 한라산은 신비스럽게 보인다. 오늘 비가 내린다는 예보를 감안하면 당연히 선명한 모습을 기대하지 않았지만 안개 같은 구름이 감싸고 있는 모습은 더욱 경외스럽게 다가왔다.

천제연폭포로부터 성천봉까지 이어진 2km에 이르는 농업용 수로다. 대정 군수를 지낸 채구석(현 애경그룹총괄부회장 채형석의 조부)의 주도로 1906년부터 만들기 시작하여 1908년 완공함으로써 논농사를 지을 수 있어 231,000㎡의 논을 조성할 수 있었다. 바로 하논분화구의 용천수에서 흘러든 물이다.

천제연과 천지연에는 또 하나의 기념물이 있다. 천연기념물 제12호 무태장어이다. 무태장어는 길이가 2.5m에 무게가 보통 20kg으로 우리나라에서는 의창, 무주, 암만 등에서 서식했는데 지금은 오직 제주 이곳 천지연과 천제연에서만 볼 수 있다고 한다.

장어의 서식지에 대한 오해를 하고 있는 부분이 있다. 장어는 민물과 바닷물이 교차하는 지점에서 서식하는 것으로 일반인들은 이해하고 있다. 그런 이유는 장어가 새끼 때와 완전 컸을 때 바로 이곳 민물과 바닷물이 교차하는 곳에서 잡히기 때문이다. 그러나 장어는 알을 낳기 위해 멀리 3,000여km를 질주하여 그곳에서 알을 낳고 장렬히 산화하며 그 새끼들은 다시 민물과 바닷물이 교차하는 지점에 와서 민물에 적응하기 위해 서식했다가 민물에 올라와 성장한 다음 다시 내려와 바다로 나가기 전에 민물과 바닷물이 교차하는 지점에서 바닷물에 적응하기 위해 머물다 보니 오해를 받게 된 것이다.

베릿내오름을 내려와 다시 뒤로 돌아서 중간 스탬프를 찍으러 갔다.

자신이 한심한 생각이 들었으나 대충 보고 나온 대가를 치른다고 생각하니 편했다.

장로님 부부

오늘은 정건용 장로님 부부와 점심을 하기로 하여 조금 서두르다 보니 영향을 받은 것 같다. 장로님으로부터 전화가 왔다. 지금 어디 있느냐고 묻는다. 원래 약속하기로는 신라호텔 앞으로 가기로 했는데 시간이 돼도 나타나지 않으니 전화를 한 모양이다.

중간 스탬프를 찍고 되돌아가는 길에 ICC제주(제주국제컨벤션센터)가 보인다고 하니 장로님은 그러면 ICC제주 안에 있으라고 하면서 이곳으로 오겠다고 한다.

장로님 부부는 장로님이 올 2월 정년퇴직을 앞두고 지난해 8월 제주에 내려와 올 8월까지 1년을 살기로 했다는 것이다. 주소도 아주 제주로 옮기고 앞으로 제주 기독교방송에서 주관하는 제주지역교회 성지순례 해설사 교육을 받을 계획을 하고 계신다. 장로님은 중문에 있는 식당으로 안내를 한다. 제주 하면 갈치요리가 있으나 영양식으로 힘내라고 하면서 낙지튀김과 고등어를 시켰다. 튀김 요리를 별로 선호하지 않는 나였지만 낙지튀김은 질감이 생각과는 달리 부드럽고 맛이 있었다. 2개를 시켰는데 다 먹지 못해 한 개는 통에 담아 숙소에 가서 먹으라고 한다. 또한 사모님이 직접 귤을 따서 만든 천연 완전 오리지널 귤 주스를 한 병 곁들여 주셨다. 서로가 객지인데 나보다 먼저 제주를 밟았다는 이유로 나를 손님 대접하니 쑥스러웠다. 나의 올레 완주가 성공적으로 마무리되기를 기도하겠다고 한다. 장로님은 나에게 올레길을 알려 주면서 한 곳을 소개한다. 중문 색달 해수욕장을 발아래 두고 롯데호텔 뒤편에 막다른 곳에 있는 BADABARA Bakery & coffee란 상호의 카페이다. 전망이 좋으니 많은 사람들이 찾는다고 한다. 오늘 월요일인데도 주차장에 차가 가득하다.

   나는 중문 색달 해수욕장을 직접 밟아 보고 싶었다. 계단을 내려갔다. 비는 부슬부슬 내린다. 해변에는 2~3명이 우산을 쓰고 서성인다. 우산도 없이 용감하게 해변을 가로질러 가는 사람은 나 혼자뿐이다. 이곳의 길을 어느 정도 알기에 해변 끝까지 갔다. 중문 색달 해변은 절벽에 둘러싸인 길이 약 560m, 폭 50m의 모래언덕으로 되어 있는 해수욕장으로, 모래의 색이 흑색, 적색, 백색, 회색의 네 가지 색을 띠는 아름다운 해변이다. 매년 신년이 되면 추위를 무릅쓰고 펭귄 수영대회가 열리고 있고, 여름에는 파도가 높아 서핑 동호인들이 모이는 해변이다.

중문 색달해변

예래동

이제 중문관광단지를 뒤로하고 예래마을로 향한다.

한라산은 구름을 머금은 채 나의 뒤를 계속 쫓아오면서 힘내라고 격려하고 있다.

예래 생태마을로 접어든다. 예래마을은 2천 년이 된 마을로 반딧불이 보호 지역이고 천제연과 대왕수가 있어 물이 풍부하여 새들이 모여들고 있으며, 군산오름에는 다양한 종류의 야생화가 있는 마을로 환경부로부터 지난 12년간 자연생태 우수마을로 지정되었다.

생태공원은 대왕수가 졸졸 흘러내릴 뿐 이렇다 할 식물이나 철새도 없는 조용하고 한석한 모습으로 겨울을 나고 있다. 생태공원 마지막에 조랑말 2마리가 풀을 뜯고 있다. 말만 보면 좋다. 육지에서 자주 볼 수 없기에 말이 있는 곳이면 사람들이 모여든다. 나 역시 예외는 아니다.

다시 바다가 앞면에 펼쳐졌다. 오른쪽으로는 군산오름, 산방산이 보이고, 왼편으로는 범섬이 살짝 고개를 내민다. 아직도 비는 부슬부슬 내리고 있고 바다는 바다대로 울상이다.

환해장성이라고 하는데 전혀 성같이 보이지 않고 밭담 같다. 예래의 환해장성은 다른 성과 다르다. 다른 성은 대개 바다에 인접하여 쌓여 있고 도로가 있는데 이곳은 바다, 도로 그다음으로 성이 쌓여 있어 밭담이라 해도 전혀 이상하게 보이지 않는 형태이다.

오늘 만난 장로님 부부는 지난해 8월에 제주에 와서 바로 올레길을 걸었는데 더위에 도저히 엄두가 나지 않아 중도에 포기했다고 하면서 제주 날씨는 덥지도 그렇다고 심하게 춥지 않은 지금 2월의 날씨가 올레길 걷기에 최적이라고 한다.

예래 환해장성

하예, 예래포구를 지나 해변도로에는 절벽으로 병풍을 두른 절경의 바닷가를 지난다.

대평포구

난드르 올레 좀녀 해상공연장이 나타나고 빨간 등대가 맞이한다. 대평포구가 가까워진다. 대평리의 옛 이름은 '난드리'이다. 난드르는 평평하게 길게 뻗은 드르野의 지형으로 한문 표기는 "大坪대평"이라 쓴다. 바닷가 한편에 숨은 듯 자리 잡고 있고 북으로는 군산오름과 안덕계곡, 서쪽으로는 예래동 월라봉과 박수기정 등이 감싸고 있어 4.3의 참상을 피할 수 있었다고 한다.

오늘 아침, 월평에서는 4.3을 잊지 않겠다고 한 것과 대조적으로 대평리는 4.3이 지리적으로 접근하기 어려운 관계로 피해 없이 무사할 수 있었다고 한다.

  비는 누그러졌고 전등 불빛은 밝아져만 갔다. 20여 분을 기다려 버스를 탔다.

산방산을 배경으로 한 박수기정(절벽)

제주올레 9코스
대평 – 화순 올레

다양한 인간 군상을 만나는 길

대평리 버스정류장에 내렸으나 어디로 가야 할지 모르겠다. 제주의 길은 삼거리에서 한참 헷갈린다. 사거리는 도로 안내판이 제대로 되어 있으나 삼거리 길은 제주 사람에게는 무심한 편이다. 관광객이나 외지인에게는 무척 어려운 길 선택이다. CU 편의점에서 믹스커피를 사 마시면서 점원에게 길을 물으니 그도 여기 길을 잘 모른다고 한다. 그러면 어디 사느냐고 물으니 중문에 산다고 하면서 근무한 지는 며칠 안 되고, 강원도 철원에서 왔다고 한다. 왜 가장 북단에서 가장 남단까지 오게 되었는지 궁금하여 물었더니, 따뜻한 남쪽에서 여유 있게 살고 싶어 왔다고 한다. 애들이 모두 장성하여 남편과 단둘이 왔단다. 그렇게 쉽게 결정을 내리고 올 수 있냐고 하였더니 마냥 기다리다가는 시간만 연장된다고 생각되어 22년 다니던 직장을 그만두고 왔다고 한다. 따뜻한 것만이 이유가 아닌 듯하여 더 물으니 실은 친정 부모님이 30년 전에 제주도에 내려와 남원에 사신다고 하면서 남편에게 시댁에는 그동안 효도 많이 했으니 이제 우리 부모(친정)에게 효도하겠다고 하면서 남편을 설득하여 왔다고 한다. 부럽다고 했다. 성씨를 물으니 고씨라고 한다. 나이는 52세. 내가 만났던 서귀포 시민 20여 명에게 성씨를 물어 만난 두 번째 고高씨 성이다. 손님이 들어온다.

대평포구의 옛 이름은 "당케"로 중국 당나라와 원나라에 말과 소를 상납하는 세공선과 교역선이 왕래한 연유로 그렇게 불렸다고 한다. 일제 강점기 때는 이 항구 근처에 큰 소나무가 있어 송항, 송포라고도 불렀다.

포구에는 이영근의 「출가 해녀의 노래」 시비가 있다.

시비의 내용을 요약하면 다음과 같다.

해녀들이 정해진 일정에 따라 삼삼오오 무리 지어
고향 산천 남겨 두고 육지 곳곳으로
정처 없이 갔으며
정든 친구 친척들과 이별하고
부모 형제와 함께하지 못하고
안개 낀 부두에서 버스 정류장에서
잠시나마 고향 떠나
생이별을 했어야만 했었다.
도착한 곳은 낯도 설고 물도 설었으며

누구와도 정붙일 수 없이 살아가야 했다.
모두가 즐겨야 할 때에 가엾은 잠녀들은
한번 놀아 보지 못하고 질책받아 가며
실컷 타향살이를 해야 했다.
날아가는 저 기러기를 보고서 하소연한다.
우리 고향 가거들랑
우리 부모 앞에 가서 지금의 우리 모습을 전하여 안심시켜 달
라는 애원이 담긴 간절한 노래비이다.

산길을 오른다. 앞에 보이는 것이 박수기정이다. 언덕을 오르자마자 안내문이 나온다. 박수기정을 가로지르는 길이 사유지로 소유주가 통행을 불허하여 우회하게 되었고, 결국 코스 공모전을 통해 1등으로 수상한 유연철 씨의 제안을 밑그림 삼아 새 길을 냈다고 한다. 14년 만의 개편이었다니.

멀리 오른쪽에 박수기정이 보이는 대평포구

떠나 버린 임이 더 그립고, 놓친 고기가 더 큰 법이라고 말하지만 안분지족이라 현실에 만족할 줄 아는 것도 지혜가 아닐까 한다. 괜찮다. 박수기정은 올레꾼들의 발걸음을 외면하니 어쩌랴!

안녕! 박수기정아!

제주도 말로, 박수는 바가지로 떠 마시는 샘물, 기정은 절벽이란 뜻이다. 박수기정은 바가지로 떠 마시는 샘물이 있는 절벽이다.

올레길 초행부터 남쪽 바다에는 몇 개의 섬들이 보였다. 날씨가 좋으면 좋은 대로 멀리 있는 섬들이 가까이 다가왔다. 섶섬, 문섬, 범섬 그리고 섬들이 있다. 크고 작은 섬 두 개가 나란히 있는 저 섬은 어떤 섬들일까 하고 의문을 가졌는데 비로소 그 섬이 내 앞에 나타났다. 바로 형제섬이다. 언덕에 올라 바다를 직시하니 형제섬과 송악산이 보인다.

길은 자갈길로 로프를 의지할 정도로 가파르고 상태가 좋지 않다. 점차 올라가면서 작은 돌은 사라지고 무게감 있는 돌들만이 길을 지키고 있다. 그물이 설치된 곳이 있는데 예전에 바로 박수기정에서 나오는 출구였던 것 같다. 파란 잔디와 오름, 하늘이 그림처럼 보인다. 카메라로 찍

형제섬

어서 살펴보니 카메라에 비친 풍경이 더 아름답게 보인다. 카메라가 요술을 부려 더 화려하게 변화를 준 것이다.

널따란 밭에는 여자분 두 분과 남자분 한 분이 있다. 남자분에게 물었다.

"무슨 일을 하고 계세요?"

"이곳 밭의 묘목을 팔기 위해 준비하고 있습니다."

"사철나무예요?"

"감귤나무 묘목입니다."

밑부분에 조금 뭔가 붙인 흔적이 있다.

"접목을 했나요?"

"네, 밑에 나무는 탱기(냉자)나무입니다. 탱기씨를 뿌려 2년 정도 키운 다음 그 묘목에 감귤 가지를 접목하여 키웠습니다. 1년생, 2년생, 3년생까지 있는데 이 모두를 팔 것입니다."

"그럼 지금 무슨 작업을 하고 있어요?"

"감귤밭에 검정 비닐로 멀칭 작업을 했던 비닐과 비닐을 누르고 있던 파이프를 제거하고 있습니다. 1년생은 7~8천 원, 2년생은 1만 5천 원, 3년생은 2만 원에 팝니다."

감귤나무는 이렇게 탄생하고 있음을 알았다. 남자분은 이 농장 관리인으로 김 씨(56세)라고 한다. 마늘밭이 있고 길은 농로를 따라 걷다가 산등성이를 넘는다.

군산오름

군산(335m)의 유래는 오름의 모양이 군막을 친 것 같다 해서 군뫼라고 하던 것을 이제는 군산이라 부른다. 1007년(고려 목종 10)에 화산 폭발로 상서로운 산이 솟았다고 하여 서산瑞山 등 여러 유래가 있다. 군산은 예전부터 명당으로 알려져서 누구도 묘를 쓰지 못하게 했고(금장지), 기우제를 지내는 장소였다는데, 현재는 예래동청년회가 2001년부터 매년 1월에 군산일출제를 지내고 있다.

주변에 '제9진지 동굴 입구'라는 안내판이 있다. 길이 9m, 폭 1m, 높이는 1.7m 용도는 관측소, 대피소라고 하며 진지 동굴은 태평양 전쟁 막바지에 일본군이 민간인을 강제 동원하여 만든 군사 시설 중 하나로 비행장, 도로 등도 만들어 미군의 폭격에 대비한 시설이었던 것이다.

조금 더 오르니 붉은 현무암 무더기가 쌓여 있는 곳이 정상이다. 정상에 서니 바람이 심하게 불어 제주도의 바람을 실감케 한다. 동서남북이 확 트여 군산오름의 높이를 가늠하게 한다. 오름들 위로 덮여 있는 구름은 마치 눈이 덮여 있는 모습으로 다가와 신비감을 더해 준다. 바다 역시 마찬가지다. 바다는 설산처럼 오름과 연속하여 이어져 있다. 형제섬

군산오름 정상에서 바라본 산방산

과 산방산의 옆모습을 가장 높은 곳에서 보고 있는 것이다. 그동안 산방산을 정면에서만 보고 지나치기 일쑤였다. 뒷면의 일부는 군산오름을 오르면서 볼 수 있었다. 군산오름을 오르고 내려가면서 이런저런 사람을 만났다.

51세의 회사원이다. 내가 남양주에 산다고 하니 본인도 예전에 호평동에서 10년 넘게 살았다고 한다. 지금은 용인에 사는데 아내가 언니가 있는 곳에서 살자고 하여 이사했다고 한다. 직장은 사당동에 있고 제주에는 한 달에 한 번 정도 오는데 이번에는 혼자 왔다고 한다. 법환마을에 연세年貰로 360만 원을 지급하고 연립주택을 빌렸는데 곰팡이가 심하다고 하였다. 바다가 바로 앞 2~3분 거리에 있어 경치가 좋아 2년째 계약을 연장했다고 한다. 주로 힐링을 위해 혼자 아니면 아내 아이들과 온다고 한다. 열심히 사진을 찍는다.

70세 남자분은 부산에서 오셨다. 이전에는 신진여객과 건설업 공장 등을 경영했는데 모두 정리하였다고 한다. 5개월 동안 입원했다가 퇴원하여 아들이 살고 있는 제주에 와서 일주일 일정으로 요양차 왔다고 한다. 예전에 머리에 작은 상처가 났고 피가 조금 흐르는 것을 예사로 알고 1년을 버텼는데 그사이 머리의 골속으로 피가 스며들어 갔던 것이다. 이를 제거하기 위해 5개월을 입원했단다. 퇴원하였으나 정상으로 완전히 돌아오지 않았고 걷기가 어려웠다. 지금 한창 걸음 연습을 하고 있으나 쉽지 않다고 한다. 어떻게 여기까지 왔냐고 하니 정상 바로 아래까지 승용차로 왔으며 얼마 걷지 않았다고 한다.

하산하는 길은 야자매트가 깔려 있어 푹신한 느낌이다. 혼자서 올라오는 필리핀 여성을 만났다. 딸 둘과 함께 일주일 일정으로 왔는데 마을 펜션에 머무르고 있다고 한다. 일주일에 얼마를 지불했냐고 물으니 에어비

흰 구름에 빙 둘러싸여 있는 한라산

앤비를 통해 빌렸는데 우리나라 돈으로 80만 원(하루 133,000원)이라고 한다. 내 경우는 하루 3만 3천 원꼴이라 했더니 익스펜시브라고 하면서 부러워하는 눈치다. 내일 떠난다고 한다.

안덕계곡

하산길은 안덕계곡으로 안내한다. 이 계곡은 총연장 22.5km에 이르며 제주도 대부분의 계곡이 건천인데 이 계곡은 마르지 않는 냇물로 천 옆으로는 난대림 나무들이 기생하고 있어 국가지정문화재(천연기념물 제377호) "안덕계곡 상록수림지대"로서 자생 식물 복원 구간이라고 한다. 양재소는 재물을 기른다는 뜻으로 길이가 80m, 폭이 40m, 깊이가 25~30m 되는 저류지이다. 가뭄이 들면 하류 2km에 있는 논에 물을 대기 위하여 인공으로 물을 대어 벼농사를 지었다. 여기에는 참게, 반둥어, 새우 등이 서식하고 있고, 수백 년생 육박나무가 절벽 틈 사이에 뿌리를 내려 계곡으로 뻗고 있어 장관이다. 안덕계곡은 하류로 내려오면서 창고천이란 이름으로 불리는데, 제주도 내 계곡 중 가장 아름다운 하천이며 조면암으로 형성되어 양쪽 언덕에 기암절벽이 병풍처럼 이루어져 있다.

길은 감산리 사거리로 나온다. 일주도로와 만났다. 산방산은 지금부터 계속 나의 시야에서 사라지지 않고 같이한다. 길가에 음식점이 있는데 그 이름이 '곤지암 소머리국밥'이다. 경기도 광주의 대표적인 음식이 제주도까지 진출하였다니? 반갑다. 중식 시간이지만 배가 고프지 않아 그냥 지나친다.

다시 일주도로에서 동네 길로 접어든다. 큰 건물이 나타나고 그 울타리에는 안내판이 있다. "7가지 감귤이 유난히 맛있어요."라는 것인데 삽입 카피 문구인 "유난히"를 돋보이게 했다. 재미있는 광고 문구이다. 건물은 가정집인데 3층으로 앞마당에는 거대한 감귤밭이 평야처럼 이어져 있다. 노지 감귤인데 아직 수확을 하지 않았다. 노지 감귤은 눈이나 동해를 입으면 상품 가치가 없다는데 전혀 수확한 흔적이 없다.

브로콜리밭을 오랜만에 만났다. 산허리를 돌아서니 한 줄 레일이 깔려 있다. 바로 감귤을

경기도 광주에 본점이 있는 곤지암 소머리국밥집

이동하기 위한 장치로 설치한 것 같다. 인력의 대체를 위한 기계 장치가 빠르게 발전하고 있음을 볼 수 있다. 식당에서 로봇이 음식을 가져다주고 있는 것은 생활 속에서 마주하는 로봇이지만, 공장에서는 로봇이 오래전에 채용되어 더욱 세밀하게 쓰이고 있는 것이다.

남부발전소

안덕계곡의 지류인 창고천을 따라 내려가면 먼저 커다란 굴뚝 두 개가 솟아 있다. 바로 남부발전소이다. 큰 건물(남부발전소)을 앞에 두고, 두 개의 안내판이 있는데 남제주 나누리 파크라고 쓰여 있으나 구체적으로는 "제주 화순리 선사유적공원"이다. 이 유적지는 남부발전소를 건축하던 중 토지에서 유물이 발견되어 문화재청과 격론을 벌인 끝에 일부 부지를 나누리파크라는 이름으로 시에 기부채납 하고 발전소를 짓기로 하여 완공하였던 것이다.

남부발전소는 제주도의 2개 화력발전소 중 한 개로 제주 총발전량의 26%를 생산하고 있다. 발전소의 연료인 경유와 중유를 유류저장고로부터 550m 거리에서 지하 송수관을 통하여 공급하고 있다고 강조하며 접근을 최대한 멀리할 것을 알리고 있다. 바로 이 송수관은 화순항으로부터 연결이 되어 유조선에서 송유관을 통하여 남부발전소로 직접 주입되고 있다.

화순항 내에는 인근 법환포구 공사를 위한 자재를 수송하기 위하여 작업을 하고 있고, 화순금모래해수욕장은 바람과 파도 그리고 구름이 어우러지는 오후 한때의 한가로운 모습을 보이고 있을 뿐이다. 해변 앞에는 제주올레안내소가 있다. 시간이 허락하면 가급적 안내소에 들어가는데,

근무하는 직원과 공통의 화제로 이야기도 나누고 동질감을 확인하고 싶었기 때문이다. 안내소에 들어서며 놀랐다. 다른 공식 안내소는 모두 여자분이었는데 덩치가 큰 남자분이 안내를 맡고 있다. 남자 안내원인 것도 특이한데 키가 크고 우람한 분이었다. 경력이 6년 차라는 데에 또 한 번 더 놀랐다. 무뚝뚝할 것 같은데 친절했다. 질문에 다정하게 답해 주어 감사했다. 제주올레안내소에서 가장 많이 팔린다는 당근밭 스카프와 꽃이 단장된 짙은 감색 스카프를 샀다. 사무국에서 발행하는 신문과 스타벅스와 공동으로 펴낸 제주올레 야생화 도감을 얻었다.

　화순금모래해수욕장 뒤로는 산방산이 있고 앞으로는 형제섬, 가파도, 마라도가 한눈에 펼쳐져 있는 아름다운 해변이다. 모래가 부드럽고 고운 편이며 여름이면 바로 옆에 야외수영장이 설치되어 해수욕과 담수욕을 동시에 즐길 수 있다. 별도로 텐트촌이 형성되어 있어 인기가 좋다. 여름이면 올레꾼들이 이곳에서 해수욕을 즐기곤 한다고 한다. 화순금모래해수욕장으로 나아가 해변과 산방산을 여러 각도에서 사진을 찍고 발걸음을 돌렸다.

화순금모래해수욕장

제주올레 10코스
화순 - 모슬포 올레

기억에 새겨진 발자국을 찾아가는 길

화순항 종합관리센터를 찾은 시간은 오전 9시경이다.

마침 근무 중인 서귀포시 해양관리과 청원경찰 한창군 씨를 사무실에서 만났다. 어젯밤에 숙직을 하고 아침을 먹기 위해 라면을 준비하고 있었다. 올레꾼임을 밝히고 화순항에 대해 알고 싶다고 했다.

"강정과 화순이 해군기지로 물망에 올랐을 때 이곳이 가능성이 있었는가요?"

"아니요. 조금 어렵다고 생각했습니다. 기존 항구로서 역할을 하고 있는 상황에서 제반 조건을 원점에서 재검토하려면 많은 제약 요건이 있다고 보았습니다.

현재 운영되고 있는 항구의 재편으로부터 나타나는 저항이 있을 것으로 예상하여 제외되었다고 봅니다. 화순항은 서남 지역 해상의 거점 항구로서 역할을 수행하고 있고, 동남쪽 해상은 성산포

한창군 씨

항이 맡고 있습니다. 서귀포시에서 쓰는 시멘트 등 건축 자재는 이곳 화순항으로 들어옵니다. 화물선과 어선 부두가 따로 있으며 여객선은 없고 유람선만 있습니다. 접안 시설도 문제라고 봅니다. 5천 톤급 이상 선박의 접안이 어렵습니다. 이런 이유로 부적합 판정을 받았을 것입니다."

이어서 부연하여 설명해 주셨다.

"화순항에서 산방산, 마라도, 가파도 조망, 형제섬, 거북이바위까지 유람선이 1일 4회 운행되고 있고, 바로 옆에는 남부발전소가 있어 발전 원료인 유류를 이곳 화순항에서 직접 송유관을 통하여 이틀에 한 번 운반합니다. 화순항 바로 옆에는 화순금모래해수욕장으로 캠핑장이 갖추어져 있어 많은 캠핑족들이 찾고 있습니다."

식사 시간인데도 시간을 내어 화순항에 대해 소개하여 주어 감사하다고 말씀드리고 사무실을 나왔다.

유람선도 승객을 위해 항구에 접안해 있고 어선, 경비선, 준설선도 눈에 띈다. 화순금모래해수욕장은 금모래와 조가비의 조각들로 햇빛에 반사되어 반짝인다.

1960년대 화순금모래해수욕장에서 금 채취 사업이 진행되었으나 경제적 가치가 낮아 중지되었다고 한다. 최근까지 발생한 화산 활동에 의해 형성된 섬이라 지표나 지하에 금이 존재할 가능성이 매우 적다. 화순금모래해수욕장의 모래는 갈색 화산재, 검은 현무암 알갱이, 흰색 조개껍질 파편 등으로 구성되어 있다. 이곳은 금을 찾는 장소가 아닌 제주도 해안에 분포하는 독특한 모래들의 특징이라 볼 수 있다.

소금막 용암이란 독특한 형태의 모습을 하고 있는 바위들이 있다. 소금막 일대 용암류의 상부에는 먼저 굳은 용암의 껍질들이 엉겨 붙은 클링커층이 잘 발달해 있고, 그 사이를 액체 용암이 비집고 들어간 모습이다. 상대적으로 풍화작용에 약한 클링커층이 먼저 침식되면서 용암들만 수직으로 서 있는 모습으로 남겨져 있다.

하멜표류기

용머리 해안에 들어서니 하멜기념비가 서 있다.

조선 효종 4년(1653), 하멜 일행이 탄 네델란드의 무역선 스페르베르호가 일본으로 가던 중 만난 심한 풍랑으로 제주도에 표류하게 된다. 하멜 일행은 그 뒤 13년 동안 제주도에 머물렀고, 고국으로 돌아간 하멜은 1668년 『하멜표류기』, 일명 '난선 제주도 난파기'를 출판하여 한국을 서방 세계에 널리 알린 최초의 사람이 되었다. 용머리 입구에는 당시 하멜과 당시의 모습을 재현한 전시관(스페르베르호)이 있다.

하멜기념비

아쉽게도 전시관은 휴관 상태로 볼 수가 없었다. 하멜이 작성한 보고서는 스페르베르호의 난파부터 시작해 한국에서의 생활상까지 기록하고 있는데 이는 회사에 그동안 밀린 임금을 받기 위한 것이었다. 이 보고서는 책으로 출판되어 한국이 유럽에 알려지게 되는 계기가 된다. 아쉬운 것은 당시 네델란드는 굉장히 앞서가는 나라였고 서방에서는 꽤나 잘나가는 나라였는데 우리는 그들을 알아보지 못하고 1961년에야 겨우 외교 관계를 맺었다는 것이다. 또한 스페르베르호를 전시관으로 만들어 놓았는데 실제 크기의 80% 크기라는 것이다. 제작 당시 예산 부족으로 축소하여 만들어졌다는 것이다.

하멜의 기념비와 전시관이 이 용머리해안에 설치된 것은 하멜의 보고서와 당시 이곳에서 네델란드인의 유골이 발견되었다고 해서 이곳이 하멜 기착지로 생각하고 만들어진 것이다. 그런데 1999년 이익태李益泰의 『지영록』이 발견되면서 기착지가 이곳이 아니고 신도2리라는 것이 밝혀

용암수형, 뒤로는 산방산이 보인다.

졌던 것이다. 『지영록』은 1696년에 쓰인 저서로, 하멜이 표류한 지 43년 후의 이야기이기 때문에 사실에 가깝게 쓰였다는 평가이다.

용머리해안은 제주도에서 가장 오래된 화산이라고 한다. 120만 년 전에 태어난 '용머리해안'에 있는 세 개의 수성화산이 시간의 간격을 두고 차례대로 폭발해서 만들어졌으며 오랜 세월 파도와 바람에 깎인 모습이 오늘의 용머리 해안의 모습이다.

용암수형이란 동그란 구멍이 뚫린 화산석이 있다. 용암류에 둘러싸인 수목이 연소하여 줄기 자체는 남아 있지는 않지만 그 줄기 형태가 빈 구멍으로 남아서 용암 속에 원통상의 공동이 생긴 것이다.

사계 어촌 체험관 옆에는 세 여인의 모습이 조각되어 있다. 두 분은 해녀이고 한 분은 고르바초프의 부인인 라이사 여사이다.

고르바초프 일행은 1991년 4월 19일 밤 9시 40분 제주에 도착하여 제주 신라호텔에서 1박을 하였다. 4월 20일 양국 정상은 조찬을 끝내고 노태우 대통령과 고르바초프 대통령은 상오 10시 단독 회담장인 사라룸에서 대좌, 11시 15분까지 한러 협력 및 한반도 긴장 완화, 북한 문제 핵심 현안을 논의했다. 1시간 15분에 걸친 단독 및 확대 회담을 마친 뒤 양국 대통령은 기자간담회 형식으로 회담 결과를 설명하는 시간에, 노태우 대통령의 부인 김옥숙 여사는 고르바초프의 부인 라이사 여사와 함께 안덕면 사계리 어촌계(속칭 납데기)를 방문하여 해녀분들 조업 현장과 직접 잡은 수산물을 시식하기도 하였다. 이를 기념하고자 동상을 설립했다고 한다. 정겹게 느껴지는 모습이다.

라이사 여사와 해녀들

라이사 여사에게 해녀 한 분은 소라를 드렸고, 한 분은 전복을 보여 드리는 장면이다.

길은 한국의 아름다운 길 100선(건설교통부)이란 동판이 있다. 바다에는 한쪽에 널따란 용암이 바닥을 이루어 꽤 색다른 모습이다. 이것을 이곳에서는 덮개라고 한다.

승마 애호가들이 승마를 즐기고 있다. 말은 제주말보다 좀 크다. 승마하는 분에게 물으니 제주마와 호마의 교배종으로 한라말이라고 한다.

사람 발자국, 동물 발자국
해안가를 따라 조금 더 나아가니 출입 금지 팻말이 있다.
사람 발자국과 동물 발자국 등 화석 표본 보호를 위하여 출입을 금지한다고 한다.

대정읍 상모리와 안덕면 사계리를 잇는 해안 도로 중간 지점에 사람 발자국으로 유명한 화석이 있다.

제주 사람 발자국과 동물 발자국 화석산지 관리사무소

　서귀포시 대정읍이란 표지석이 있다. 그리고 길옆에 "제주 사람발자국과 동물발자국 화석산지 관리사무소"란 원통형 건물이 보인다.

　건물이 완성되어 운영이 되는 줄 알았는데 건물 앞마당에는 각종 발자국 화석들을 모아 놓고 있을 뿐 내부는 아직 운영이 되지 않고 있다. 마침 건물을 관리하는 원석호(51세) 씨에게서 설명을 들었다.

　건물은 완성되었으나 내부 소프트웨어가 아직 준비가 덜 된 상태라고 한다. 대략 내년(2024년) 초쯤 오픈을 위해 준비하고 있다고 한다. 무얼 전시하느냐고 물으니 지금 마당에 놓여 있는 화석보다는 더 선명하고 뚜렷한 화석이 전시될 것이라고 한다. 발자국이 발견된 것은 발자국이 있던 곳에 퇴적층이 쌓여서 이루어졌는데 후에 점차 겉에 있는 퇴적 모래층이 파도와 바람 등으로 벗겨지면서 발자국이 발견되었던 것이라고 한다. 지금은 시설 관리만 하고 있고 2024년도에 전문 해설사가 배치되고 좀 더 확실한 발자국도 선보이게 된다고 한다.

사람 발자국과 동물 발자국 등 화석

건물 앞 바다를 6구역으로 나누어 발자국이 분포되어 있는 곳을 집중적으로 관리한다고 한다.

"2003년 10월에 한국교원대 김정률 교수와 진주교육대학교 김경수 교수에 의해 처음 발견된 이 화석은 약 1만 9천 년에서 2만 5천 년 전 사이에 생성된 것이라고 한다. 100여 개의 사람 발자국 화석을 포함해 조류 발자국 화석, 우제류의 발자국 화석, 어류의 생흔 화석, 다양한 무척추동물의 생흔 화석, 식물 화석 등 모두 여덟 곳에서 총 100여 점 이상이 발견되었다. 국가지정문화재 천연기념물 제464호로 지정되었다.

아시아에서는 중국에 이어 두 번째로 발견된 사계리 해안의 사람 발자국 화석은 그간 우리가 구석기 시대 유적을 대개는 뗀석기와 동물 뼈로만 확인했던 것에 비해 구체적인 선조들의 발자국을 확인했다는 점에서 신기하고 중요하다." (유홍준 교수의 『문화유산답사기 제주편』 p320-321)

송악산

송악산에 다가서는데 송악산 바닷가에 인접한 아래쪽에 많은 구멍이 보인다. 일제 강점기 말 패전에 직면한 일본군이 해상으로 들어오는 연합군 함대를 향해 소형선박을 이용한 자살 폭파 공격을 하기 위해 구축한 군사시설이다.

송악산 바로 밑에는 간이 선착장이 있다. 가파도와 마라도로 떠나는 유람선 선착장이다.

송악산의 길은 시멘트와 아스팔트로 이어지는 길이다. 일본이 구축한 동굴은 해안은 물론 송악산에도 크고 작은 진지 동굴이 60여 개나 된다. 태평양 전쟁 말기 수세에 몰린 일본이 제주도를 저항 기지로 삼고자 했던 증거를 보여 주는 시설물 가운데 하나로서 주변에는 섯알오름 고사포 동굴 진지와 알뜨르비행장, 비행기 격납고, 지하 벙커, 이교동 군사 시설, 모슬봉 군사 시설 등이 있다.

바다에는 멀리 형제봉과 가까이에는 산방산이 우뚝이 솟아 있다. 송악산 기슭에 오르니 길은 판석으로 되어 있다. 새(띠)가 널리 퍼져 있고 말들이 노닐고 있다. 사람들은 해안 도로를 따라 일렬로 행진하듯 걷고 있다.

전망대에 오르니 왼쪽에는 형제섬, 오른쪽으로는 가파도와 마라도가 보인다.

형제섬은 이곳에서 남쪽으로 1.8km 떨어져 있는 무인도로 크고 작은 섬이 형제처럼 마주하고 있다. 길고 큰 섬을 본섬, 작은 섬을 옷섬이라 부르며 본섬에는 작은 모래사장이 있고, 옷섬에는 주상절리층이 일품이다. 보는 방향에 따라 3~8개의 섬으로도 보이며 일출과 일몰 시의 장관은 사진 촬영 장소로도 유명하다.

산방산은 영주 10경의 하나로 손꼽히며 산속에 방처럼 굴이 있다 하여 붙여진 이름이다. 해발 395m로 조현암이 돌출되어 형성된 종상화산체 화산이다. 산방산 암벽에는 지네발란, 풍란 등 희귀 식물들이 자생하고 있어 천연기념물로 지정되어 보호되고 있다.

마라도는 대한민국의 최남단(북위 33°6′33″, 동경 126°11′3″)이다. 한반도의 끝이자 시작인 마라도는 1883년 이후부터 사람이 살기 시작했다. 원래 섬은 산림이 울창했는데 화전민 한 명이 달밤에 퉁소를 불다가 뱀들이 몰려오자 불을 질러 숲을 다 태우고 지금은 잔디가 섬 전체를 덮고 있다. 1시간 30분 정도면 섬 천체를 둘러볼 수 있다.

가파도는 이곳에서 5.5km 남쪽에 떨어져 있는 섬으로 모슬포와 마라도의 중간쯤에 자리하고 있으며 19세기 중엽부터 사람들이 들어와 살기 시작했다. 1653년 가파도에 표류된 네덜란드 선박 선원인 핸드릭 하멜이 후에 고국으로 돌아가 저술한 책 『하멜표류기』에서 케파트(Quelpart)로 처음으로 서양에 소개되었다.

송악산을 내려서면 평지가 나타나는데 다크투어리즘 표시가 있다. 다크투어리즘이란 전쟁, 학살 등 비극적인 역사의 현장이나 엄청난 재난과 재해가 일어났던 곳을 돌아보며 교훈을 얻기 위하여 떠나는 여행을 일컫는 말이다.

이 근방에 있는 다크투어리즘은 제주 모슬포 알뜨르비행장 일제 지하벙커, 알뜨르비행장 활주로, 알뜨르 비행기 격납고, 제주 섯알오름 일제 동굴 진지, 제주 섯알오름 일제 고사포 진지, 제주 송악산 해안 일제 동굴 진지 등이 있다.

제주 섯알오름 일제 고사포 진지는 전략적으로 매우 중요하게 여겨진 알뜨르비행장을 보호하기 위하여 세워진 군사 시설이다. 1945년 무렵에 원형의 콘크리트 구조물로 구축된 고사포 진지로 5기의 고사포 진지 중 4기는 완공되고 나머지 1기는 미완공된 상태이다.

백조일손百祖一孫

섯알오름은 한국 전쟁 발발 후 전국적으로 보도 연맹원을 학살할 때 모슬포를 중심으로 한 제주도 서부지역의 예비 검속자 211명이 이곳에서 학살되었다.

백조일손百祖一孫 영령 희생터로 1차 1950년 7월 16일 해병모슬포 부대 5중대 2소대 분대원과 2차 8월 20일(음력 7월 7일) 해병 3대대 분대장급 이상 하사관들에 의해 민간인을 학살한 장소이다.

이곳은 제주 4.3이 진정될 국면으로 접어들 무렵인 1950년 6월 25일 한국 전쟁이 발발하자 내무부 치안국에서는 1945년 미군정에 의해 폐지된 예비검속법을 악용하여 각 경찰국에 불순분자들을 구속하고 처리하도록 지시하였고, 모슬포 경찰서 관내에서는 344명을 예비검속하고 그중 252명이 당시 계엄군에 의하여 집단 학살되고 암매장되었다. 211위는 유가족들이 수습하였고 41위는 끝내 행방불명된 비극적인 현장이다. 그 희생터에는 예비검속 섯알오름 희생자 추모비가 세워져 있다. 그 옆에는 명예회복 진혼비가 있고 그간의 명예회복 추진 경위가 적힌 표지석이 있다.

예비검속 섯알오름 희생자 추모비

  국가 상대 손해배상청구소송에서 원고는 섯알오름 희생자 유족이었고, 피고는 대한민국(법률상 대표자 법무부장관)이었다. 2015년 6월 24일 심리 불속행 기각 처리하여 대법원에서 국가는 희생자 1인당 8천만 원, 배우자 4천만 원, 부모 자식 8백만 원, 형제자매 4백만 원을 배상하도록 판시하여 원고는 승소하였다. 이에 유족들은 65년 만에 염원하던 명예 회복이 이루어져 그 깊은 뜻을 만세에 기리고자 이 비를 세웠다고 한다.

  양신학(88세) 향토사학자는 형님 두 분이 이곳에서 희생당하셨는데, 백조일손 희생자들은 4.3과 구분을 지어 처리되어야 한다고 주장하고 있다. 4.3은 1948년 4월 3일에 일어났던 사건이고 예비검속은 1950년 6.25 발발 후에 일어난 전국 규모의 사건이기에 통합하여 처리함은 옳지 않다는 것이다.

　그는 4.3특별법 제2조의 정의에서 "무력충돌과 진압과정에서 주민들이 학살된 사건을 말한다."라고 되어 있는 점을 중시하고 있다. 백조일손 후예들의 주장은 예비검속에서 희생된 자들은 무력 충돌과 진압 과정이 전혀 없이 무방비 상태에서 사살되었기 때문에 앞으로 4.3에서 분리하여 독립적으로 역사관을 세우고 별도로 기념하겠다는 취지이다. 역사관은 2023년 3월에 건물은 준공되었으나 내부 전시물 준비를 위해 12월경에 1차 개관을 준비하고 있다고 한다.

　사방으로 넓게 펼쳐진 밭은 알뜨르비행장의 부지와 접하여 있다. 현재는 민간인이 국방부로부터 임차하여 밭을 경작하고 있다. 알뜨르비행장의 저편에는 비행기 격납고가 있는데 그때의 비행기 모형이 그대로 있다.
　일본군이 제주도민을 강제 동원하여 만든 군용비행기 격납고이다. 일제는 이러한 격납고 20기를 만들었는데 현재 19기가 원형 그대로 남아있다.

알뜨르비행장 비행기 격납고

제주올레 10-1코스
가파도 올레

친구들과 함께 걷는 길

　오늘은 친구들과 함께 가파도를 가게 되었다.
　어제저녁에 도착한 택순, 용기와 함께 아침에 수영을 같이 하고 한라산을 조망하면서 식사했던 양혜란식당에서 백반으로 식사했다. 서울에서 성해 친구가 오전에 제주공항에 도착한다고 하여 조금 느긋하게 움직였다. 오전 8시경 서귀포 신시가지에서 버스를 타고 모슬포까지 갔다. 모슬포 대정면사무소 앞에 도착한 시간은 9시 30분이다. 운진항으로 걸어가는 도중 길가에 묘지가 있다. 친구들에게 제주의 묘지에 관해 설명을 했다. 비석이 옆으로 서 있는 것과 현무암으로 묘 주변을 쌓아 올린 것을 산담이라고 알려 준다. 묘가 북남형 타원형으로 조성된다는 것을 이야기했다. 친구들도 묘지를 보고 육지와 다르게 조성된 것에 고개를 끄덕인다.
　성해 친구가 공항에 9시 30분경 도착했으나 렌트한 차가 10시 30분쯤 출고되는 관계로 시간에 여유가 있다. 그렇다면 이곳 운진항에는 12시쯤 도착할 것으로 예상되어 그동안 각자 주변을 돌아본다.

모슬포항, 인도네시아 젊은이들이 어구를 손질하는 모습

모슬포항 넓은 시멘트 바닥에서 작업을 하고 있는 청년들이 있다.

"무슨 일을 하세요?"

"대나무에 황색 깃발을 달고 있어요."

어눌하게 대답하는데 그중에서 한국말을 하는 친구가 대답한다.

"갈치배인데 그물을 놓을 때 표시하는 데 사용합니다."

"어느 나라에서 왔어요?"

"인도네시아에서 왔어요. 총 9명이 한 배에서 근무하고 있고, 한 친구는 1년 되었고 40세이며, 한국말을 잘하는 친구는 2년 차로 자우아 출신입니다."

새벽에 출항하여 밤 10시경에 귀항한다고 한다. 그러나 배들은 어느 정도 작업 물량을 채워야 돌아오는 것이다. 배(배 이름 : 어진)를 타고 2시간 항해한 후 그곳에서 조업을 하며 겨울에는 깃대를 50개 정도 사용하고 여름에는 60개 정도 사용한다고 한다.

또 다른 배에는 베트남인들이 무리 지어 함께 일한다고 한다. 어선별로 같은 나라에서 온 친구들이 함께 일하고 있는 것이다.

모슬포항을 뒤로하고 약 1km 정도 더 가야만 가파도, 마라도로 도항하는 운진항이 있다. 가파도는 모슬포항에서 5.5km 떨어져 있는 섬, 아시아에서 가장 낮은 유인도(20.5m)로, 제주 남서쪽 모슬포와 최남단 섬 마라도라 사이에 있다. 모슬포 운진항에서 배를 타고 15분이면 도착한다. 바다를 헤엄치는 가오리 모양을 하고 있어 가파도라는 이름을 얻었다. 상동과 하동으로 나누어져 있으며, 해안선은 4.2km, 동서 길이는 약 1.5km, 남북 길이는 1.6km이다. 가구 수 80호, 주민은 약 120여 명으로 보리가 한창 자라는 3~5월이 방문하기 좋은 계절이다.

청보리
4월이 되면 청보리 축제로 술렁인다. 섬 대부분을 뒤덮고 있는 17만 평의 청보리 물결이 바다와 한라산을 배경으로 넘실대 장관을 이룬다. 5월의 황금 보리 물결도 볼만하다. 여름엔 해바라기, 가을에 코스모스가 청보리를 대신 물결친다. 보리는 월동 작물이라 가을에 파종해 겨울을 지나 얼었던 땅이 녹으면 보리밟기를 해 주어야 한다. 광복을 전후한 시기에는 우리나라 농업 인구가 80%를 상회하던 때였고 국토 대부분이 산지로 되어 있어서 평야 지대를 제외하면 농지는 거의 밭이었다. 4월이면 내륙에는 아직 푸른 잎을 보기가 어렵지만 보리는 해동과 함께 유난히 일찍 파란 싹이 발목을 덮을 정도로 자란다. 가파도는 그때쯤 되면 청보리축제를 할 만큼 푸른 보리잎이 무릎 높이로 자란다. 바람이 불면 보리의 푸른 물결이 장관을 이루고 그런 환상적인 가파도의 청보리를 보려고 전국 각지에서 인파가 몰려든다. 예전에는 보리가 누렇게 익어 수확할 때까지 보릿고개라는 생존의 시련을 겪어야 했다. 그때가 되면 집 안에 양식이 다 떨어져 먹을 것이 없어 먹을거리를 찾아 나물을 뜯으러 들로 산으로 나가지만 아직 풀도 자라지 않은 시기라 풀뿌리를 캐고 나무껍질을 벗겨 먹어야 하는 그야말로 초근목피의 세월을 견뎌야 했다. 생존을 위협받던 궁핍도 누렇게 익은 보리를 수확하면 한시름 덜게 되었다.

가파도는 돌담이 아주 멋지다. 담을 쌓은 돌들은 모두 몽돌이다. 제주 본섬의 돌들은 구멍이 숭숭 뚫린 검은색인 데 비해, 가파도의 돌들은 표면이 매끈하고 갈색과 회색이다. 땅에서 나온 돌을 다듬어 돌담을 쌓은 제주도와 달리, 가파도의 돌들은 바다에서 나왔다. 다듬지 않고 있는 그대로 쌓아 올려서 돌들이 날카롭다. 짧은 골목길에서도 돌의 자연스러운 모양과 표정을 많이 볼 수 있다. 이곳은 어디서나 일출과 일몰을 아침

BLUE RAY호 포토존에서 용기, 현, 택순, 성해

저녁으로 볼 수 있는 곳이기도 하다. 제주도에는 7개의 산이 있는데 가파도에서 영주산을 제외한 6개 산(한라산, 산방산, 송악산, 고근산, 군산, 단산)을 볼 수 있다.

친구 성해가 11시 30분경 도착하여 12시 가파도행 BLUE RAY호에 승선하였다.

갑판 위의 포토존에서 친구들과 함께 사진도 찍고 주변을 감상한다. 멀리 모슬봉이 보이고 하얀 등대며 여타 고깃배들이 보인다. 배는 신나게 물거품을 뒤로 남기며 달리고 있다. 산방산도 보인다. 가깝고도 먼 가파도이다. 배가 아니면 접근할 수 없어 멀고, 거리상으로는 5km 내외에 15분 거리이니 가까운 것이다.

해녀촌식당

성해 친구가 배 안에서 가파도를 구경하기 전에 먼저 점심을 하자고 한다. 그래서 제주올레 안내 책자를 펴서 보았다. 가파도에 음식점 네 곳이 소개되고 있다. 이 중에서 하나를 고르라고 했더니 성해는 해녀촌식당을 지목했다. 바로 전화를 걸어 예약하니 가파도 상동항에 승용차를 가지고 나오겠다고 한다. 도착하니 검정 승용차가 우리를 찾고 있다.

바로 연결이 되어 음식점에 도착하여 회 한 접시와 짬뽕을 주문했다. 회는 금방 나왔다. 그러나 짬뽕은 시간이 걸린다. 아주머니 혼자서 주방을 담당한다. 점심시간이라 그런지 올레꾼들이 많이 모여들었다. 약 30여 명은 된다. 오랜 시간을 기다려 짬뽕이 나왔다. 30여 명분의 짬뽕을 한꺼번에 만드느라 시간이 걸린 것이다. 손님들은 식사를 마치고 모두 떠났다. 우리만 남아 있는데 아주머니는 어떻게 알고 이곳을 찾았느냐고 묻는다. 우리는 제주올레 안내 책자를 보고 찾았다고 했다. 아주머니는 제주올레를 만든 서명숙 이사장이 시누이라고 한다. 그러면 고 서동철 님이 남편이었느냐고 물으니 그렇다고 한다. 그렇지 않아도 꼭 한번 찾아보고 싶었다고 했더니 반가워한다. 사진을 찍겠다고 하니까 예쁘게 포즈를 취해 주신다. 그렇다. 故 서동철 님은 제주올레를 처음 만들 때 서명숙 이사장과 더불어 탐사팀장으로서 많은 일을 해냈던 분이 아니던가. 살아 있었으면 초창기의 비화를 많이 들을 수 있었을 텐데 아쉬웠다. 그래도 내가 보고 싶은 분(故 서동철 씨 부인)을 만나서 볼 수 있었고, 운이 좋아 점심도 이곳 음식점에서 먹을 수 있었다니 감사한 마음이다.

가파도 개경 120주년 기념비가 있다. 그러니까 조선시대 1840년(헌종 6)부터 이광염李光廉 주관으로 본격적인 개간 경작이 이루어졌다고 한다.

가파도 이야기

마을 길 벽면에는 각종 이야기가 있다. 하멜 등대 이야기이다. 가파도를 케파트라는 이름으로 서양에 최초로 소개한『하멜표류기』의 주인공 하멜이 가파도 암초에 파선하였고, 당시 항구가 없었던 가파도에 선착하여 기념으로 그 자리에 등대를 세웠다고 한다.

"서로 도우며 사이좋게 공부하자"라는 교훈을 가진 가파초등학교에는 매년 한 명씩 졸업한다. 그 특별한 졸업생은 15개의 상장과 장학금을 받는다.

1970년대 해녀만 190명에 이를 만큼 큰 섬이었다. 지금은 전체 인구

가파도에서 제일 높은 곳(20.5m) 그 위에 2.5m 높이로 전망대와 몽골 게르가 있다.

가 120명(80호, 2022년)이다. 1년 내내 가파도를 찾는 관광객은 5천여 명이 고작이었다.

그나마 낚시꾼이 대부분이었다. 2009년 청보리 축제를 열기 시작한 후로 외지인이 늘기 시작하여 2013년에는 15만 명에 이르렀다. 이제 한 해 40만 명이 찾아온다. 밭에는 청보리가 한창 자라고 있다. 해변에 있는 야트막한 지붕들 위로 바다만 건너면 바로 와닿을 모슬봉과 산방산이 보인다.

가파도에서 제일 높은 곳(20.5m) 그 위에 2.5m 높이로 전망대를 설치하여 제주 본섬과 한라산, 마라도 그리고 푸른 바다를 조망할 수 있는 곳으로 한라산 설문할망에게 소망을 기원할 수 있는 장소이다. 그 앞에는 몽골 게르를 설치하여 소망리본을 적도록 하고 있다.

신유의숙 辛酉義塾

현 가파초등학교의 토대가 된 초등교육의 산실이 신유의숙이다.

김성숙金成淑은 일제 강점기에 3.1 운동으로 6개월간 옥고를 치른 뒤

경성고보에서 퇴학을 당한 후 귀향하여 민족혼을 일깨우고 교육을 통해 나라를 되찾고자 세운 학교가 신유의숙이다.

김성숙은 이곳에서 1리 1학교 1청년회 세우기, 한글을 통해 문맹 퇴치하기, 무궁화 정신 함양과 나라사랑, 겨레사랑 운동으로 우리나라 최초의 사립 심상소학교尋常小學校(일제강점기에 초등교육을 행하던 학교) 과정을 도입하는 특유의 교육관으로 항일 교육과 한글 보급으로 나라를 되찾기 위해 야학을 지속, 가파도를 문맹자 없는 섬으로 만들었다.

학교 모표가 무궁화로 도안하였다 하여 사상 유례없는 초등학교 폐교까지 당했으나, 끝까지 굴하지 않고 오늘의 가파초등학교로 101년을 이어 온 학교의 터가 바로 신유의숙이다.

섬마을의 산업, 교육, 문화와 소통의 중심이 되어 야간이면 문맹 퇴치를 위해 한글 공부를 시켜 가며, 더욱이 제주 본섬에서도 엄두를 못 낸 심상소학교 과정을 탄탄히 다져 주어 본섬 안에서도 많은 청강생들이 유학 행렬을 이어 나갔다고 한다.

주변 바다가 황금 어장이어서 신유의숙의 모든 학생들과 마을 사람들이 주경야독하며 자립 의지와 탐구 정신을 발휘하는 눈물겨운 노력으로 단 한 명의 문맹인도 없는 위대한 섬마을을 만들었다.

마을의 안녕과 풍어를 기원하며 제사를 지내는 제단집이 있다. 제주 본섬과 달리 몽돌로 둥그렇게 장식하여 노천으로 되어 있는데 깔끔하게 마련되어 있다. 야트막한 담장에 제단석은 널따란 돌로 되어 있고 그 옆에는 제물을 놓아두는 함이 있다. 해마다 음력 1월이 되면 마을 제사를 모시는 곳이다. 지금도 제관으로 뽑힌 마을 남자 7명은 3박 4일 동안 제

제단(짓단)

단집에 부정을 피한 뒤 돼지와 닭의 날것을 제물로 올린다.

　제주의 섬 중에서 샘물이 솟는 곳은 오직 가파도뿐이라고 한다. 가파도 북쪽에 위치한 상동에 처음 우물이 발견하여 사람들이 마을을 이루고 살았다. 후에 하동에서 더 큰 우물이 발견되자 지금은 하동에 더 많은 사람들이 거주하고 있다.

　가파초등학교에는 현재 2학년 4명, 6학년 1명이 재학하고 있고 교사는 2명이다.

　친구들과 함께 가파도의 2시간여에 걸친 탐방을 마쳤다. 친구 넷이서 함께 걷고 이야기하며 즐긴 가파도의 시간은 두고두고 기억에 남을 명장면 중의 하나가 될 것이다.

제주올레 11코스
모슬포 – 무릉 올레

군대 생활을 회상하며 걷는 길

'모슬'이라는 예쁜 이름은 모래를 뜻하는 제주 말 "모살"(모실이라고도 한다.)에서 유래한다고 한다. 모슬포摹瑟浦는 모살개('개'는 갯가를 뜻한다.)의 한자 표기이다. 바닷가에 모래가 많다는 뜻에서 붙여진 이름이다. 예로부터 웃(위)모살개, 알(아래)모살개로 불렀는데, 그것이 언제부터인가 상모리, 하모리로 바뀌었다.

아주머니 한 분이 밭에서 일을 하고 있다.
"무슨 일을 하세요?"
"양파를 이식하고 있어요."
그런데 내가 보기에 마늘 같았다. 15cm 정도 자랐기에 완전한 모습은 아니라도 분명 내가 보기에는 마늘이었다. 그러나 아주머니는 양파라고 하신다. 의문을 안고 길을 떠난다. 머릿속에서는 뭐가 다르단 말인가 하는 의문이 해소되지 않아 기회가 되면 또 물으리라고 다짐하면서 길을 재촉한다.

해넘이가 아름다운 동일1리 마을로 접어들었다. 지석묘 4호와 정난주 마리아 묘가 있다고 한다. 지석묘는 한반도와 달리 청동기 시대가 아닌 탐라국 시대에 만들어진 거석 문화유산으로, 축조 시기는 탐라국 시대 전기(AD 1~300)로 추정된다.

모슬봉

　모슬봉은 모슬개오름이라고도 불리는데, 현재 정상에는 공군 레이더가 설치되어 있다. 난 공군 출신으로 모슬포에 갈 때마다 모슬봉을 바라보면서 군대 시절, 같이 근무하던 병사들이 저곳에 근무한다는 상상을 하며 한번 찾아보고 싶은 마음이 있었으나 일상으로 돌아오면 금세 잊히곤 하였는데 올레 순례를 통하여 올라와 마주하게 되다니! 흥분이 되며, 젊을 때의 군 복무 시절이 그리워진다.

　모슬봉을 오르기 시작한다. 오르는 초입에 경주 김씨의 익화군파 18세손의 비석이 세워져 있다. 경주 김씨 하면 추사 김정희가 아니던가.

　비석 위에 갓을 올려 더욱 웅장하게 보인다. 제대로 모양을 갖춘 비석이다. 많은 묘들이 도열해 있다. 특징적인 것은 비문의 한문 내용을 한글로 기록하였다는 것이다. 신세대들이 세운 비석으로 참신하다는 생각이 든다. 이제까지 한문 위주의 비석과 비문이던 것을 한글화했다는 데 의의가 있다고 본다. 비문의 내용은 이렇다. "훈장 박공제준, 유인 남평 문씨, 유인 신씨 지묘"

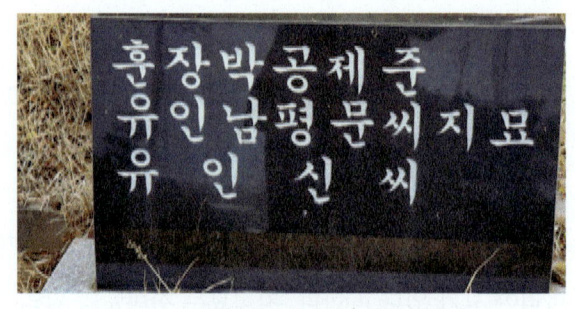

한문 내용을 한글로 표기한 신세대 비석

공군

'군사 지역 관계자 외 출입금지'라고 적혀 있는 곳에서 바로 오르던 길을 중도에 틀어 숲속으로 안내한다. 이제 하산하는 모양이다. 그토록 보고 싶던 군 생활의 터전을 비켜 가다니…!

가던 길을 되돌아 나와서 아스팔트로 되어 있는 자동차 길을 걸어 올라갔다.

자동차 길은 사병들의 부식을 실어 나르는 차량이 다니고, 병사들이 외출할 때면 트럭을 개조한 버스에 몸을 싣고 오르내리던 길이다. 어떻게 변했을까 기대를 하면서 정상에 올라왔으나 정문의 철문은 굳게 닫혀

모슬봉에 있는
공군 레이더 기지(사이트)

있다. 마음으로는 두드려 정문 보초로 하여금 내가 왔으니 나의 소망을 풀어 달라고 하고 싶었다. 그러나 이미 45년 전 군 생활을 해 봤기에 애써 감정을 자제하며 오랫동안 정문을 서성거렸다. 아래를 내려다보니 바다의 남서쪽으로 대정읍이 보이고 산방산도 보였다.

산불 감시소가 보이고 정상에는 중간 스탬프를 찍는 간세가 보인다. 우선 산불 감시소로 갔다. 초소 안에는 나이 드신 분이 앉아 계신다.

"혹시 산불감시원 김철신 씨를 아세요?"

"모르겠는데 왜 그러시죠?"

"네, 13년 전에 올레길을 개척할 때 산불 감시를 하던 김철신 씨가 많은 기여를 했던 분이라 혹시 계시면 인사를 하고 싶어서요."

"올레길을 걷고 있으세요?"

"네, 올레꾼입니다. 제가 방금 위 봉우리에 있는 공군 레이더 기지(모슬봉 정상, 사이트라고 통상적으로 부름)에 갔다가 왔는데 군 생활의 기억이 새롭게 다가오네요."

"이곳에서 근무하셨나요?"

"아니요. 이와 같은 구조의 사이트에서 군 생활을 했어요. 아! 이곳 모슬포에 강인영이란 분이 나의 1기수 선배인데, 혹시 아시나요?"

감시원은 "네, 잘 압니다. 저는 그보다 4살 많고 학교로는 5년이 선배입니다."라고 말했다.

그러면서 본인이 당사자인 것처럼 기뻐하며 핸드폰에 저장된 전화번호까지 찾는다. 나의 전화번호를 알려 주면 꼭 전해 주겠다고 한다. 그분의 안부를 물으니 페인트 사업을 하고 있고 교회 일도 열심히 하고 있다고 한다. 매번 모슬포에 와도 부담이 될까 봐 연락을 하지 않았는데 올레 길을 통하여 45년 만에 전우의 소식을 알 수 있다니, 더욱 뜻깊은 올레와의 인연이다. 감시원은 김영삼(74세) 선생님이고 보관하고 있던 감귤 몇 개를 안겨 주셨다. 그 후 산불 감시원의 일과 기간 등을 이야기하고 헤어졌다.

내려가는 길 내내 군 생활의 생생한 기억이 떠올라 나만의 즐거움에 젖어 그리움이 밀려왔다.

제주올레를 완주하고 상경하여 본가에 돌아와 10여 일이 지난 뒤, 모르는 전화번호로 전화가 걸려 왔다. 바로 강인영 선배였다. 늦게 전화번호를 받았다고 하면서 반갑게 대하신다. 제주에 오면 꼭 들르라고 당부하며 식사를 함께하자고 한다. 귀한 선물이다. 제주에서 만나 보지는 못했지만 전화로라도 다시 만날 수 있고 초기 군 생활의 어려움을 함께 나누던 분이 아니던가. 반가웠다.

모슬봉에서 내려오면 제법 너른 마늘밭이 이어지는 보성리가 나온다. 이곳은 토질이 좋아서 예로부터 농사가 잘되어 잘사는 마을이다. 전국 마늘 생산량의 10%, 제주도 내의 60%를 감당한다고 한다. 너른 들을 가진 보성리는 대정읍 마늘 생산의 중심이라고 한다. 들이 넓어서 들길을 따라 걷는 기분을 만끽할 수 있다.

넓게 펼쳐진 들판은 푸르름을 자랑하고, 한편에는 태양열 에너지 집열판이 세워져 있고, 그 아래에 천주교인 묘지가 따로 있다.

정난주 마리아 묘

천주교 대정성지 정난주 마리아 묘에 도착하였다. 정난주는 1773년 정약현의 딸로 태어났으며, 다산 정약용의 조카딸이자 백서 사건으로 순교한 황사영의 아내이다. 조선 정조 시대인 1801년에 신유박해가 일어나자 황사영은 천주교 박해의 실상을 기술한 백서를 썼다는 죄목으로 능지처참을 당했다. 그 당시 아내 정난주 마리아는 대정현의 노비로 유배되었고, 두 살배기 아들 황경한은 추자도에 가까이 왔을 때 아들을 살리기 위해 뱃사공에게 패물을 주고 예초리 서남단 물산리 언덕에 내려놓았다. 추자도에 사는 뱃사공 오 씨가 바닷가 언덕에서 갓난아기(황경한)를 발견하고 친자식처럼 잘 키워 주었다. 이러한 인연으로 추자도 오씨 집안에서는 오늘날까지 황씨와 혼인하지 않는다고 한다.

제주 유배 당시, 제주목에서 관비를 담당하던 관리 김 씨의 집안에서는 마리아의 성품을 높이 평가해 그녀를 "한양 할머니"라고 부르면서 양모처럼 잘 모셨다. 마리아는 유배지에서 타계할 때까지 30여 년 동안 천주교 신앙을 놓지 않았으며, 추자도에서 아들과 생이별한 아픔도 신앙의 힘으로 극복하였다. 정난주 마리아가 66세의 나이로 세상을 떠나자 김 씨 집안 사람들은 모슬봉 북쪽에 있는 한 귤밭에 묘지를 조성하고 대대로 벌초를 해 왔다. 정난주 마리아의 묘는 1977년 천주교 순교자 묘지로 단장이 되었다가 1994년에는 천주교 제주선교 백 주년 기념사업의 하나로 성역화되었다.

마음이 착잡하다. 정난주의 부친인 정약현(정약용의 맏형)은 천주교인이 아니다. 시집간 딸이지만 가족이 풍비박산되어 사위는 처형되고 딸은 관노가 되었다는 사실에 어떤 마음이었을까? 종교가 무엇이란 말인가?

인간이 위대하다고 하지만 자연 앞에선 그저 나약한 미물에 지나지 않는 것을….

조금 큰 비닐하우스가 있고 도로변에는 브로콜리를 추수하는 농부 가족이 있다. 부인과 아들 둘이 일을 돕고 있다. 밭에 들어가도 되느냐고 물으니 들어오라고 한다. 농부에게 콜라비와 비트를 잘 구분하지 못해서 그런데 알려 달라고 하니 브로콜리를 따던 손을 멈추고 옆에 있는 콜라비밭으로 가서 한 개를 뽑아서 칼로 잘라 속을 보여 주신다. 속은 하얗다. 농부는 보통 단무라고 말한다며 한쪽을 잘라 맛을 보라고 주신다. 먹어 보니 달다.

콜라비밭 옆에 비트밭이 있으나 아직 작아 캐지는 않고 눈으로 보라고 한다. 형태는 비슷한데 다르다고 한다. 비가 내리려는 상황임에도 나의 궁금증을 해소시키려 최선을 다해 주시는 농부님께 감사했다. 중학생으로 보이는 아들 둘이 아빠를 도와 열심히 작업하고 있다. 어렸을 때 나는 그토록 농사일 돕는 것을 싫어했다. 그런데 저 애들은 싫다는 기색 하나 없이 열심히 일을 돕고 있는 것이 대단하다는 생각이 들었다. 두 아들들이 잘되기를 기도해 본다.

신평리 본향당에는 커다란 팽나무 한 그루가 있고 제단석이 놓여 있다. 1901년 신축 항쟁 때 장두 이재수가 출정에 앞서 이 당에서 비념을 올렸다고 한다.

신평 무릉곶자왈

신평 무릉곶자왈

비는 본격적으로 내리고 있고 길은 신평 무릉곶자왈로 이어진다. 시간은 오후 1시지만 하늘이 어두워서 더욱 비장한 마음이 든다. 신평에서 무릉 사이의 곶자왈을 지나는 숲길은 제주올레에 의해 처음 일반인에게 공개된 곳이다.

곶자왈은 나무와 넝쿨 식물, 풀과 이끼 등 수많은 식물들이 모여 빽빽한 숲을 이루고 있다. 식물의 종류와 높이도 다양하다. 나무와 넝쿨 식물들이 얽히고설킨 데다 바닥은 야생초들로 촘촘하다. 길은 자갈길과 나뭇잎이 덮인 오솔길이다.

숲 안에 새왓이라고 하는 곳은 새(띠) 밭을 가리키는 제주 말이다. 새는 초가지붕을 이는 주재료이다. 육지에서의 볏짚 같은 모양이다. 옛날에는 2년에 한 번씩 지붕을 이었다. 11월에 채취하여 2월경에 지붕을 잇는다. 봄이면 학교 소풍 장소로 많이 찾던 곳이라고 한다. 정개밭은 옛날 정씨 성을 가진 사람이 들어와 곶자왈을 개간하여 농사를 지으며 생활했던 데에서 유래했다고 한다. 정씨의 유언으로 생활 터전인 이곳 곶자왈에 정씨의 묘가 안치되어 있다. 이 묘는 곶자왈에 있는 유일한 묘이다. 숲속에는 오찬이궤(굴), 성제숯터, 고래머들, 쇠물통 등이 있다. 이 숲길은 제주에서 가장 긴 곶자왈 지대라고 한다. 또한 2008년 제9회 아름다운 숲 전국대회에서 숲길 부문 우수상을 수상하였다고 한다.

내 발걸음으로는 1시간이 걸렸다. 길이는 약 5km 정도 되는 것 같다. 신평리에서 시작된 곶자왈은 무릉곶자왈로 빠져나오니 커다란 비닐하우스, 연못, 창고 등이 나오고도 30여 분을 더 걸어서 마을에 도달하였다.

드디어 무릉외갓집에 도착하였다. 비가 내리는 상황에서 지치고 힘들어 조금 쉬고 싶었는데, 하필 일요일이라 휴무였다.

무릉외갓집

추사관과 김정희의 제주체

　추사관은 대정읍 추사로 44에 있으며, 건물 바로 뒤에는 추사가 유배되었던 초가집이 있다. 추사관 건물은 창고처럼 보이는데, 이는 뒤편의 유배지를 고려하여 설계된 것이라고 한다. 친구들과 함께 가파도를 다녀와서 바로 찾은 곳이 추사관이었다. 마침 방문했을 때 해설사가 해설을 진행하고 있어 나도 참여하였다. 지하에서부터 시작된 설명은 1층에서 마쳤다. 나는 해설이 진행되는 동안 전시관 바깥에 있는 추사의 작품들로 만든 기념품 코너 옆 체험실에서 붓을 들고 글씨를 썼다. 『논어』「학이편」에 나오는 친구에 관한 내용이다. "위성해 유붕자원방래 불역락호(爲性海 有朋自遠方來 不亦樂乎 : 성해 친구에게, 친구가 멀리서 찾아 주니 즐겁지 아니한가?)" 해설이 끝나고 우리는 2층으로 올라가 추사의 흉상을 보고 흠모함을 가졌다. 관람을 마치고 나오면서 성해 친구에게 체험실에서 썼던 글을 선물로 전하니 좋아하면서 언제 썼느냐고 한다.

　추사는 처음에 대정읍성 안동네 송계순의 집에서 거주하였다가 같은 동네 강도순의 집으로 옮기고 또 유배가 끝날 무렵에는 식수食水의 불편 때문에 안덕계곡 쪽으로 다시 거처를 옮겼다고 전해진다. 지금 추사 유배지는 강도순의 집터에 송계순의 집을 복원한 것이라고 한다.

　김정희의 추사체는 바로 제주도 귀양살이 때 완성되었다는 것이 정설이라고 한다. 연암 박지원의 손자로 안핵사와 평양감사를 지낸 환재瓛齋 박규수朴珪壽는 글씨에 있어서도 대안목의 소유자였다. 박규수는 추사체의 변천 과정을 이렇게 말했다.

"추사의 글씨는 어려서부터 늙을 때까지 그 서체가 여러 차례 바뀌었다. 어렸을 적에는 오직(당시의 모더니즘 경향인) 동기찰체에 뜻을 두었고, 중세(24세)에 연경을 다녀온 후에는 청나라 옹방강체를 열심히 본받았다. 그래서 이 무렵 추사의 글씨는 너무 기름지고 획이 두껍고 골기骨氣가 적었다는 흠이 있었다. 그러나 소동파, 미불, 이북해, 구양순 등 역대 대가를 열심히 공부하여 글씨의 진수를 얻게 되었다. 그리고 만년에 제주도 귀양살이로 바다를 건너갔다 돌아온 다음부터는 남에게 구속받고 본뜨는 경향이 다시는 없게 되고, 여러 대가의 장점을 모아서 스스로 일가를 이루게 되니 신神이 오는 듯, 기氣가 오는 듯, 바다의 조수가 밀려오는 듯했다. 그래서 내가 후생 소년들에게 추사체를 힘부로 흉내 내지 말라고 한 것이다."

조선시대 행형 제도에서 유배형이 갖는 미덕은 결과적으로 학문과 예술에 전념할 수 있는 '강제적인 기회'를 제공했다는 점이다. 추사체는 제주도 귀양살이 9년이 낳은 작품이었다. 추사 김정희(金正喜, 1786~1856)는 경주 김씨로 정조 10년 예산에서 태어났다. 고조할아버지는 영의정을 지냈고, 증조할아버지 월성위는 영조대왕의 사위였으며, 아버지 김노경金魯敬은 이조판서를 지냈다. 어려서부터 영특하여 박제가의 가르침을 받았고 24세 때 동지부사로 가는 아버지를 따라 자제군관 자격으로 연경燕京에 갔다가 청나라 석학 옹방강翁方綱과 완원阮元을 만났다. 옹방강은 그에게 금석학을 훈도했고 완원은 그를 제자로 삼아 완당阮堂이라는 호를 내려 주었다. 35세 때 과거에 합격하여 규장각 대교待敎, 성균관 대사성大司成을 지냈다. 또한, 초의선사艸衣禪師와 벗하며 불교와 차에 깊은 조예가 있었다. 그는 섭지선, 유희해 같은 중국학자와 서신으로 교류하여 그 명성이 중국에도 널리 퍼졌다.

헌종 6년(1840), 55세가 되던 해에 추사는 병조참판으로, 그해 겨울에는 동지부사가 되어 30년 만에 다시 연경에 가게 되었다. 그러나 이때 정변이 일어나게 되었다. 안동 김씨 세력가들이 10년 전에 마무리되었던 사건을 들먹이며 추사에게 정치적 공세를 가했다. 추사는 모진 형벌과 고문을 당하여 죽음에 이를 위기에 처했으나 그의 벗인 우의정 조인영趙寅永이 왕에게 상소문을 올려 목숨을 구하게 되었다. 헌종 6년 9월 2일 "추사 김정희를 원악도遠惡島에 위리안치圍籬安置시키라."라는 형벌이 내려졌다.

전설에 의하면 추사는 귀양길에 전주에서 서예가 창암蒼巖 이삼만李三晩을 만나 욕보인 사건이 있었다고 한다. 바로 추사가 이삼만의 글씨를 보고 "노인장께선 지방에서 글씨로 밥은 먹겠습니다."라고 하며 모욕을 준 것이다. 그의 친구 초의선사가 주지로 있는 해남 대흥사 현판 사건은 더욱 유명하다. 대흥사 대웅보전이란 현판을 쓴 원교 이광사의 글씨를 본 추사는 글씨가 촌스럽다며 "글씨를 안다는 사람이 어떻게 저런 것을 걸고 있는가." 하고 초의를 다그쳐 그 현판을 내리게 하고 자신이 새로이 쓴 것을 붙이게 했다. 대단한 자신감과 오만함이 엿보이는 대목이다. 이처럼 오만했던 추사였지만 결국 제주에서의 유배 생활은 고독과 고통 속에 자신을 되돌아보게 되었던 시간이었다. 시간이 지나 유배를 마치고 서울로 가는 길이었던 추사는 대흥사에 들러 초의선사에게 이광사의 현판을 다시 달게 하고 본인의 글씨를 떼어 내게 하면서 그때 내가 잘못 보

앉다는 소회를 피력했다고 한다

다행히 지금은 대흥사에 가면 원교 이광사의 대웅보전 글씨와 추사의 무량수각 글씨를 한자리에서 비교하며 확인해 볼 수 있다고 한다.

추사가 예술계의 거장으로 성장할 수 있었던 건 단순히 그의 집안 배경 때문만은 아니다. 추사의 엄청난 노력이 보다 근본적인 요인이었다. 친구 권돈인에게 보낸 편지에서 김정희는 "평생 벼루 10개를 구멍 냈고, 붓 1,000자루를 몽당붓으로 만들었다."라고 했을 정도이다. 이런 걸 보면 천재는 단순히 타고난 재능만으로 만들어지는 것이 아닌 것이 확실하다.

추사 김정희 흉상(2층 빈 공간에 흉상만이 있다.)

제주올레 12코스
무릉 – 용수 올레

잊지 못할 아름다운 추억을
만들며 걷는 길

    11코스를 끝내고 일찍 귀가하려던 계획은 하모체육공원의 제주올레 안내소 직원의 조언 한마디로 무산되었다. 직원은 무릉외갓집에는 서귀포로 가는 버스가 없으니 체력이 허락하면 6km쯤 더 걸어 산경도예에서 중간 스탬프를 찍고 그곳에서 202번을 타라고 조언했다. 그 방법이 좋다고 생각되어 비가 내렸지만 산경도예만을 생각하며 길을 걸었다. 시간은 오후 3시, 비는 계속 내리고 있지만 2시간이면 족히 중간 스탬프를 찍는 산경도예(6.5km)까지는 도착할 수 있을 것 같았다. 점심 식사 시간이 지나 배는 고픈데 점심을 먹을 식당이 없었다. 마침 길 옆에 무릉2리 좌기경로당이 있었다. 이곳에서 양해를 구하고 준비한 간식을 먹기로 하고 들어갔다.

    할머니 한 분이 나오신다.

    "웬일이세요. 비가 오는데…."

    "네, 잠시 비를 피하여 간식을 먹고 가도 되나요?"

    할머니는 밥상을 내놓으면서 "여기 앉아서 드세요." 했다.

    발도 젖고 온통 비에 젖어 들어설 수 없어 문 앞 계단에 앉아 간식을 먹었다. 할머니에게 "커피를 한 잔 먹을 수 있나요?" 하고 청하였다. 다른 할머니들과 화투를 치면서 "네, 생수통 위에 커피가 있으니 드세요."라고 하신다. 배를 채우고 나니 한기도 사라지고 힘이 난다.

다시 걷기를 시작한다. 주변은 온통 밭이다. 밭 가운데 커다란 시멘트 구조물이 전망대처럼 서 있다. 짐작건대 물탱크 같았다. 농업용수를 모아 두는 탱크로 필요시 농가에서 쓸 수 있게 해 놓은 것이다. 밭가에는 호스가 보통보다 굵은 것으로 연결되어 있고, 밭에는 스프링클러가 설치되어 있다. 이것은 시에서 관정을 뚫어 물을 퍼 올려 저장했다가 농부들이 필요시 쓸 수 있도록 만든 구조물인데 관정 또는 저수조라고도 한다. 1970년대부터 시작한 것으로 제주도에 900여 개가 있고, 용량은 보통 100톤인데 큰 것은 150톤이며, 그중 80%가 농업용이고 20%는 음용수용이라고 한다. 요금은 용수의 사용량에 따라서 상하수도과에서 고지서를 발부하여 납부하게 하고 있다.

평지교회

밭길을 걷다가 동네로 접어드니 바로 보이는 것이 평지교회이다. 내가 교회에 다니고 있고 같은 교단이기에 스스럼없이 들어가니 여자 한 분이 성경을 보고 계시다가 들어오라고 한다. 반갑게 맞아 주어 도리어 황송하였다.

"교인이세요?" 하고 묻기에 "네." 하고 답했다.

여자분(사모님)은 교인이 아닌 분은 잘 들어오지 않는다고 한다. 그러면서 귤을 항상 밖에 내놓고 "가져가십시오."라는 안내문을 써 놓는데도 어떤 분은 송구스러워하면서 살금살금 와서 조심스럽게 가져간다고 한다.

"사모님이세요?"

"네."

"목사님이 이곳에서 얼마 동안 시무하셨나요?"

"10년쯤 돼요."

"자녀는 어떻게 되세요?"

"1남 1녀예요. 모두 서울에서 대학을 다니고 있어요."

"농촌에서 목회하시기가 어렵지 않으셨나요?"

"네, 처음 이곳에 와서 아쉬웠던 것은 아이들이 적응을 못 해 학교 문제로 어려움을 겪었어요. 가정에서 가정 학습과 대안 학교를 통하여 학교 교육을 마쳤습니다. 당시에는 많이 힘들었는데, 그때를 지나니 하나님의 계획하심에 따라 잘 자란 아이들은 지금 스스로 자기 일을 잘 처리하고 있어 하나님의 축복이라고 생각하고 있습니다."

"목사님의 앞으로의 계획은 어떤가요?"

"목사님은 모든 것을 하나님께 맡기고 목회 활동을 하고 있어요."

내가 어릴 때 살던 시골 동네에 교회가 있었는데 목사님이 자녀 교육 문제로 도회지 교회로 나가시는 바람에 전도사님이 시무하는 것을 본 터라 지금 목사님의 심정을 충분히 이해할 수 있었다. 사모님이 목사님을 잘 내조하며 기도로 현실을 타개하려는 모습이 절절히 느껴진다. 본당에 다녀오시더니 떡 2개와 천혜향 귤 3개를 건네주신다. 오늘 교인이 떡을 해 왔는데 남은 것이라고 한다. 천혜향은 껍질이 잘 벗겨지지 않는다고 한다. 이런저런 이야기를 하다 보니 시간이 많이 흘렀다. 오후 4시 50분이다. 사모가 걱정을 한다. 비도 오고 갈 길이 먼데 늦은 시간이라고, 빨리 떠나라고 한다. 감사한 마음으로 평지교회를 위해 기도하겠다고 약속하고 교회를 나선다.

들판은 추수가 끝난 밭과 아직 거두지 않은 무밭이 펼쳐졌다. 비가 계속 내리니 길은 빗물로 잠겨 냇물처럼 되었다. 어떻게 가야 할지 막막하였다. 결국 발은 흙탕물에 빠져 장화 속에 물을 넣은 채로 걷는 느낌이다. 푸른 밭과 비닐하우스가 번갈아 나타나기를 반복하며 이어진다. 멀리서 오름이 보이는 것 외에는 끝없는 지평선이다. 제주에도 평야가 이렇게 넓게 펼쳐져 있다는 것이 의아스러웠다. 그렇다! 면적이 6억 평으로 서울 면적(2억 평)의 3배에 달하니 이런 곳이 있겠구나! 하는 생각이 들었다. 도연 연못이 보인다. 철새들이 날아와 추운 겨울을 보내는 곳이다.

이제 마지막 관문인 녹남봉 오름(100.4m)이다. 마을에서는 이 분화구를 '가매창'이라고 부른다. 가마솥 모양으로 생긴 바닥(창)이란 의미이다. 옛날에는 녹나무가 많았다 하여 녹남봉(녹나무 오름)이라 부르기도 하였다고 한다. 길은 나무 계단과 야자매트가 깔려 있어 걷기에는 무리가 없었다. 진지동굴이 있고 내려오는 길에는 밭과 이대 등이 주변을 메꾸고 있다.

폭우로 도로가 침수되어 냇물이 된 도로

불감 목각 공예조각가 허용 님

마을 길로 접어드니 집담이 옹기종기 놓여 있는 곳을 지나 학교 건물이 보인다. 바로 산경도예가 있고 중간 스탬프를 찍는 곳이다. 스탬프를 찍고 난 후, 계속 비가 내리고 있어 잠깐 쉬어 가려고 불빛이 있는 교실로 찾아갔다. 온통 교실과 복도에는 도자기가 쌓여 있다. 한 교실로 들어가니 커다란 무쇠 난로가 있고 주변은 도자기를 만드는 물레가 있다. 책상은 어지럽게 널려 있고 아주머니와 아저씨 한 분이 계신다. 내가 들어서니 이야기를 중단하신다. 올레꾼으로 잠시 비를 피해 들렸다고 말씀드렸다.

여자분이 "어디로 가세요?" 하고 물었다.

"네, 서귀포 신시가지로 갑니다."

"그럼 우리가 신시가지로 가는데 같이 가시죠."

동행하자고 하니 빈갑지 않을 수 없었다. 이찌 되었든 치로 비레디준다는 것이 아닌가. 이렇게 기쁠 수가 없다. 온통 비를 맞았기에 빨리 숙소로 돌아가 젖은 옷가지며 양말 등을 정리하고 쉬고 싶었는데 가는 곳이 같은 방향이라 바래다주겠다는 제안은 보통 행운이 아닐 수 없다. 조금 후에 남자 세 분이 나타나 나에게 어디서 왔느냐, 며칠이 되었느냐는 등 이런저런 질문을 하신다.

저녁 6시경이지만 비가 오기 때문에 밖은 깊은 밤처럼 스산하고 어둠이 짙게 깔려 있었다. 남자분 한 분이 식사를 하러 가자고 하면서 나에게도 같이 가자고 한다. 나로서는 선택의 여지가 없다. 어찌 되었든 이분들 중에 한 분이 나를 나의 숙소까지 바래다주기를 기대하기 때문이다. 그래도 마음이 편안한 것은 귀갓길이 확보되었다는 안도감이다. 식사를 하러 마을 어촌계 식당으로 갔다. 일반 정식인데 돈육과 회가 같이 나오는 퓨전식 한정식이다. 식사를 하면서 반주를 몇 잔씩 하시고 개인적인 이야기를 하신다. 산경도예의 주인은 허용(61세) 씨이다.

산경도예 주인장 허용 씨 : 불감 목각공예 조각가

　허용 씨는 최경덕 부부가 서귀포 신시가지에서 라이브 음악 카페를 할 때 알았다고 한다. 부부 중 남편은 기타리스트로 라이브 음악 카페에서 기타를 치며 카페 경영까지 했는데 임대인과의 갈등으로 그만두고 6년 전 농업으로 전향하여 현재는 2천 3백여 평의 밭을 가꾸고 있다고 한다. 1,500평은 블루베리를 심어 4월 중순경부터 추수가 시작되고, 800평은 노지 감귤밭으로 모두 추수가 끝난 상태라고 한다.
　최경덕 씨는 농사를 시작할 때의 어려움을 토로하셨다. 농토가 없으면 농민으로 인정을 하지 않는다. 그러나 농토를 구입하는 것은 그렇게 쉽지 않다. 농지 구입 시 농협에서 융자를 해 주는데, 공시 가격의 30% 정도만 해 주기 때문에 자기 자금이 없이는 농토를 구입하는 것이 쉽지 않다고 한다. 다행히 최경덕 씨는 초기의 어려움을 딛고 이제 어느 정도 안정된 상황에서 농업에 집중하고 있다고 한다. 부인은 도예 마니아로 자주 산경도예에서 실습을 하신다고 한다. 남자분 세 분은 남편의 친구들로, 제주에 일을 하러 오신 분들이다.

허용 씨는 불감佛龕 목각 공예 조각가이시다. 불감佛龕은 작은 규모의 불당이다. 감龕이라고도 한다. 단목과 같은 나무 또는 금속으로 감형龕形을 만들고 불, 보살을 새겨 휴대하기 좋게 만든 불상이다. 허용 씨는 나무를 재료로 하여 불감을 만들고 있는데, 대개 주문에 의해 만들고 있으며 한 개를 만드는 데 10개월에서 1년이 걸린다고 한다.

산경도예는 2006년부터 폐교를 빌려 전통문화, 인성 교육 위탁 교육 기관으로 제주특별자치도 교육청으로부터 허가를 받아 운영하고 있다. 지금까지 1,500여 명의 학습자를 배출했다고 한다. 3,500여 평의 대지에 건물과 부속 건물을 년 1천 8백만 원에 임차하여 운영하고 있다. 초창기에는 다도와 도예를 가르치며 실습을 겸하는 프로그램으로 잘 운영되었는데 최근에는 코로나로 인하여 어려움을 겪고 있다고 한다. 따라서 조금 다른 각도에서 혼합된 토탈 모델로 식당과 종합적인 레저 활동을 가미하여 운영하고자 교육청에 신청을 냈으나 차일피일 미루고 허가를 해 주지 않는다고 푸념을 하신다.

저녁을 먹으며 나의 올레길 걷기에 대한 이야기를 듣더니 허용 선생님은 갑자기 자고 가라고 하신다. 비도 내리고 오늘 갔다가 내일 다시 이곳으로 와서 걷느니, 차라리 이곳에서 자고 내일 차분히 출발하라고 하신다. 그의 갑작스러운 제안에 나는 준비를 안 하고 왔다고 말했다. 허 선생님은 남자가 무슨 준비냐고 하신다. 나는 빨리 숙소에 가서 젖은 옷과 마음을 정리하고 편히 쉬는 것이 최선이라고 생각하고 있는데 갑작스러운 제안에 어리둥절했다. 하지만 그의 거듭된 제안으로 나의 마음은 움직였다. 숙소까지 가는 데 1시간 이상 걸릴 것이고 내일 다시 이곳으로 와야 하는 숙명을 안고 있기에 이곳에서 자고 여유 있게 내일 일정을 시작하면 무리가 없을 것 같았다.

밖은 칠흑같이 어둠이 깔리고 비는 추적추적 내리고 있다. 나의 마음도 젖어 들어 바로 자고 가겠다고 대답했다. 허 선생님은 내가 비를 맞고 몸이 어설프다는 것을 알고 40도의 뜨끈한 침대로 준비해 놓겠다고 하면서 편안히 자고 내일 떠나라고 한다. 잠자리가 생경하고 약간의 불안감도 없지 않지만, 허 선생님의 따뜻한 배려에 감사할 따름이었다.

식사를 마치고 부부와 친구분들은 모두 떠나고 나와 허 선생님 둘만 남았다. 전통차를 끓여 마시면서 이런저런 이야기를 했다.

제주올레의 길을 만드는 과정에서 서명숙 이사장과 그의 동생 서동철 씨가 수고를 많이 했다고 했더니 서동철 씨는 2년 전에 암으로 타계했다고 한다. 돌아가신 서동철 씨를 잘 알고 있으며, 본인이 서귀포 출신이기 때문에 서귀포의 또래들은 거의 알고 있다고 한다. 본인은 부산에서 학창 시절을 보냈다고 한다. 서동철 씨가 가파도에서 해녀와 결혼하여 살고 있을 때 한 번 만났다고 한다. 나는 가파도에 가면 서동철 씨를 만나 보고 싶었는데 아쉽게 되었다고 하면서, 서동철 씨가 해녀 부인과 함께 식당을 운영한다고 하였는데 지금도 운영하느냐고 물어보니 한다고 하면서 위치를 알려 주는데 감이 오지 않는다. 하지만 기회가 되면 꼭 그 식당을 가 보겠다고 했다. 이후 10-1코스 가파도 올레에 갔을 때 우연찮게 점심도 그곳에서 먹고 해녀 부인과도 인사를 나누었다.

허용 씨에게 어떻게 불감 전문 조각가가 되었느냐고 물으니 우연히 그렇게 되었다고 한다. 이 산경도예는 2006년도에 시작했지만 다른 곳에서 2001년부터 이런 다도와 도예를 가르치는 일을 해 왔다고 한다. 가족은 모두 서귀포에 살고 있고 본인만 이곳에서 식생활을 혼자 해결하고 계셨다.

컴퓨터가 있으면 사용하고 싶다고 말씀드렸더니, 현관 입구 구석으로 가신다. 그곳에는 먼지로 덮여 있는 컴퓨터 몇 대가 있다. 그중에 구동이 되는 한 대를 가리키며 쓰라고 한다. 이곳에서 컴퓨터를 이용하기에는 춥기도 하고 내가 쓰고자 하는 것은 워드만 필요하며 인터넷 선 없이 쓸 수 있으니 기왕이면 난로가 있는 사무실로 컴퓨터를 옮겨서 쓰겠다고 했더니 허락하신다. 컴퓨터는 그동안 사용하지 않아 먼지가 많이 쌓여 있다. 말끔히 닦아 놓고 전원을 켜서 살펴보니 워드는 칠 수 있을 정도로 괜찮았다.

허 선생님은 이후 나의 잠자리를 안내해 주셨다. 별채가 있고 방이 여러 개 있는데, 그중 한 방을 안내해 주셨다. 방에는 침구가 놓여 있다. 요 밑은 돌침대로 되어 있고 전기가 통하여 따뜻한 온기가 스며들고 있었다.

나는 방을 배정받고 선생님은 어디에 주무시느냐고 물으니 따로 있다고 한다. 나중에 보니 사무실 옆에 숙소가 있었다. 선생님은 먼저 들어가시고 나는 옷가지며 양말들을 빨아서 난로 옆 의자에 걸어 놓고 말렸다.

컴퓨터를 켜서 하루 일들을 정리하였다. 하루 종일 비를 맞고 견디며 여기까지 왔던 일들을 회상하며 기록했다. 인생이 이런 것인가. 우연치 않게 만났던 인연으로 이곳에서 하루를 유숙하게 되는 인연도 보통 인연이 아니라고 생각되었고 한편으로 또 다른 경험을 하게 되었다는 생각이 들었다. 이 넓은 3,500평의 대지 위에 단 두 사람이 자고 있다. 비는 계속 내리고 온통 어둠 속에서 썰렁하고 조용하다. 누워서 하루 일을 생각하니 별난 하루의 인생이란 생각이 들었다.

　허 선생님의 가식 없는 삶과 베풂의 인정이 편안한 모습으로 나타나고 있다. 인생이란 혼자만의 삶이 아니다. 사랑이란 자기의 시간을 내어주는 것이라고 한다. 허 선생님은 자기의 시간과 물질을 내어주셨다. 후에 알고 보니 나에게만 친절을 베푼 것이 아니었다. 취재를 나온 기자에게도, 올레꾼들이 길을 걷다가 늦은 시간에 찾아와도 그간 여러 차례 친절을 베풀었다고 한다. 참으로 예술을 하시는 분들은 마음이 부드럽고 욕심도 없으며 순박하다는 느낌이다. 길을 잃은 사람에게 손길을 주기란 그리 쉬운 일은 아니다. 그것도 난처한 처지에 놓인 자가 청하기 전에 먼저 편안한 환경을 제안하여 어려움에 있는 자가 애처로이 부탁하는 것을 사전에 차단하는 너그러움을 허 선생님에게서 보게 되었다. 허 선생님 말씀대로 40도의 열기는 그의 친절만큼이나 뜨거웠다. 자다가 너무 뜨거워 온도를 낮추어야 할 정도였다.

　가뿐한 잠자리를 마친 것은 전적으로 뜨거운 돌침대의 덕분이리라. 하지만 그보다 더 강한 뜨거움은 허 선생님의 아낌없는 베풂이 아니었을까.

　아침은 좀 늦은 시간에 이루어졌다. 9시가 되어서 아침이 준비되었다. 어젯밤에 선생님은 아침을 누룽지로 해 주겠다고 하셨다. 어떤 누룽지일까 내심 기대를 했다. 요즘 나의 아침은 보통 빵과 우유로 해결했다. 아침에 버스를 타고 멀리 1시간 이상 이동해야 했기에 식사를 하고 출발하기에는 너무 늦다고 판단되어 그렇게 하고 있었다. 선생님은 가스 불에 무언가를 열심히 준비하신다. 나는 나대로 주변을 정리하고 나의 옷가지며 신발 등을 정리한다.

 20여 분 만에 식사가 준비되었다고 한다. 누룽지와 달걀프라이, 김치, 나물 등의 반찬이 나왔다. 모처럼 먹어 보는 누룽지의 맛은 텁텁한 입안을 개운하게 만들고 고픈 배를 채우기에 안성맞춤이었다. 손님이라고 달걀프라이까지 챙겨 주셨다. 김치와 나물은 가족이 가져다주신 거냐고 물으니 동네에서 가져다주었다고 한다. 동네 주민들과도 친밀한 관계를 유지하고 계신 것 같다.

 제주에는 학교를 임대하는 곳은 많으나 학교를 매각하는 경우는 없다고 한다. 이유는 처음 학교를 건축할 때 마을에서 주민들이 땅을 기부하거나 희사하여 지었기 때문에 교육청 마음대로 팔 수 없게 되었다고 한다. 이곳도 학교 땅 일부를 주민에게 돌려주었다고 한다. 일전에 조수리에서도 같은 이야기를 들은 기억이 있다. 조수리도 학교가 폐교되어 빈 학교를 마을에서 사용하고 있다고 한다. 학교 부지가 마을 주민들의 땅에 지어졌기 때문이라고 한다. 제주의 공동체 의식은 남다르다고 할 수 있다. 재일 교포의 고향 사랑도 그렇고 마을 주민들도 좋은 일에는 너나없이 발 벗고 나서서 일하기 때문이다. 어느 곳에서는 학교가 화재로 인하여 소실되어 다시 건축하게 되었는데 그 동네 해녀들이 일정한 바다를 정하여 그곳에서 물질하여 얻은 소득은 모두 학교 건축에 쓰기로 하고 기부했다는 아름다운 이야기를 들었다. 이처럼 누구라고 할 것 없이 참여하여 더 나은 사회를 만드는 데 기여하는 것이 제주의 본심이다.

 식사를 마치고 산경도예를 떠난다. 특별히 계획하지 않은 잠자리였지만 편안한 쉼을 가질 수 있어 감사한 마음이었다. 신세를 졌으나 감사를 표현할 방법이 없었다. 마음만을 곱게 간직하고 떠나게 되었다. 날씨는 맑고 상쾌하다. 어제 내린 비로 인하여 그동안 쌓였던 먼지나 불순물들이 씻겨 내려가 밭은 더욱 푸르고 마을의 집들의 지붕도 더 산뜻해졌다. 도로는 아직 물길을 머금고 있어 멀리 보면 물이 흐르는 듯한 느낌이 든다.

제주올레를 완주하고 떠나기 전에 허용 선생님에게 전화를 드렸다. 덕분에 무사히 완주하였으며 건강한 몸으로 상경하게 되어 감사하다고 말씀드렸다.

마을로 들어서니 도원마을(신도1리)이다. 신도1리의 옛 이름은 도원마을로 일강정(강정) 이도원(도원) 삼번내(화순)라고 꼽힐 정도로 예부터 제주에서 두 번째로 비옥한 마을로 꼽혀 왔다. 마을 길을 거의 25분 동안 이리저리 휘저으며 걸었다.

신도2리
바닷가에는 커다란 방사탑 옆에 하멜 일행 난파 희생자 위령비難破犧牲者慰靈碑가 세워져 있다. 이 비碑의 내용은 이렇다.

> 1653년 8월16일 하멜 등 그 일행 64명은 네덜란드 동인도 회사의 무역선 스페르베르호에 승선하여 일본 나가사키로 항해하던 중 큰 태풍을 만나 표류하다가 이곳 신도2리 해안에 이르러 암초에 좌초 난파되어 28명이 희생되었다. 이에 늦게나마 대천大泉을 떠도는 28명의 영혼들을 위로하고자 그 뜻을 같이하는 모든 분들의 마음과 정성을 합하여 이 위령비를 건립하였다.

2017년 8월16일 건립자
신도2리마을회, 향민회, 네델란드를 사랑하는 사람들 모임,
해양탐험분화연구소 부설 하멜기념사업회.

결론은 신도2리가 하멜 일행이 표착했던 곳이라는 것인데 바로 이 주장의 근거는 『지영록』의 기록이다. 1999년에 김익수(국사편찬위원회 조사위원) 님이 이익태李益泰의 『지영록知瀛錄』을 발견하면서 표착지 논란이 촉발됐다.

1694년부터 1696년까지 제주목사를 지낸 이익태는 제주에 부임하기까지 과정과 제주에 머무는 동안의 일상을 이 책에 상세히 썼다. 여기에 각 나라 사람의 표류 기록도 담았는데 「서양국 표인기西洋國漂人記」에는 1653년 음력 7월 24일에 "서양인 헨드릭 얌센 등 64명이 함께 탄 배가 대정현 차귀진 아래 대야수大也水 해변에서 부서졌다."라고 쓰여 있다. 1653년 음력 7월 24일은 양력으로 8월 16일로 『하멜보고서』에 기록된 8월 15일과 16

하멜 일행 난파 희생자 위령비

일 새벽 사이에 제주 표착 기록과 일치한다. 지영록에 기록된 '대야수'가 어디인지 확실치 않다. 그러나 고산리와 신도리 마을 사람들이 부르는 '대물' 혹은 '큰물'로 본다면 현재의 수월봉 부근과 차귀도에 해당한다는 설을 근거로 하고 있다.

수월봉

수월봉 영산비란 커다란 비석이 서 있다. 이 비碑는 수월봉 일대가 신령스러운 곳이니 밭을 개간하는 등의 경작 행위를 금지하기 위해 세운 것으로 영조 33년(1757) 5월에 남지훈南至薰 목사가 세운 것이다. 이 비碑의 최초비는 고산1리사무소로 옮겨 보관하고 있고, 현재의 비는 2000년 11월 주민들에 의해 복원비가 세워졌다.

수월봉(77m)은 18,000년 전 뜨거운 마그마가 물을 만나 폭발적으로 분출하면서 만든 고리 모양 화산체의 일부이다. 제주 서부 지역의 조망봉으로 정상에서 바라보면 차귀도, 누운섬, 당산봉을 비롯하여 광활한 고산 평야와 산방산, 한라산이 두루 보이고 날씨가 맑은 날은 가파도, 마라도까지 보인다. 또한, 깎아지르는 수월봉 해안 절벽은 동쪽으로 약

영산비

수월봉 엉알길

2km까지 이어진다. 이 절벽을 '엉알'이라고 부른다. 이 엉알길은 응회환으로 이루어져 있으며, 다양한 지층을 볼 수 있는 지질 학습장의 역할을 담당하고 있다.

수월봉 엉알길을 걷게 되는데 바다에는 파도가 포말을 이루며 앞서거니 뒤서거니 하며 출렁이고 있고 엉알길에는 수천 년 된 퇴적층을 한눈에 볼 수 있어 새로운 볼거리를 제공하고 있다. 또한 갱도 진지를 볼 수 있었는데 태평양 전쟁 당시 미군이 제주도 서쪽 끝 고산 지역으로 진입할 경우 갱도에서 바다로 직접 발진하여 전함을 공격하는 일본군 자살 특공용 보트와 탄약이 보관되어 있던 곳이다.

엉알길을 걸으면서 성 이시돌 피정센터의 피정팀을 만났다. 약 20여 명으로 구성된 피정팀은 자유스럽게 담소하면서 걷는다. 명찰을 보니 성 이시돌 피정센터라고 적혀 있어 팀원으로 참가한 오명숙 수녀님께 여쭈었다.

"성 이시돌 피정센터란 무엇을 말하는가요?"

"이시돌은 농업, 축산업을 주관하는 성인으로 이를 기념하기 위해 명명한 농업과 피정을 겸한 곳입니다."

수녀님은 부연하여 설명하신다. 이 피정센터를 설립하신 분이 이곳에서 추구하는 목적에 부합하는 성인을 찾아 이름을 붙인 것이라고 하였다.

수월봉과 나란히 하고 있는 차귀도는 1970년대 말까지 7가구가 보리, 콩, 참외, 수박 등의 농사를 지으며 살았으며 현재는 무인도이다.

자구내포구에 이르러서 바다를 등지고 당산봉(148m)에 오르게 되었다. 원래 이름은 당오름으로 산기슭에 뱀을 신으로 모시는 신당이 있었고, 이 산을 사귀라고 했는데 이것이 와전되어 차귀가 되면서 차귀오름이라고도 불렀다. 생이기정 바당길(새가 살고 있는 절벽 바닷길)을 걷게 된다. 이 절벽에는 가마우지, 재갈매기, 갈매기 등이 떼를 지어 살고 있다.

용수리

생이기정 바닷길을 빠져나오면 한경 해안로를 따라 걷게 되는데 바닥은 판석과 오솔길이다. 곧이어 종점인 용수포구에 다다르게 된다.

용수포구는 눈앞에 차귀도가 그림처럼 펼쳐지는 포구로 옛 이름은 지새개이다. 지새개는 기와를 뜻하는 제주어로, 옛날에 이곳에 기와를 굽던 도요지가 있었다 하여 붙인 이름이다. 용수마을의 포구에는 남쪽과 북쪽에 각 1기씩 2기의 방사탑이 세워져 있다. 이 마을에는 주민들이 고기를 잡으러 바다에 나갔다가 사고를 당하거나 신원을 알 수 없는 시신이 많이 들어오자 이 탑을 세웠다고 한다.

성聖 김대건(안드레아) 신부 제주 표착기념 성당 기념관이 용수성지란 이름으로 안내하고 있다.

김대건 신부는 1822년 충남 당진에서 출생하였고, 한국인 최초의 천주교 신부이다. 1845년 8월 17일 중국 상하이 금가항金家港 성당에서 사제 서품을 받고 페레올 주교와 다블뤼 신부와 함께 라파엘호를 타고 귀국하던 중 풍랑을 만나 같은 해 9월 한경면 차귀도에 표착했다. 이후 한경면 용수포구로 이동해 인근에서 머물며 배를 수리하고서 1845년 10월 12일 떠났다. 김대건 신부는 제주 표착 이후 이듬해인 1846년 5월

국금國禁을 어긴 죄로 체포되어 9월 16일 새남터에서 순교하니 향년 25세였다.

제주올레 13코스
용수 – 저지 올레

밤길 따라 불빛 따라 걷는 길

13코스는 29개 올레 코스 중 바다를 접하지 않은 두 번째 올레이다. 용수리 마을에 들어서니 커다란 팽나무가 앙상한 가지를 드리운 채 맞이한다. 육지의 느티나무처럼 친근하게 느껴진다. 어떻게 사철 푸른 나무가 즐비한 이 제주도에 낙엽수가 마을의 터줏대감 노릇을 하고 있는지 궁금하다. 한림읍 명월리에는 나이가 100년생에서 400년생 정도 되는 팽나무 노거수 65그루가 계곡을 따라 숲을 이루고 있는 곳도 있다. 마을마다 팽나무는 신령한 나무로까지는 아니더라도 제주인들에게는 없어서는 안 될 중요한 나무임에는 틀림이 없다.

비트 묘판

두어 걸음을 옮기니 비닐하우스에서 두 여인이 묘판을 두고 무언가 고르고 있다. 가까이 가서 묘판을 보니 빨간 잎이 두어 싹 올라와 있다.

제주 올레꾼임을 밝히면서 "무슨 일을 하세요?" 하고 물었다.
그중 젊은 여인이 대답을 한다.
"비트 싹을 고르고 있어요."
아! 그 비트를 여기서 또 만나는구나! 내심 반가웠다. 그동안 비트와 콜

비트 모종을 고르는 손길

라비를 혼동하고 아직까지 확실히 자리 잡지 못한 나의 어눌한 지식이 안타까울 뿐이다.

"어떻게 고르세요?"

"15일 전에 묘판에 심은 비트 싹을 묘판 한 구멍에 한 개만 남기고 나머지는 뽑아내고 있어요. 한 묘판 구멍에 한 개의 비트 씨를 뿌렸는데 뿌리는 도중 두세 개가 한꺼번에 들어가 싹이 돋아나 있어 이것을 눈으로 확인하여 한 개만 남기고 나머지는 뽑아내고 있어요."

"이 비트 싹은 얼마나 되었나요?"

"약 15일 정도 되었어요."

"언제 묘판을 떠나 밭에 심게 되나요?"

"네, 묘판에 씨를 뿌리고 15일이 경과하면 모종을 정리하고 다시 40여 일이 지난 후에 노지나 하우스에 이식하게 됩니다. 이로부터 3개월이면 수확을 하니까 총 5개월이면 수확하게 됩니다."

"비트와 콜라비가 어떻게 다른지 알려 주세요."

"비트는 자라게 되면 콜라비보다 작고 흙에 묻혀 있는 것이 많은 반면 콜라비는 흙에 적게 묻혀 있어 뿌리가 많이 돌출되어 있습니다. 속을 잘라 보면 비트는 보라색을 띄고 있고 콜라비는 단무로 속이 하얗습니다. 또한 잎이 콜라비는 크고 위로 솟는 반면 비트는 작고 옆으로 퍼져 자라는 것이 특징입니다. 올해는 추운 겨울로 좀 늦은 편입니다. 난방은 별도로 하지 않고 자연 채광으로 하고 있습니다."

"성씨가 어떻게 되세요?"

"저는 임씨입니다."

"임씨는 처음 듣는 성씨네요. 서귀포시에서 많은 분들을 만나 성씨를 물어보았는데 고씨, 양씨, 부씨가 귀하고 특히 양씨, 부씨는 아직 만나 보지 못하였고 고씨도 그렇게 많이 만나지 못하였습니다."

"제주 시내에서 여고를 다녔는데 한 반에 고씨가 3명, 양씨와 부씨는 각 1명 정도가 있었습니다. 역시 많지 않았습니다."

비트에 대한 육묘와 생육 과정을 공부하고 하우스를 나선다. 일을 하면서도 싫은 표정 없이 잘 설명해 주는 젊은 임 씨에게 축복이 있기를 기도하며 떠난다.

낙천리

어둠이 다가오는 시간이다. 역시 마을 입구에는 팽나무가 있고 낙천아홉굿의자마을이란 안내 글자판이 여러 개가 있다. 아홉굿마을은 아홉 개의 샘이 있는 마을이란 뜻이다. 낙천리는 350여 년 전 제주에서 처음으로 불미업(대장간)이 시작된 곳이다. 불미의 주재료인 점토를 파낸 아홉 개의 구멍에 물이 고여 샘이 되었고, 소와 말, 제주의 아낙네들의 물허벅 행렬이 장관을 이루었다는 이야기가 전해져 온다. 지금은 민물낚시와 농업용수를 조달하는 수원지로 쓰고 있다.

 이 마을은 의자가 많이 놓여 있는 것으로 유명하다. 2007년부터 2009년까지 마을 사람들이 목재를 자르고 다듬어 3층 높이의 의자로 문을 삼고 모두 1천여 개에 이르는 의자 조형물을 만들어 의자공원을 세웠다. 영어로 애교 있게 표현해 놓았다. "Nine Good." 아홉굿 체험 휴양마을이라는 글자판을 크게 세워 놓았다. 낙천리 정류장에는 왼쪽으로는 신창리, 오른쪽으로는 조수1리라는 표시가 있다.

 오늘 저지오름입구까지는 가야 하는데 이곳에서 멈춰야 하나 더 가서 버스를 타야 하나 고민을 한다. 아직 날이 완전히 어두워진 것이 아니기에 마음은 더 가자고 한다. 종점까지는 가지 못하지만 버스를 탈 수 있는 곳까지는 가기로 하고 발걸음을 옮긴다.

 낙천리에서 용선달리로 가는 낙천잣길이다. 잣길의 내역이 기록되어 있다. 잣길의 '잣'은 널따랗게 돌들로 쌓아 올린 긴 담을 의미한다. 돌무더기 땅을 만들 때 자연적으로 조성된 동네와 동네를 잇는 돌담길이다. 잣길은 화산 폭발에 의해 저지악과 이계악 등이 형성될 당시 흘러내린 돌무더기를 농토로 조성하는 과정에 용선달리와 낙천리를 연결하는 통로가 만들어져 농공 산업의 중추적 역할을 수행하여 왔다고 한다.

 길의 옛 모습을 피부로 체험케 하고 선인들의 지혜와 역경의 실체를 터득케 하며 문명의 소중한 가치를 되새기는 체험 학습의 장으로 조성하기 위하여 제주시의 지원으로 2011년 11월 866m를 복원하여 올레길 13코스에 편입시켰다고 한다.

낙전리와 용선달리를 잇는 찻길(866m)

처음 몇 걸음을 걸을 때는 조금 걸으면 이 자갈길이 끝이 나겠지 하면서 걸었다. 그런데 가면 갈수록 더 멀어져만 가는 끝이 없는 자갈길이다. 발에는 물집이 잡히고 발바닥은 솟구치는 뾰족한 자갈로 인하여 따갑고 힘들다. 날은 어두워져 더 이상 바닥은 보이지 않고 감을 잡아 걸을 수밖에 없다. 인기척이 없어진 지 오래고 불빛도 거의 없는 산골이다. 겨우 자갈길을 벗어났으나 리본을 찾을 수가 없다. 제주올레 앱을 꺼내 살펴본다. 그래도 새로운 입구를 찾을 수 없다. 리본은 고사하고 들어오는 길과 나가는 길 외에는 없다. 더 이상 지체할 수 없다. 도움을 청하여 길을 안내해 줄 사람을 찾아야 한다. 겨우 보이는 불빛을 찾았다. 창문을 통해 사람이 있음을 확인하고 문을 두드려 올레꾼임을 밝히니 남자분이 나오신다. 일을 끝내고 쉬고 있는 농부였다. 올레길을 걷는데 길을 잃었다고 말씀드리니 조금 아래로 가면 산속으로 올라가는 길이 있다고 알려 준다. 아무리 앱으로 안내를 받아도 리본을 찾을 수 없었는데 농부가 알려준 대로 찾아가니 드디어 산속 입구가 나왔다. 앱도 이젠 정상으로 작동을 한다. 한 손엔 앱을 한 손엔 스마트폰 플래시를 들고 산길을 걷는다. 이러다가 조난을 당하는 것은 아닌가 하는 생각이 든다. 이제는 저지오름 입구가 문제가 아니라 큰길로 나서는 것이 급선무이다. 다행히 앱은 큰길이 있는 곳을 선명하게 밝히고 있어 앱의 지도대로 따라가면 큰 도로가 나올 것을 기대하면서 밤길을 걷는다. 그래도 내일 다시 와서 걸어야 하기에 내가 중도에 물러서는 곳을 알아야 했다. 다행히 산길을 벗어나니 용선달리라는 표시판이 있다. 이곳으로 내일 와서 다시 걷기로 하고 불빛이 있는 농가로 다가간다.

옛이야기에 나오는 대로 현실이 되어 행하고 있다. 아득한 산골짜기에서 불빛을 찾아 나선다고 해서 해결되지는 않겠지만 그래도 해결할 수 있는 유일한 돌파구라는 것은 분명했다. 가능하면 가장 가까이 있는 불빛을 찾는 것이다. 다행히 길가에 집이 있고 인기척이 있다. 집 앞 마당에 불이 환하다. 불쑥 찾아드니 젊은 40대 부부가 놀란다. 올레꾼이라고 말씀드리고 서귀포시로 가려고 하는데 길을 잃었다고 말씀드렸다. 부부는 한창 하루를 마감하는 일에 몰두하고 있다. 날씨는 차갑지 않아서 그런지 마당에서 작업을 하고 있다.

서귀포로 가는 버스를 타야 한다고 하였더니 일단 신창에 가는 버스를 타서 그곳에서 환승해야 할 것이라고 한다. 그러면서 아버님이 이곳에 오래 사셨기에 아버님에게 버스 시간표를 묻는다고 남편은 전화를 하신다. 밤 시간이라 그런지 아버님도 시간이 지체된다. 조금 지나니 아버님으로부터 전화가 왔다. 8시 30분 정도에 버스가 있을 것 같다고 말씀하신다. 나와 말씀하신 분은 서울에서 배관공으로 직장 생활을 하다가 15년 전 귀향한 김덕훈(49세) 님이다. 결혼한 지 얼마 되지 않아 아직 아이는 없다고 한다. 농사를 15년 지어 보니 이제 겨우 조금 알 것 같다고 한다. 내가 저녁 식사를 하지 않았다고 하니까 방에서 빵과 비트즙 등을 내오셔서 챙겨 주시는 아내분이다.

작업하고 있는 것은 칼리(콜리)라고 하는 브로콜리 일종으로 하얀 브로콜리이다. 낱개로 하나씩 포장을 하여 박스에 넣어 내일 출하를 위해 준비하고 있었다. 하얀 칼리는 호텔이나 큰 음식점에서 고급 식재료로 사용된다고 하면서 가격이 비싸다고 한다. 8kg 한 박스에 10만 원 정도 하며 대략 한 박스에 10여 개가 들어 있어 개당 1만 원 정도 한다고 한다. 조금이라도 흠결이 있으면 상품성이 없기 때문에 조심스럽게 포장을 하고 있다.

"주로 농사짓는 작물이 무엇입니까?"
"감귤, 칼리, 비트 등 서쪽 지역에서 재배하고 있는 작물은 모두 취급하고 있습니다."
"칼리(콜리)의 재배 기간은 어떤가요?"
"일반 작물과 비슷합니다. 약 5개월이 걸립니다."
"이곳은 농한기가 언제인가요?"
"4~5월과 장마철입니다. 예전에는 겨울철에 한가했는데 칼리(콜리) 등을 재배하면서 겨울에도 바빠졌어요."

육지에서 필요한 것이 있으면 택배로 배달할 수 있으니 주문하라고 하면서 명함을 건네주신다. 고마워서 비트즙을 바로 주문하니 아직은 없고, 한 달 후면 가능하다고 하면서 육지에 가면 주문하라고 하신다. 빵과 귤 그리고 음료로 배를 채우고 이런저런 이야기를 하는 중에 김덕훈 씨는 그럴 것이 아니라 본인이 직접 신창까지 바래다주겠다고 하면서 면사무소가 있는 신창에 가면 쉽게 버스를 탈 수 있다고 한다. 그러면서 서둘러 커다란 비닐 봉투에 칼리 4개, 감귤 20여 개, 비트즙 15개 등을 싸 주신다. 길을 안내하고 바래다주신다는 것만으로도 감사한데 민폐까지 끼치는 것 같아 죄송했다. 제주 인심은 참으로 좋다. 예전에 육지도 경제적으로는 풍족하지는 않았지만 많이 베풀고 따뜻했는데 서구화가 되고 도시화가 진전되면서 그런 인심은 이제 역사관에서나 찾을 수 있는 귀한 것이 된 지 오래되었다. 그런데 제주도는 아직도 그런 좋은 풍습이 남아 있어 길을 잃고 헤매는 길손에게 다정하게 대해 주니 어찌 감사하지 않을 수 있으며 복을 받지 않겠는가. 김씨 부부가 주신 칼리와 감귤 비트즙은 며칠 후 육지에서 찾아오는 친구들과 함께 먹고, 남는 것은 친구들이 떠날 때 제주 기념 보물로 챙겨 주기로 하였다. 김덕훈 씨 부부 덕분에 친구들에게 기특한 선물을 할 수 있게 되었다. 제주인들의 살아 있는 고운 마음을 깊이 간직하게 하는 하루의 마감 시간이 되었으며 잊지 못할 올레길의 추억을 간직하게 하는 밤이다.

제주올레를 완주하고 떠나던 날 김태훈 님에게 전화로 안부를 드리며 덕분에 무사히 완주를 끝내고 귀향하게 되었다고 감사함을 전하였다.

이튿날 다시 용선달리를 찾아간다. 서귀포 시외버스 터미널에서 102번을 타고 서쪽으로 달려 신창리 한경면사무소에 내려 다시 지선 버스를 타고 조수1리까지 가서 용선달리를 찾아 나선다. 분명 쉽게 찾을 수 있을 것이란 믿음을 가지고 버스에서 내려 찾아 나섰으나 쉽게 찾을 수는 없었다. 동네 몇 분에게 물어서야 겨우 내가 어젯밤에 헤매었던 곳을 찾을 수 있었다.

키위 접목

조수성당이 있고 그 골목 옆에는 커다란 비닐하우스가 있다. 말씀도 여쭐 겸 들어서니 60대 부부가 비닐하우스에서 폐페인트 통에 불을 피워 놓고 작업을 하고 있다. 올레꾼이라고 말씀드리고 직업대 옆으로 가서 이야기를 나눈다.

"무엇을 하고 계세요?"

"키위나무에 접목을 하고 있습니다."

그렇지 않아도 비닐하우스의 키위 농장을 여러 곳에서 보았고, 새롭게 세워지는 비닐하우스가 정부의 지원과 자비로 지어지고 있는 것도 보았다. 그런데 이렇게 농장 안에 들어와 키위나무와 작업 현장을 목격한 것은 처음이다.

키위를 접목하는 60대 고씨 부부

키위는 열대과일나무로 알려져 있는데 제주에서도 자라고 있었다.

성씨를 여쭈니 고씨(65세)라고 한다. 참으로 귀한 성씨이다. 내가 서귀포에서부터 여기까지 오면서 40여 명을 만났는데 고씨를 겨우 세 분 만났다. 제주 고씨를 많이 만날 줄 알았는데 그렇지 않았다고 말씀드렸다. 탐라국의 시조가 아닌가.

고씨 부부는 20여 년간 키위만을 생산해 왔다고 한다. 다른 사람들은 '키위' 가꾸기가 어렵다고 하는데 본인들은 오랫동안 해 와서 그런지 참으로 깔끔하고 쉽게 농사를 짓고 있다고 한다.

"왜 접목을 하세요?"

"품종 개량을 위해서도 하지만 중요하게 여기는 것은 수확 시기를 조절하여 일손 부족을 해결하기 위해서입니다."

"접목하는 것은 한 가지 종류인가요?"

"지금 하는 것은 뿌리가 있는 기본 키위나무 헤이워드에 그린과 레드를 접목하고 있어요."

"그럼 지금 접목하면 언제쯤 수확이 가능한가요?"

"2년이 지나야 수확이 됩니다. 지금 접목하는 것은 수확 시기가 한 달 정도 차이가 나서 일손을 구하기가 쉽습니다."

"레드니 그린이니 하는 것은 어떤 것을 기준으로 하나요."

"네, 키위의 과육 형태를 보고 이야기합니다. 골드는 노란색, 레드는 가운데가 하얗고 밖은 빨간색을 띄는 것, 그린은 파란색을 띄고 있습니다."

키위는 인부 10명이 거의 1~2일이면 모두 수확을 하기 때문에 다른 작물에 비해 수확은 까다롭지 않다고 한다. 일꾼은 외국인 노동자를 쓰는데 의사소통에 애를 먹고 있다고 한다. 예를 들면 키위꽃을 큰 것 4개만 남기고 따 내라고 하면 무조건 꽃을 4개만 남기고 따 버린단다. 실은 큰 것을 남기고 작은 것만을 따야 하는데 제대로 이행하지 않는다. 디테일한 부분의 언어 소통에 어려움이 있다고 한다.

이어서 가족에 대한 이야기도 해 주셨다. 제주도는 결혼을 하게 되면 독립을 하게 된다. 큰아들도 없고 작은아들도 없다. 이는 육지처럼 큰아들이 부모를 책임지는 것과는 사뭇 다르다. 농촌에서는 땅이 있으면 쉽게 경제적 독립이 되지만 그렇지 않으면 토지를 구할 때까지 실질적 경제적인 독립은 어렵다. 90세 노인이 돼도 독거노인이 아니라 독립 노인으로 살아가는 것이 제주도이다. 부모와 아들의 관계가 독립적이다. 바쁜 작업 중에도 시간을 내어 자세히 설명해 주어 고맙다고 인사를 했다.

어젯밤에 머물렀던 용선달리가 있는 표지판에 왔다. 바로 옆에 제주올레 리본이 있다. 어젯밤에 리본을 찾았다 해도 더 이상 진전은 없었겠지만 바로 곁에 두고 헤매었다는 것은 그만큼 어둠이 깊었다고 생각된다.
용선달리는 한경면 중산간 4개 마을(조수, 낙천, 저지, 청수)의 설촌지이다. 1610년경 전주 이씨 이몽빈 일가가 입주한 것이 시작이었고 거주민이 늘어나면서 4개 마을로 퍼져 살게 되었다. 이곳도 360년 된 팽나무가 보호수로 지정되어 마을 어귀에 자리 잡고 있다.
농로를 따라 마을길로 접어드니 승용차가 있고 젊은 남녀가 뭔가를 하고 있다. 가까이 가서 물으니 젊은 부부가 귀농하여 농사를 짓고 있는데 밭가에 창고를 지으려고 비닐과 파이프를 놓고 조립을 하고 있었다. 젊은 부부가 귀농을 하여 농사를 짓는다는 것도 퍽이나 낯선 풍경이다. 승용차가 밭 가운데까지 진입하여 있는 것 또한 흔치 않은 광경이다.

농로를 넘어가면 이제 이름이 재미난 '뒷동산 아리랑길'이다. 뒷동산 자락을 구불구불 이어 올라가는 길이라 하여 제주 올레에서 붙였단다. 이 길은 이계오름, 마오름 등 오름들 사이로 이어지면서 저지오름으로 이끈다.

저지오름

저지오름(239.3m)이 눈앞에 나타난다. 평지에는 나무 덱이 놓여 있고 오르막은 돌계단으로 되어 있다. 오름에는 상록수만 있는 것이 아니라 일부 낙엽수가 있어 앙상한 가지를 내밀고 있는 것이 특이했다. 나무는 울창하고 주변은 비닐하우스와 밭이 혼재하여 장관을 이룬다. 원래 제주도의 초가집을 덮을 때 사용하는 새(띠)를 생산하던 산이었으나 마을 주민들이 나무를 심어 숲을 조성했다고 한다. 삼나무 등이 길을 따라 일자로 도열하듯 서 있는 것은 바로 이 때문이다.

저지오름은 송이라고도 하고 스코리아Scoria라고 하는 붉은 빛을 띠고 있는 분석噴石과 용암, 화산 쇄설물 등이 쌓여 만들어진 원뿔형의 화산체이다. 이 붉은 화산 쇄설물인 송이는 제주도만의 산물로 도외로 반출이 금지되어 있다. 한경면 저지리는 약 400여 년 전에 설촌된 마을로서 제주시에서 서쪽으로 42km 떨어진 곳에 위치하며 저지오름을 중심으로 5개의 자연 마을이 있다. 1963년부터 지역 주민들이 약 35㏊에 해송과 삼나무 등을 직접 식재하여 지금은 70과 220여 종, 2만여 그루가 자라고 있다.

저지오름을 내려와서 마을로 들어서니 첫 번째로 맞이하는 건물은 저

부산에서 온 등산팀

우고 있는 자락에는 뭉게구름이 감싸고 있어 운치를 돋우고 있는 아름다운 풍경이다.

길은 오시록헌 농로로 이어진다. 오시록헌은 아늑하다는 의미의 제주어이다. 밭길을 걷는 느낌이 오시록해서 제주올레에서 오시록헌 농로라고 이름 지었다.

내 앞에는 여자분 몇 분이 걸어가고 있는 아늑한 들판 풍경이 연출되고 있다.

그분들과 함께 걷게 되었다. 어디서 오셨느냐고 물으니 부산에서 왔다고 한다. 앞서서 남자 리더가 한 무리의 여자분들을 이끌고 간 후에 이 여자분들은 마지막으로 뒤쳐져 걷지만 빠른 걸음이다. 3박 4일 일정으로 왔는데 오전에 14-1코스를 걷고 오후에 14코스에 도전하고 있다고 한다. 이틀에 걸쳐 곶자왈 12코스, 13코스를 걸었고, 내일은 오전에 7-1

시선이 바쁜 길

저지마을에서 출발한 시간은 오후 1시이다. 조금 늦은 출발이지만 날씨가 좋고 컨디션도 괜찮은 청명한 오후의 시간이다.

마을 길은 한쪽에는 넝쿨 식물이 있고 돌담 그리고 파란 하늘이 마주 선다. 야트막한 능선을 올라서니 앞에는 집들이 가까이 있고 조금 멀리에는 풍력 발전기가 군집하여 있다. 그 너머에는 제주 하면 상징되는 한라산이 작은 오름을 앞에 두고 우뚝 솟아 있다. 한라산이 치마폭을 드리

제주올레 14코스
저지 – 한림 올레

지오름 보전관리 정보센터라는 2층 건물이 있다. 1층에는 저지오름과 칠성단(북두칠성을 향해 제사 지내는 제단) 등의 설명이 있는 전시실로 꾸며져 있고 2층은 사무실이다. 마침 점심시간이라 근무하는 직원이 없어 자세한 것을 물을 수 없는 아쉬움을 남기고 나와야 했다.

저지마을의 주민들은 저지오름을 소중하게 가꾸고 있음을 알 수 있다. 저지리 청년, 부녀회에서는 숲길 풀베기 등 환경 정화 활동을 연 4회 정기적으로 실시하고 있다고 한다.

저지리복지회관에는 리사무소가 있고 각종 단체의 표식 간판이 즐비하다. 표식 간판만큼이나 마을이 역동적으로 움직이고 있음을 느끼게 한다. 점심시간에 식당 앞을 지나는데 김치찌개를 하는 식당에 줄을 서서 기다리는 모습은 예사 다른 동네와 다르게 많은 사람들이 왕래하고 활동하고 있음을 알 수 있다.

코스를 걷고 오후에 부산으로 떠난다고 한다. 1개월 후면 제주 올레 27 코스를 완주할 것이라고 하며 거의 강행군으로 일정을 소화하고 있다. 등산 동호회 멤버는 30여 명 정도이며 한 달에 한 번 제주에 온다고 한다. 부산에도 둘레길이 도심을 가로지르는 코스가 있어 좋다고 하면서 부산 둘레길을 추천한다. 한참을 같이 동행하다 너무 빨리 걷기에 함께 걷는 것을 포기하고 먼저 가라고 인사하고 헤어졌다.

월령리

자갈밭의 숲길이 나오고 곧이어 선인장밭이 있다. 선인장잎 끝에는 보라색 열매가 맺어 있어 한층 꽃 같은 느낌을 준다. 계속 선인장밭이 이어질 줄 알았는데 한 무더기를 이루고는 끊긴다.

억새가 어우러진 산책로를 따라 강둑길로 곧게 뻗은 무명천을 따라 걷는데 큰비가 오기 전에는 천이 말라 있어 물이 흐르지 않기 때문에 더욱 거대하게 느껴진다. 마른 강바닥에 큰 나무들이 자라고 있어 매우 신기해 보였다.

길가에는 가끔 보이는 한두 개의 선인장이 있다. 마늘밭에는 농부가 농약통을 지고 농약을 살포하고 있다. 무명천 옆으로 한두 개 고개를 내밀던 선인장은 갈수록 숫자를 더하여 무더기로 나타난다.

한쪽 편에는 커다란 입간판에 제주 선인장마을 농가 직거래 판매장이란 글자와 더불어 백년초, 엑기스 분말이라는 작은 글씨가 새겨져 있다. 월령리의 위상을 알리는 서막이다.

월령리 선인장 자생 군락지

　옆 건물에는 제주 백년초라 쓰여 있다. "천연기념물 제429호 선인장 마을 월령리"란 돌로 새긴 이정표가 있다. 월령리는 태고 이래로 겨울철 서북풍이 모래를 실어 날아오는 모래밭 동네이다. 모래밭 동네이니 선인장 자생지가 되었을 것이다. 월령리가 국내 유일의 선인장 야생 군락지라는 것과 그 유래와 생육 상태는 물론이고 백년초라 불리는 열매가 약용으로 쓰인다고 알리고 있다. 동네에서는 선인장으로 김치도 담그고 국수와 술도 만들어 먹는다고 한다.

　바닷가가 나오고 그 해안가로는 널따랗게 펼쳐진 선인장 군락지가 있다. 바다와 선인장, 뭔가 어울릴 것 같지 않은 조합이지만 참으로 이색적인 풍경이다. 파도는 스멀스멀 바닷가 검은 돌밭으로 다가오다가 사라지고 또한 쉴 새 없이 반복한다. 작은 물보라와 예쁜 청량한 소리를 내면서 한적한 바닷가의 풍경을 자아낸다.

　길은 선인장밭을 양쪽으로 가르면서 이어지고 바로 곁에는 바다이다. 제주 월령리 선인장 군락지는 국내 유일한 선인장 야생 군락지이다. 선인장 씨앗의 원산지는 멕시코에서 해류를 타고 밀려와 이곳에 기착한 것으로 보고 있다. 6~7월에 꽃이 피고 11월에는 보라색 열매로 익는다. 백년초라 불리는 열매는 소화기, 호흡기 질환에 좋은 건강식품으로 각광을 받으며 이 마을의 고소득원이 되고 있다. 월령리의 풍력 발전기가 여러 대 나온다. 바람이 세차다는 징표이다. 나무 덱 길의 끝에는 월령리의 상업 지구이자 월령포구가 나타난다.

비양도

비양도는 제주시 한림읍에 있는 섬으로 천 년 전인 1002년(고려 목종 5)에 분출한 화산섬이며 제주 화산섬 중에서 가장 나이가 어리다. 바다 산호가 유명하며 어족이 풍부하다. 비양봉 분화구에는 한국에서 유일하게 비양나무(제주특별자치도 지정기념물 제48호)가 있다.

제주 여행에서 반나절의 시간이 있다면 꼭 가 봐야 할 장소가 어디냐고 묻는다면 '비양도'라고 한다. 제주도 본섬의 축소판으로 제주 전역에 흩어진 다양한 화산 구조물을 다 볼 수 있기 때문이다. 한림항에서 하루 4회 운항하는 배가 있으며 10여 분이면 도착한다. 자전거로 30분이면 비양도를 한 바퀴 돌 수 있고 걸어서 2시간 정도면 충분히 둘러볼 수 있다.

비양봉에 오르면 아름다운 금릉 해수욕장과 협재 해수욕장을 감상할 수 있다. 면적은 0.52㎢, 인구는 166명(2019년), 협재리에서 2km 떨어져 있고 해안선 길이가 3.15km이다. 주산업은 어업이나 농업으로 유채, 고구마, 보리, 들깨 등을 재배한다. 교육 기관으로 한림초등학교 비양분교가 있다. 음식으로는 보말죽이 특히 맛이 있다고 한다.

아름다운 비양도에도 저주의 나래가 펼쳐진 적이 있었다. 2010년 5월

돌기둥 사이로 멀리 보이는 비양도

의 일이다. 비양도에 케이블카가 설치될 뻔한 일이 있기 때문이다. 제주 북서부지역에 대규모 골프장과 리조트를 가진 L기업이 협재 해수욕장과 비양도 사이를 잇는 케이블카를 설치하려는 사업계획서를 제주도청에 제출하였다.

 이어 건축위원회 심의를 통과했다는 보도가 나왔다. 비양도는 한림과 협재, 금능의 옥빛 바다 위에 보아뱀 같은 형상으로 떠 있는 환상의 섬이다. 이 천상의 해안 경관에 높이 57m에 이르는 쇠기둥을 박고 케이블을 연결하는 공사를 한다는 것이다. 서명숙 이사장은 언론에 호소하고 나아가 조정래 작가(『태백산맥』의 저자)에게도 도움을 청하여 결국 제주도의회 환경노동위원회에서 비양도 케이블카 안건 상정을 아예 보류하도록 했다. 환경평가 등에서 심의 요건을 충족시키지 못했다는 이유에서였다.

이때 조정래 작가는 「제주도청은 정신 차려라」라는 직설적인 제목의 칼럼에서 '아시아 최대 케이블카라니, 아시아 최대의 환경파괴다'라고 일갈하면서 제주의 자연이 온전히 보전되어야만 제주만의 매력을 살릴 수 있다는 절절한 조언을 곁들였다. 오늘도 우리가 즐기는 비양도에도 아름답기에 견뎌야 하는 아픔이 있었다.

계속해서 해안가 자갈길을 걷게 된다. 시선을 발바닥에 집중하랴 바다 감상하랴 따라오는 비양도와 이야기하랴 바쁜 길이다. 이제 길다운 길로 인도된다. 길 양옆으로는 마른풀이 자리하고 있다. 전봇대가 몇 개 서 있는가 했더니 마을이 나타난다. 이곳이 바로 금능리이다 금능리의 옛 이름은 '배령리'로 마을 중간에 잔과 같은 모양의 동산이 있다고 하여 붙은 이름이다. 발음이 버렁이(벌레)와 비슷하게 들린다고 해서 금능리로 이름이 바뀌었다.

아담한 금능포구를 지나면 워싱턴야자수가 해변가에 늘어선 금능으뜸원 해변과 협재 해변이다. 배경에는 하늘과 맞닿은 곳에 한라산이 잔잔하게 떠오르고 있다. 멀리서 사진으로 보면 지중해의 이국적인 모습으로 보인다. 코발트색의 엷은 바다와 아직은 푸른빛이 없이 유난히 익어서 바싹 마른 모습으로 서 있는 야자수며 하늘에 떠 있는 한가로운 구름들 그 아래 오름들 사이로 우뚝 솟은 한라산. 더 이상 떠나지 않고 오래도록 머무르고 싶은 이곳에서의 풍경이다. 비양도는 더 가까이 다가와 조금만 더 가면 속살을 볼 수 있을 것 같다.

금능 해변가로 가는 길은 자동차 길을 끼고 나란히 간다. 멀리서 보았던 야자수들이 줄 맞추어 몇 가지 남지 않은 머리카락을 흩날리며 일렬로 서 있다. 유유히 비행을 즐기는 한 마리의 갈매기가 바닷가 위를 날고 있고, 동네 주민 한 분은 사랑스러운 애견을 앞세우고 금모래 해변에서 산책을 즐기고 있다.

　석양의 노을 같은 모습이 연출되고 있다. 웬일인가 살펴보니 구름이 해를 막고 해변에 그림자를 드리우고 있다. 해는 더 이상 멀리 가지 못하고 바다 위에 자신의 모습을 비추며 작별의 시간을 예고하고 있다. 제주도의 여느 해변가 모래사장과 마찬가지로 제주 바람의 심술에 무방비 상태이다. 모래가 길까지 침범해 있어 길에서 모래 위를 걷게 되는 해프닝이다.

협재 해수욕장

　야자매트가 깔려 있는 길이 이어지면서 협재 해수욕장으로 인도된다. 해수욕장은 바람에 날리는 모래를 붙잡기 위해 하얀 마대를 해변 모래 위에 덮어 놓았다. 길게 뻗어 있는 해수욕장은 협재의 이름만큼이나 아름답다. 해수욕장마다 다르긴 해도 매년, 모래의 유실로 인하여 적지 않은 모래를 해수욕장 백사장에 투입한다는 뉴스를 접한 적이 있다. 자연의 섭리를 따르지 않을 수 없으나 지자체에서는 많은 내장객들의 방문을 위해 백사장 관리에 신경 쓰지 않을 수 없다. 지자체의 재정과 연결되고

협재 해수욕장이 아름답게 펼쳐져 있다.

주민들의 생계와도 관련이 있기 때문이다.

부산 해운대 해수욕장은 지자체에서 바다에 '돌체'를 설치하여 육지에서 바다로 120m가량 뻗어 나가는 것으로 모래 이동을 막는 역할을 한다. 또한 수중 방파제도 설치하였다. 수중 방파제는 200m의 길이로 파도의 힘을 약하게 해 모래 유실을 줄인다고 한다. 협재 해수욕장은 해운대 해수욕장처럼 바다로 침식이 아니라 제주 특유의 강한 바람으로 인하여 모래가 날리어 유실되는 점이 다르다.

일몰과 바다, 해변 가까이 있는 섬이 조화로운 한편의 수채화를 연상케 하는 광경이다. 협재 바닷가 숲길을 따라 걸어 나오니 해안 도로이다. 이 길은 옹포포구로 이어진다. 지형이 항아리 모양이라고 하여 이름 붙은 옹포리의 옛 이름이 명월리이다. 명월포 전적지라는 표지석이 있다. "삼별초 항쟁과 목호의 난 때 상륙전을 치른 전적지. 1210년(원종 11) 11월 이문경 장군은 삼별초의 선봉군을 이끌고 이곳으로 상륙하여 고려관군을 무찔러 승리함으로써 처음으로 제주를 점거하게 되었다. 그 뒤 1374년(공민왕 23) 8월에는 최영 장군이 3백 14척의 전선에 2만 5천명의 대군을 이끌고 상륙, 몽고의 목호 3천기를 무찌른 격전의 장이다." 라고 기록하고 있다.

마을을 빠져나가자 바닷가에는 옹포리 방사탑이 있다. 옹포리와 한림리의 경계를 이루는 옹포천 위로 4차선 해안 자동차 도로를 따라 걷게 된다. 그 끝이 한림항이다. 한림항으로 접근하니 벌써 하얀 등대, 빨간 등대에서는 불빛이 반짝인다.

한림항

항구가 아름다운 한림1리를 알리고 있는데 숲이 많다고 하여 다림동 多林洞이라는 옛 이름과 함께 선비가 많이 배출되어 "한수풀"이라 불리운 마을이라고 한다. 밤이 되어 불빛을 밝히고 있는 곳은 한림 중앙상가이다. 도착점인 한림항은 제주에서 가장 활기찬 항구 중 하나이다. 바다에는 어선이 즐비하게 정박해 있고 출항을 서두르고 있는 배에는 전등이 환하게 비추고 있다. 한림항 비양도행 도선 대합실을 찾아가는 길은 조금 더 깊숙이 들어가 있다. 건물 2층에는 제주올레안내소가 있으나 이미 불이 꺼져 있다.

제주 4.3이란

1947년 3월 1일, 관덕정 광장 앞에 있던 제주경찰서 망루에서 총성이 있었다. 그 결과 아기 업은 아낙을 포함해 민간인 6명이 죽고 8명이 부상을 당했다. 그때까지만 해도 이 발포 사건이 최소 3만 명의 희생자를 낸 4.3의 도화선이 될 줄은 아무도 몰랐다. 이날 3.1절은 28주년이 되는 날로 제주읍과 조천면, 애월면의 연합기념식이 열린 제주북국민학교 운동장에서 3만의 인파가 몰렸다. 이날 3.1절 기념식을 정치 집회로 승화한 것이다. 이날의 슬로건은 모스코바 3상회의 절대지지, 미소공동위원회 재개촉구, 3.1정신으로 통일 독립 쟁취였다.

사건은 집회가 모두 끝난 뒤 일어났다. 집회 장소인 북국민학교에서 출발한 시위대가 관덕정 광장에서 한껏 기세를 올린 후 모두 빠져나가고 구경꾼들만 거리에 남아 있을 때였다. 바로 그때 총성이 울렸다. 제주경찰서 방면을 향하던 기마 경관이 어린아이를 치고도 이를 그냥 방치하고 갔던 게 화근이었다. 응급조치나 한마디 사과 없이 그대로 가 버렸던 것이다. 이것이 원인이 되어 군중들이 몰려가고 경찰은 지레 겁을 먹고 발포를 해 버렸던 것이다. 이로 인해 학생들의 동맹휴교와 제주도 전체의 총파업으로 이어졌다. 미군정 경찰은 제주도를 아예 빨갱이 섬으로 규정하고 제주도민 90%가 좌익 색채를 띠고 있다는 표현을 했다.

1948년 5월 10일에 총선거를 실시하고 제헌의원들이 헌법을 만들어 대통령을 뽑아 정식으로 국가를 수립한다는 계획을 세우고 있었다. 바로 이때 제주의 청년들이 들고 일어났던 것이다. 1948년 4월 3일. 분단의 첫 단추인 5.10 선거를 한 달가량 앞둔 시점이었다. 그날 새벽 1시 한라산 중허리 오름마다 횃불이 붉게 타오르면서 무장봉기는 시작되었다.

제주도 내 24개 지서 중 11개 지서가 피습을 당했다. 5월 10일, 38선 이남 총선거가 실시되었고, 제주도의 3개 선거구 중 2개 선거구가 투표율 미달로 무효 처리되었다. 일 년 후 1949년 5월 10일, 재선거가 성공리에 치러졌다. 유격대2대 사령관 이덕구가 전사했던 것도 그 무렵인 1949년 6월 7일이었다. 그러나 1950년 한국 전쟁이 발발하면서 4.3의 상처는 또다시 덧나기 시작했다.

소위 '예비검속'으로서 지금까지는 흔히 보도연맹사건으로 알려져 왔다. 제주도에서도 대략 1,000명 이상이 이때 또다시 희생되었다. 백조일손지묘百祖一孫之墓의 원혼들, 그들이 바로 예비검속의 희생자들이다.

한라산 금족지역이 전면 개방되면서 제주 4.3 사건이 완전히 가라앉은 것은 1954년 9월 21일이었다. 이로써 1947년 3월 1일 발포 사건과 1948년 4월 3일 남로당 신진세력의 무장봉기로 촉발되었던 제주 4.3은 7년 7개월 만에 막을 내리게 되었다.

2003년 10월 15일 제주4.3진상조사보고서 최종 정리, 미군과 이승만의 책임 지적, 2003년 10월 31일 국가의 최고 통치권자인 대통령이 공식 사과가 이루어졌지만 4.3은 아직 끝나지 않았다. 그 명칭부터 예비검속 희생자들의 처리 문제 등이 남아 있다.

제주올레 14-1코스
저지 - 서광 올레

가만히 걸어가는 길

이 코스는 원래 친구들과 함께 걷기 위해 꼭꼭 숨겨 놓았는데 친구들이 여유롭게 드라이브를 하자고 하여 걷지 못한 코스이다. 서귀포 시외버스 터미널 앞 정류장에서 동광 환승 정류장까지는 30분이 소요된다. 하루 계획을 머릿속으로 그리면서 이른 귀가만이 오늘 일정의 최대의 관건이라는 생각이다. 의외로 많은 사람들이 버스 내에 타고 있다. 출근 시간이 지났는데도 여행이나 여러 일들을 처리하기 위해 버스를 이용하고 있는 듯하였다.

해군

해군 병사 한 명이 탄다. 요즘 군인을 길거리에서나 버스 등에서 만나는 것은 행운 중의 행운이다. 그만큼 만나기가 어렵다. 내 추측으로는 군인들이 집에만 가면 사복으로 갈아입고 휴가나 외박을 즐기기에 군복을 입은 군인을 보기가 어렵다. 그런데 우연히 군복을 입은 군인을, 그것도 육군이 아니고 해군이 탔다니! 그리고 바로 기억해 냈다. 이곳이 그 유명한 강정마을이 아니던가. 해군 기지가 들어섰기에 당연히 해군 병사들이 많을 것이라 생각했다. 대화를 나누고 싶어 가방을 자리에 두고 그 해군 병사 옆자리로 갔다. 우선 그의 영외 밖 외출은 출장 아니면 휴가가 아니던가?

"휴가 가세요?"

"네."

"요즘 군복 입은 군인들 보기가 힘들어요. 집에 가면 사복으로 갈아입으세요?"

"네."라고 간단히 답하면서 당연한 것을 왜 묻냐는 표정이다. 해군 출신은 아니지만 친구가 해군 출신으로 내가 그의 신병 수료식에 진해로 면회를 갔던 만큼 그를 통하여 해군에 대한 일반적인 지식이 있었기에 생각나는 대로 물었다.

"강정에서 근무하면 육상 근무세요?"

"네."

"해군들은 육상 근무하는 것을 선호한다고 하던데…."

"네, 육상 근무를 선호해요. 그렇다고 모두 갈 수는 없고 최소 6개월 이상 함대 근무를 한 후에 가능해요."

그런저런 해군에 관한 이야기를 하며 그의 의중을 살폈다. 그도 그런대로 해군에 대해 알고 있는 나에 대해 경계를 푸는 듯했다. 해군은 타군에 비해 휴가가 길다는 이야기며 몇 개월 근무했느냐 월급은 얼마냐 물으니 휴가는 10박이며 13개월 근무하여 상병이라고 한다. 월급은 조금 생각하더니 80만 원이라고 한다. 그렇다면 사회에서 알바하는 것보다 많은 것 아니냐고 했더니 그렇다고 한다. 어떻게 해군에 입대했느냐고 물으니 친구들끼리 함께 단체로 입대하자고 하여 모두 같이 입대했다고 한다. 앞으로 휴가는 얼마나 남았냐고 물었다. 본인은 앞으로 4번 더 쓸 수 있다고 한다. 제대도 얼마 남지 않았는데 그렇게 많으냐고 하니 본인은 함정근무 시(6개월) 휴가를 가지 못했기 때문에 이것이 이월되어 그렇다고 한다. 그와 정신없이 이야기를 나누는 중에 버스는 내가 내려야 하는 정류장을 지나고 있었다. 할 수 없이 서둘러 인사를 나누고 내렸다. 허허벌판에 내리니 이걸 어찌하나 생각하고 있는데 택시가 반대편에서 오고 있다. 세웠더니 내 앞에서 정차한다. 기사님에게 목적지를 말하며 갈 수 있느냐고 물으니 타라고 한다.

원래는 저지마을에서 서광까지 올레길을 걷기 위하여 동광 환승 정류장에서 지선버스로 갈아타야 하는데 번거로워 그냥 저지마을로 가자고 하였다. 내가 오늘 운이 좋다고 생각했다. 제주도에서 빈 택시를 내가 원하는 곳에서 바로 만나기는 쉽지 않기 때문이다.(서의 골을 해아 달 수 있다.)

"어떻게 빈 차로 나오세요?"

"방금 서귀포에서 경마장까지 아주머니를 모셔다드리고 바로 돌아가는 길입니다."

"오늘(토요일) 경마가 열리나요?"

"네, 경마장은 이전에 토요일과 일요일 이틀을 했었는데 남자들이 일요일 경마장에 나오니 부인들이 아우성이라 일요일 대신 금요일로 대체했고, 일요일에는 영상으로 경마를 하고 있어요."

"어떻게 경마에 대해 잘 아세요?"

"네, 예전에 경마를 조금 했습니다. 통장에 돈이 다 떨어질 때까지 했으니 꽤 오래 했지요."

"요즘은 안 하세요?"

"네, 경마가 마약과 같다고 하는데 맞는 말 같아요. 돈을 매번 잃어서 거의 재미가 없어질 만하면 한 번씩 터지니까 또 하게 되어 지속하게 됩니다. 계속 안 되면 쉽게 그만두게 되는데 가끔 터지는 것이 문제지요."

그러면서 마사회의 얄팍한 상술을 타도하였다. 금요일에 하게 되면 일요일은 안 해야 하는데 영상 경마라는 이름으로 다시 시작하니 일요일도 경마를 하는 것이나 마찬가지로 마사회만 수익을 올리고 있다고 한다.

"경마를 하게 되면 패가망신하는 것 아니에요?"

"네, 그렇지만 스릴이 있고 가끔은 대박이 터지기 때문에 그만둘 수 없어요." 기사님의 나이는 60세이시고 아들은 서울에서 직장을 다니고 있어 며칠 전에 서울에 다녀왔다고 한다. 경복궁, 광화문, 청계천을 걸어서 관광을 했는데 2만 보를 걷고 나니 힘들었다고 하면서 어떻게 그렇게 계속 걸을 수 있냐고 묻는다. 기사님은 선산 김씨로 조천에서 자랐고 지금도 그곳에는 친척들이 있다고 한다. 내가 그곳은 경주 김씨들이 많다고 하였더니 제주에서 경주 김씨는 큰아들이고 선산은 둘째 아들이란다.

저지리

이야기하는 중에 저지마을에 도착하였다. 저지리는 제주시 한경면에 있는 리里이다. 안덕면과 경계를 이루고 있고 전형적인 중산간 마을로 가장 고지대에 있으며 한라산이 제일 가까운 곳이다. 약 400여 년 전 전주 이씨가 정착하여 마을을 이루었다고 한다. 수동, 큰우영, 웃거리, 장화굿, 마종 등의 마을로 이루어진 동네이다.

내리자마자 찬 바람이 휘몰아쳐 몸이 움츠러든다. 준비한 바지와 윗옷을 마을 회관 현관에서 끼어 입고 움직인다. 제주올레안내소를 찾았다. 사람들로 붐빈다. 안내하는 아주머니가 분주하다. 내가 춥다고 하며 손을 비비자 아주머니가 장갑이 없느냐고 하면서 실장갑을 꺼낸다. 있다고 말씀드리며 사양하였다. 조금 몸을 덥히고 나서 나왔다. 안내소 앞에 수눌음이란 단어가 안내 문구에 있어 올레 안내 아주머니에게 다시 들어가 물었다. 수눌음이란 뜻이 무엇이냐고 물으니 금방 말씀하신다. 제주도 말인데 상부상조하는 것을 말한다는 것이다. 그럼 계契라는 것을 아느냐고 물으니 본인은 제주도에 온 지 6년이 되었는데 제주도인과 잘 어울리지 않아 모른다고 한다. 제주도인들이 육지인보다 상부상조하는 풍습이 대단히 강하고 다양하다고 알고 있어 그에 관해 구체적으로 알고 싶었다.

옷도 단단히 갖추었고 몸도 어느 정도 적응이 되어 올레길로 출발하였다. 골목을 지나 몇 걸음을 갔는데 조그마한 단층 기와집에 '책'이란 글자가 벽면에 쓰여 있고 조그마한 안내판이 입구의 바닥에 놓여 있는 것이 전부이다. 조그만 앉은뱅이 안내판에는 "여기는 서점입니다. 책방 소리소문은 open 11:00~18:00"라고 되어 있다. 수상하다.

책방 소리소문

현재 대도시에서도 책방이 안되어 거의 사라져 가는 업종 중 하나인데 이런 시골에서 그것도 대형 서점도 아니고 아주 작은 서점이라!

책방의 실체를 알아보고 싶었다. 들어가니 모자를 눌러쓴 젊은 남자분이 자기 일에 열중하고 있다. 손님이 와도 그냥 자기 일만 한다.

"커피 팔아요?"

"안 팝니다. 카페는 몇 걸음만 더 가면 있습니다. 그쪽으로 가세요."

더 이상 이야기를 할 틈이 없다. 뭔가를 묻기도 어색해 책을 보고 있던 중 바로 그즈음 손님 7~8명이 들어온다. 애들도 끼어 있다. 조용하던 책방이 갑자기 시장이 되었다. 작은 공간에 몇 명이 서성이며 왔다 갔다 하니 책방이 꽉 찬 느낌이다. 책 한 권을 골라 계산하기 위해 카운터에 갔다. 계산을 하면서 말을 건넨다.

"몇 년이나 되었어요?"

"네, 3년 되었습니다."

"손님의 분포는 어떻게 되나요?"

"여행객이 6, 마을 사람이 4 정도 됩니다."

"장사는 잘되세요?"

"보시면 아시지 않으세요."라고 한다.

그 말의 뜻은 그런대로 되고 있다고 알아들었다. 책방을 나오고서도 많은 의문이 풀리지 않았다. 책방 내에는 특이한 몇 가지가 있다. 그중에서 한쪽에 메모장이 놓여 있는데 메모장(가로 10cm, 세로 8cm)에는 "오늘 나의 마음은 ____, 그 이유는 ____"라고 인쇄된 종이가 있고, 기록하여 벽에 걸어 놓을 수 있도록 걸이 못이 있다. 소장을 위해 가져가도 된다. 또 하나는 한수풀 도서관 희망 도서 바로 대출 서비스를 시행하고 있다. 내용은 이곳에 있는 책은 물론 없는 책은 희망 도서 바로 대출 신청(홈페이지 모바일 가능)이 가능하다는 것이다. 신청 도서가

책방 소리소문

서점에 비치되면 알림 문자가 전송되고, 그 이후 서점에 방문하여 도서 대출 및 대금을 결제하면 된다. 이용 후 신청 서점으로 도서를 반납하고 대금을 환급받는다.

 이 제도에 참여한 서점은 '그리고 서점(애월읍 엄수로 소재)', '동진서점(한림읍 한림중앙로 소재)' '책방 소리소문'이다.
 책방을 나와 몇 걸음을 옮기니 카페가 있다. 책방을 나서는데 주인이 이 영수증을 들고 가면 옆 카페에서 할인을 해 준다고 한다. 그 할인이라는 말도 재미있고 어떤 카페인지 알고 싶었다. 카페는 조용하고 사람이 없다. 카페 이름은 '미술 기페쌤'이었고 주인은 김영일 씨이다
 "옆 책방에서 이곳에 가서 영수증을 보이면 할인을 해 준다고 해서 왔습니다."
 "네, 500원을 할인해 드립니다."
 "커피 한 잔 주세요."
 김영일 씨가 커피를 준비하는 동안 책방에 관해 이야기를 했다. 시골에 책방이 될 것 같지 않은데 사람이 제법 많다고 했더니 김영일 씨는 제주도 다른 곳에서 책방을 운영하였고 그 나름 경력이 많고 직업의식이 뚜렷하다고 한다.

'미술 카페쌤' 김영일 씨

김영일 씨에 관해 이야기를 시작했다. 이곳에 직접 집을 지어서 작년 5월부터 미술카페를 열었다고 한다. 그러니까 카페운영은 10개월쯤 된다. 집은 세 채로 구성되어 안채, 카페, 창고이며 모두 세모난 모양을 하고 있고 겉은 하얀 알루미늄이다. 그래서 더욱 특이하다고들 한다. 이 집을 지을 때 주민들은 비닐하우스를 왜 세모나게 짓느냐고 묻곤 했단다. 카페 안에는 고객들이 그린 그림이 벽에 빼곡히 붙어 있다. 카페 내에는 도화지와 색연필 물감들이 가지런히 놓여 있어 누구나 그리고 싶은 그림을 그려서 가져가기도 하고 이곳에 붙여 놓을 수 있게 하였다. 벽에 걸린 그림이 지금보다 많았는데 낡고 이상한 것은 떼어 냈다고 한다. 본인도 놀랬다고 한다. 한번 그리기 시작하면 2시간이 금방 지나가는데 모두들 인내하며 잘도 그린다고 한다. 어느 여자분 2명이 들어와서 그림 그리기를 시작하더니 시간이 많이 되어 올레 걷는 것을 나중으로 미루는 것도 봤다고 한다. 서로 인사를 나누고 헤어졌다. 멀리 솟아오른 금악오름의 봉우리가 선명하게 자리하고 있다. 김영일 씨가 가까운 곳에 현대미술관이 있다고 알려 주어 그곳에 들러 가기로 하였다. 미술관은 올레길과 불과 100여 m 정도 거리에 있다. 제주 현대미술관에 가기 전에 제주도립 김창열미술관이 있어 먼저 들렸다. 사람들이 꽤 많이 움직이고 있었다. 오늘은 그림 교체 날이기 때문에 1층 전시실만 개방하고 대신 무료라고 했다. 1층 전시실을 보고 놀랐다. 「물방울」 그림 작가가 이분이란 말인가. 김창열 작가는 서울대 미대를 졸업하고 미국에서 한때 활동하였으며 마지막에는 파리에서 활동하다가 돌아가신 화가이다. 그런데 왜 그의 미술관이 제주에 세워졌는지 알아보니 그분이 본인의 그림 220점을 제주도에 기증하면서 도민들의 성금과 국비로 미술관이 세워지게 되었음을 알게 되었다. 1층 전시실 옆에 모니터에는 생전 화백의 모습이 방영되고 있는데 어느 날 한밤중에 잠에서 깨어나서 이게 내가 할 일이라고 깨달았다는 내용이었고 바로 「물방울」 그림이었다. 우리에게는 큰 행운 중에 행운이다. 작가가 이런 귀중한 작품을 기증하지 않았다면 어디에서 이런 귀중한 작품을 볼 수 있을까? 화백의 아들 김시몽은 말한다. "물방울 그림은 그 자체로 하나의 예술이자 철학이자 삶의 방식일 것입니다. 그가 물방울을 그리는 남자이지만 꽃도 인물도 그리지 않은 남자인 이유입니다."

현대미술관

현대미술관으로 향했다. 그런데 문 앞에 휴관 안내문이 있나. 본래 정기 휴일은 월요일인데, 차기 전시 준비를 위해 2023년 2월 13일(월)부터 3월 6일(일)까지 휴관한다고 알리고 있다.

2007년 9월에 지하 1층 지상 2층 규모로 개관하였고, 제주 자연친화성을 우선으로 한 공모전의 최우수작품을 선정하여 설계한 건물이다. 국제 조각심포지엄 야외공원과 1천여 명이 동시에 관람할 수 있는 야외공연장과 특별전시실 등 문화예술 복합 기능을 갖춘 미술관이다. 제주를 그토록 가슴에 새긴 한국근대미술의 거목 김흥수 화백이 자신의 대표 작품 20점을 무상 기증한 유일한 도립 미술관이다. 전시 작품을 감상하지 못한 아쉬움이 남는다. 야외공원에 있는 조각품 중에는 김미인, 서정국 작가가 설치해 놓은 신종 생물이 눈길을 끈다. 몸과 몸이 만나 다시 하나의 몸이 탄생한 「블랙 앤 화이트」, 「공룡은 꽃으로 태어나고」, 「펭귄의 등엔 나비」 등이 새롭게 태어나고 있다. 이곳에서 신종 생물이 또 다른 예상치 못한 변신을 기대해도 되지 않을까? 묻고 있다.

야외공연장을 뒤로하고 별관으로 운영 중인 '공공수장고'로 향한다. 공공수장고(제주도 건축대상건물)에는 마침 김보희 작가의 「the days」(제주의 자연 현대미술을 품다)란 미디어아트를 상영하고 있었다. 시간을 정하여 상영하는 관계로 10분을 기다려 보게 되었다. 음악은 젊은 작가 하림이 맡았다.

　영상시간은 10여 분이다. 김보희 작가는 이화여대 교수를 역임하고 제주도로 내려와 작품 활동을 하고 있다. 안내자가 감상법을 이야기해 주는데 영상이 진행되는 도중 바닥에 있는 씨를 발로 문지르면 꽃이 핀다고 하고 또한 촬영도 허용되는데 플래시는 안 되고 전화기도 묵음으로 해야 한다고 주지시킨다. 참으로 색채의 현란함과 동적인 미술의 감각이 가히 충격적인 현대 아트쇼를 감상하는 행운을 가졌다. 관객은 나 혼자이다. 이런 좋은 감상 기회를 나 혼자만 누리게 된 것이 죄송하게 느껴졌다. 이 코스는 곶자왈이 있기에 역방향에서 걷지 말고 정방향에서 걷는 것을 간곡히 권유하여 그대로 따랐던 것이 이런 행운을 안았다. 저지마

현대미술관 공공수장고에서는 김보희의 미디어아트전(「the days」)이 열리고 있다.

을은 예술인에게 많은 혜택을 주는 모양이다. 저지 문화예술인촌에 예술인마을이 조성되어 있고 가까운 곳에는 세계 야생화박물관 방림원方林園이 자리하고 있다.

문도지오름, 저지곶자왈

문도지오름(260.3m)은 초승달처럼 생긴 등성마루가 남북으로 길게 휘어진 말굽형 화구를 가지고 있다. 삼나무와 경작지를 제외하고는 억새가 많고 말목장으로 이용되고 있다. 처음 시작부터 약간 가파르게 오르며 능선을 타고 걷는 모습이 멀리서 보면 굉장히 낭만적으로 비쳐진다. 해는 서쪽으로 기울고 오르는 사람들이 문도지오름 능선에 서 있는 사체가 너무도 아름답다. 셔터를 계속 누른다. 정상에 오르면 사방이 온통 푸른 숲이 바다처럼 펼쳐져 있다. 일명 곶자왈의 지붕이다. 곶자왈 지역에 위치하고 있기 때문에 다른 오름과 완연히 다른 풍광이 보는 이를 매료

문도지오름

시킨다. 오르고 보니 3명의 가족이 나들이를 나온 모양이다. 중학생으로 보이는 학생과 부부가 사진을 찍으면서 즐기는 모습이 참으로 보기 좋다. 그들은 정상에서 내가 올라왔던 곳으로 다시 내려가고 나는 반대 방향으로 내려간다. 올라온 것에 비해 내려갈 때는 별 어려움 없이 내려왔고, 생각지 않게 중간 스탬프를 찍는 곳이 바로 나타나서 빨리 도착했다는 느낌을 받아 기분이 좋다. 문도지오름 하산길에 평평한 밭에는 파란 잔디 위에 말들이 한가히 풀을 뜯고 있는 모습은 평화로운 오후의 시간을 연출하고 있다

이제부터 저지곶자왈이다. 암반이 흘러 평평해진 곳에 조성된 곶자왈은 농사를 짓지 못하는 아무짝에도 쓸모없는 땅이었다. 쓸모없는 땅이었기에 잘 보존될 수 있었다. 예전부터 소나 말을 방목하는 목장으로만 사용되었다. 곶자왈 안에 있는 돌담의 정체가 궁금했는데, 그것은 바로 목장의 경계를 표시하고 동물이 달아나지 못하게 하는 담이었다. 곶자왈의 나무는 원시림이 아니라 천연림이라고 부른다. 원시림이라면 수십 m의 키 큰 나무가 있어야 하는데 이곳에 있는 나무들은 고작 10m 정도밖에 안 된다. 옛날에는 이곳에서 나무를 했기 때문에 허허벌판이었다. 나무 대신 석탄을 사용하기 시작하면서 곶자왈은 숲으로 되살아났다. 더불어 이곳 곶자왈은 제주도에서 옹기가 가장 많이 나는 지역이기도 했다. 땔감을 필요로 하는 가마터가 이곳에 7~8개나 있기 때문이다.

곶자왈이란 화산이 활동할 때 분출된 암괴상 아아 용암류 분포지대에 형성된 숲을 뜻하는 제주어로, 지역에 따라 곶, 자왈, 곶자왈 등으로 불린다. 곶자왈은 제주의 생명수인 지하수를 함양하는 중요한 역할을 하며, 멸

종 위기의 야생 동식물을 비롯한 다양한 동식물이 서식하고 있는 생태계의 보고이자 한라산과 해안을 연결하는 생태축의 역할을 하고 있다. 열대 북방한계 식물과 한대 남방한계 식물이 공존하며, 식물과 나무들이 겹치면서 신비한 풍경을 만들어 낸다. 저지곶자왈은 월림, 신평 곶자왈 지대 중에서도 가장 식생 상태가 양호한 지역으로 녹나무, 생달나무, 참식나무, 후박나무 등 녹나무과의 상록 활엽수들이 울창한 숲을 이루고 있다.

이곳은 하얀 야생화 백서향이 유명하다. 곶자왈의 바위틈 사이에서 자라나 제주의 봄을 가장 먼저 알리며 작고 흰 꽃이 피는데, 향기가 천 리를 간다고 하여 천리향이라고도 부르며, 2, 3월에 향기가 절정이다. 활짝 핀 백서향의 향기가 숲 전체를 진동시킨다. 곶자왈에 들어서자마자 백서향이 환하게 웃으며 맞이해 준다. 이곳은 한, 난대가 혼재해 있긴 해도 지금 육지에서는 추위가 보통이 아니라고 하는데 이곳은 백서향 꽃이며 매화, 복숭아꽃이 피어 있지 않은가?

백서향

볏바른궤라는 생활 동굴이 나타난다. 설명문을 보니 제주도민들이 오래 전에 주거용으로 이용했던 동굴 유적이라고 한다. 궤는 작은 규모의 바위굴을 뜻하며 곶자왈 내에 여러 곳이 있다고 한다. 동굴 입구에서부터 약 1.2km 정도까지의 공간에서 근, 현대의 것으로 보이는 탄피와 옹기편 등 그릇 유물이 발견되었다고 한다. 이용 시기로 보면 탐라 시대부터 조선시대, 근, 현대 제주 4.3에까지 미치고 있다고 한다. 지난 무릉 곶자왈은 1시간 가까이 걸었는데 과연 이곳에서는 어느 정도 시간이 소요될지 자못 기대가 되었다. 최종 숲을 나설 때 시간을 보니 40분을 걸었으니 4km 정도의 거리라고 본다. 무릉 곶자왈보다는 조금 짧으나 백서향이 있고 파란 이끼가 이곳저곳 서려 있어 아기자기한 모습은 압권이다.

오설록 티뮤지엄, 녹차밭

곶자왈을 나와서도 한동안 산길을 계속 걷게 된다. 그런데 갑자기 하늘이 환해지더니 앞에 커다란 녹차밭이 펼쳐져 있다. 바로 그 앞에 서니 파랗게 잘 다듬어진 차밭이 조용히 나를 맞이해 준다. 이때의 시각이 4시 40분이다. 여느 때의 종점 도착에 비하면 대단히 이른 하루의 마감이다. 그런데 생각지 않게 기대가 허무로 바뀌는 순간이다. 분명 오설록 티뮤지엄이 있다고 하였는데 주변이 온통 공사 중이다. 뭔가 잘못되었나 하고 공사하는 인부에게 물어보니 지금 리모델링 중이라 옆 건물로 가야 한다고 한다. 오설록 티뮤지엄은 드넓은 녹차밭 사이에 자리 잡은 국내 최대의 차 종합 전시관이다. 삼국시대에서 조선시대에 이르는 다구와 세계의 찻잔 등 차의 역사와 문화를 체험할 수 있는 공간이다. 전망대에서는 녹차밭 전경을 관람할 수 있다고 한다. 리모델링 공사 중이라 보지 못한 것이 아쉽다. 옆 건물에는 뮤지엄과 관련된 것은 없고 찻집, 비누 체험장, 제품 판매처, 카페가 한 줄로 배치된 건물에는 사람들로 가득하다. 고교 동창 친구가 전하는 말에 의하면 제주에 오는 단체 관광객의 일번지 방문 코스라고 한다. 그렇구나 하는 나의 외마디 소리가 터져 나왔다. 카페의 종업원만 16명이란 것이 무엇을 의미하는지 알 것 같았다.

오설록 티뮤지엄과 녹차밭

제주올레 15-A코스
한림 – 고내 올레

어린 시절을
회상하며 걷는 길

    한림은 부두와 시장이 연결돼 있어서 늘 활력이 넘치는 곳이다. 한림항은 제주도 제2의 항구로서 어선과 화물선이 끊임없이 왕래하고 있어서 선복량과 물동량도 많다. 한림항은 사람의 항구이자 새들의 항구이다. 사람들보다 먼저 갈매기와 기러기들이 올레꾼을 맞이하곤 한다.

    한림항 한편 공터에서 아침부터 그물을 손질하고 있는 두 남자가 있다. 한 분은 한국인이고 한 분은 젊은 중국인이다. 조선인이 아니라 한족, 중국인이다. 나이 드신 한국인 어부에게 어망의 어떤 부분을 손질하느냐고 물으니 지난해 12월 바람에 의해 어망이 엉켜 해진 부분이 있어 이를 수선하고 있다고 한다.

그물을 손질하고 있는 두 남자

중국인 젊은이에게 중국어로 어디서 왔느냐고 물었다. 산동에서 왔다고 한다. 지금은 중국의 다양한 지역에서 한국에 오지만 옛날에는 한국과 가장 가까운 산동지방에서 가장 많은 중국인이 한국에 진출해 있었다. 반가웠다. 옛 산동인들이 한국에 짜장면을 소개할 수 있던 배경에는 중국 궁중의 일급요리사는 산동 출신이 많았기 때문이라고 한다. 산동 출신의 셰프가 많은 이유는 산과 들, 바다가 있어 풍부한 음식 재료가 우수하기 때문이라고 한다. 그 옛날 한국에는 중국인이 운영하는 가게로 중국 음식점이 가장 많았고 그다음으로 한약방, 비단가게 등 사업이 있었다. 이 젊은이는 산동 웨이하이에서 왔다고 한다. 웨이하이는 산동에서도 우리와 더욱 지리적으로 가장 가까운 지역이다. 한국 생활은 6개월 정도 되었다고 한다. 내가 그의 고향 산동 웨이하이 등에 대하여 아는 척을 하니 굉장히 반가워한다. 타국에서 외롭게 생활하는 외국인들은 대화라도 나누면서 지금의 사정을 조금이라고 이해해 주는 사람을 만난다면 그렇게 기쁘지 않을 수 없을 것이다. 그의 한국 생활이 좀 더 의미 있는 시간이 되길 기원하며 발길을 돌렸다.

한림항과 곁에 붙어 있는 마을이 있다. 한수리이다. 한수리는 제주 시내에서 28.5km 떨어진 곳에 위치하고 있으며, 선유한수(마을에서 본 조어釣魚와 뱃놀이의 절치 풍경)라 불리는 제주 서부 지역의 수산업의 모체가 되고 있는 자그마한 마을이다. 현재 낚시터로 잘 알려진 "몬태섬"은 일제 강점기에 축조되어 한림항에 거센 북서풍을 막는 방파제(길이 약 1.2km)가 되어 한림 수산업의 큰 방어막 역할을 하고 있다. 한수리는 1953년 북제주군의 행정 구역의 개편에 따라 마을의 위치가 한림과 수원의 중간에 있어 한림翰林의 한翰과 수원洙源의 수洙를 결합하여 한수리翰洙里라 하였다.

수원리

동네 길로 접어든다. 밭에는 양배추와 보리가 자라고 있고 바로 수원리사무소가 보인다. 수원리는 제주 시내에서 28km 떨어진 곳에 넓은 해안과 잘 정돈된 농경지로 광활한 옥토를 이룬 넓은 평야를 가진 마을로서 예전에는 38개 성씨를 가진 505세대의 비교적 큰 마을이다. 1970년도 초 전국 최초로 밭 100㏊가 경지 정리되어 여름에는 기장, 밭벼를 겨울에는 양배추, 브로콜리, 비트, 콜라비, 쪽파 등 월동채가 재배되고, 바다에는 마을 공동 어장에서 각종 해산물(소라, 성게, 톳 등)을 생산하고 있으며, 3km에 달하는 해안은 전국에서 유명한 낚시터로 알려져 있다.

마을에 접어드니 할머니 한 분이 걷고 있어 같이 걸으면서 이야기를 나눈다. 할머니는 곽지리에서 이쪽 한림으로 시집을 왔다고 한다. 곽지리에서는 남자들이 물질을 배우지 못하게 해서 물질을 못한다고 한다. 젊어서 육지에 나가 공장을 다녔다고 한다. 성씨를 물으니 시댁은 하씨이고 본인은 인동 장씨라고 한다. 나도 장씨라고 하였더니 반가워하신다. 애월읍에 가기 전에 있는 곽지리는 해수욕장이 있어서 많이 발전해 있고 장씨가 많다고 한다. 식사는 어떻게 하며 잠은 어디서 자느냐는 등 여러 가지를 물으신다. 이곳에서 삶을 영위해 온 것이 60년이 된다고 한다. 아들 셋을 두었는데 농사는 짓지 않고 하나는 육지에서 공무원을 하고 둘은 제주도에서 공무원을 하는데 작은아들은 경찰 공무원이라고 한다. 자식들 잘 두니까 나이 들어 편하다고 하신다. 본인은 복지회관에 운동을 하러 간다고 하면서 건강하라고 당부한다.

  수원리사무소 건물에는 수원리부녀회, 청년회, 경로당이 모여 있는 건물이다. 2층에 리사무실이 있어 찾았다. 차도 한잔 마시고 어차피 내일 다시 15-B코스를 걸어야 하기에 숙소를 알아봐서 민박을 하고 싶었다. 마침 사무장 채 선생이 있다. 올레꾼이라 소개하고 차 한 잔을 마실 수 있냐고 하니 앉으라고 한다. 차를 준비하고 있는 동안 묵을 숙소를 물으니 이곳은 찾기 힘들 것이라 한다. 민박이나 숙소 등의 준비가 갖춰져 있지 않다고 한다.

  해녀에 대해 물었다. 이곳도 반농반어촌으로 30여 명의 해녀가 있다고 한다. 젊은 해녀가 있느냐고 물으니 39세가 최연소 해녀라고 한다. 40대 한 명, 50대는 없고, 60대가 몇 명 안 되고 거의 70대, 80대가 많다고 하면서 노령화되었다고 한다. 한수풀 해녀학교에 대해 물으니 일반반과 양성반이 있다고 한다. 그곳을 나와도 어촌계에 쉽게 가입하기 어렵다고 한다. 어촌계가 폐쇄적이며 가입비가 있고 잘 안 받아 준다고 한다. 진입 장벽으로 나이 든 해녀들의 시기심과 경계심을 들었다. 나이 든 해녀들은 자기들이 잡을 몫을 젊은이들이 들어와서 자기 몫을 침범하여 자기 몫이 줄어든다는 시기심 같은 것이 있다고 한다. 나이 드신 해녀들의 영역 지키기가 더 큰 장애가 되는 것 같다고 자기 나름대로 분석하여 말씀하신다. 리사무소 옆 담장 밑에 무수한 공덕비가 있다. 여기저기 제주도는 공덕비의 섬이라 해도 과언이 아니다. 그만큼 공동체 의식이 강하고 또 그것을 잊지 않고 기리는 문화가 잘 발달되어 있다.

  오늘은 중산간 마을로 가는 15-A코스를 택했다.

육묘 전문가 홍승익 님

창고 같은 비닐하우스에 모터 소리가 난다. 안을 들여다보니 조금 자란 싹이 있을 뿐이다. 길을 돌아서니 그 옆 비닐하우스에서 사람이 나온다.

"저는 올레길을 걷고 있는 올레꾼인데 옆 비닐하우스에 무엇을 심었나요?"

"네, 제가 관리하고 있는데 옥수수 모종을 키우고 있습니다."

"아! 그러세요. 왜 바로 노지에 씨를 뿌려 심지 않고 비닐하우스에 심어야 하나요?"

"조생종 옥수수를 만들기 위해 미리 묘판에 모종을 만듭니다. 가격 때문입니다. 늦게 심으면 심을수록 조생종에 비해 가격이 점점 떨어집니다. 가능하면 조기에 수확하기 위해서 빨리 심으려 하기 때문입니나. 늦게 심으면 서리 피해도 있고요. 2월 말부터 3월 20일경까지 조생종은 터널로 심어집니다. 파종해서 20일이면 이식하는데 15~20cm가 되면 노지에 심습니다. 노지에 심으면서 비닐로 터널 작업을 하고 있습니다. 7~80일이면 수확이 되니까 6월 10일경이면 옥수수가 나옵니다. 5월 말 단가와 6월 말 단가가 차이가 많이 납니다. 6월 초에 개당 1천5백 원에서 2천 원 사이 가격이 6월 말이면 1천 원으로 떨어집니다. 해 본 사람은 노지에는 안 하고 모두 터널 작업으로 하게 됩니다. 자본 투자하고 인건비 투자해도 계산이 나오니까요. 1평에 20여 개 수확하는데 개당 1천 3백 원이면 2만 6천 원이 됩니다."

"팔 때는 어떻게 파나요?"

"장사꾼들이 옵니다. 밭떼기로 삽니다. 옥수수 상태를 보고 상품, 중품, 하품으로 각각 얼마씩 계산하여 계약을 합니다. 농가에서는 옥수수를 따서 상중하로 분류하여 개당 계산하여 정산합니다."

"선생님은 어떤 일을 하시나요?"

"육묘 그러니까 씨앗을 뿌려 모종을 만드는 작업을 전문적으로 하고 있습니다."

"지금은 어떤 작물을 하시나요?"

"현재는 옥수수, 단호박을 하고 있습니다. 앞으로 고추, 오이 등 농가에서 텃밭에 심을 수 있는 것은 거의 다 하고 있습니다."

"주문받아서 하나요?"

"네, 90% 이상이 주문 생산입니다."

"어떻게 주문을 받나요? 씨를 가져와서 주문하나요?"

"네, 씨를 가져오는 사람도 있지만 어떤 품종, 씨는 얼마짜리로 몇 주를 해 달라고 주문합니다. 씨앗은 가격이 차등화되어 있어 정확히 지정하여 주문을 합니다. 500원부터 150원까지 차별화되어 있는 것이 씨앗 가격입니다. 종자 대금이 입금되면 바로 그때부터 종자를 사다가 작업을 시작합니다."

"작업장 평수는 얼마나 되나요?"

"비닐하우스는 1천여 평이 되고 노지도 있습니다. 노지에 심는 것도 많이 하고 있습니다. 여름에는 양배추, 콜라비, 양파, 브로콜리, 적채 등을 합니다."

"육묘 사업을 하신 지는 얼마나 되셨나요?"

"오래되었어요. 그러니까 20년쯤 되네요."

"그럼 베테랑이시겠네요."

"그래도 가끔 실수를 해요."

육묘 전문가이신 분은 홍승익(50대) 씨이다.

올레길을 걷냐고 물으신다. 숙소를 구한다고 하니 해변가로 가면 펜션이며 민박이 많다고 한다. 일하러 가야 한다고 하면서 서둘러 떠나신다. 감사하다는 말을 남긴 채 헤어졌다.

귀덕리로 접어든다. 큰 도로를 걷다가 마을 길로 접어든다. 농촌이지만 초가집을 보기가 어려운데 초가집 두 채가 보인다. 버스 정류장은 성로동이라 알린다. 마을 가운데에는 팽나무 두 그루가 있다. 귀덕1리에는 영등할망 밭담길이 있는데 총 4km에 1시간이면 걸을 수 있다.

성로동의 유래는 밭을 개간하면서 많은 자갈들을 캐내어 그 자갈로 성처럼 쌓은 길이 많았다 하여 잣길(성로동)동네라 불렀다고 한다.

걷다 보면 선운정사라는 커다란 절이 나타난다. 제주특별자치도 문화재사료로 지정된 '석조약사여래좌상'이 모셔져 있다고 한다. 제주올레 사무국에서는 자주 사유지 경유에 대한 감사한 마음을 가지기를 당부한다. 절을 통과하고 운동장을 통과하고 밭을 통과하여 이동하는데 그때마다 감사한 마음이다. 특히 동네를 통과할 때는 동네에 거주하는 분들에게 참으로 깊은 애정을 느끼며 제주의 인심이 각별함을 체험하곤 한다. 육지인들이 느끼는 제주도민들의 마음씨는 하루가 족하면 만족하는 사람들이라고 평하곤 한다. 욕심이 육지 사람에 비해 덜하고 악착같은 마음보다는 척박한 환경에 순응하는 부드러운 마음이 깊숙이 뿌리내리고 있음을 이야기한다. 그러기에 육지에서는 감히 사유지 통과나 동네 통과는 있을 수 없는 일이다. 제주민의 순박하고 남을 배려하는 문화가 육지인들로 인해 훼손되거나 사라지지 않기를 간절히 기원해 본다. 길이 잘 닦인 도로를 지나 납읍리에 도착했다.

납읍리

납읍초등학교는 2001년에 아름다운학교운동본부에서의 제1회 "아름다운 학교를 찾습니다" 사례 공모전에서 학생, 교사, 학부모가 서로 사랑하고 존중하는 아름다운 학교로 선정되었다고 한다. 학교 내부를 들여다보지 않았으나 여느 학교와 달리 운동장에는 천연 잔디가 있고 학교 겉모습은 깨끗하고 아름답게 색칠되어 있다.

제주 관광 안내서마다 놓치지 말고 꼭 보라고 힘주어 강조하는 금산공원이다. 납입초등학교 건너편에 있어 쉽게 찾을 수 있으나 무심히 지나칠 수 있는 곳이기도 하다. 금산공원은 내부에 마을 포제단이 있기에 매년 1월(음력)에 제사를 지내고 있다. 그런데 그날이 바로 내가 방문하는 날 바로 다음 날이다.

2월 16일부터 18일까지 마을제 봉행으로 인해 출입을 금지한다고 플래카드로 알리고 있다. 나무 덱으로 잘 조성된 길을 따라 올라간다. 이런 우거진 숲이 동네 한가운데에 있다는 것도 특이하고 이를 잘 보존하여

납읍리 금산공원, 마을제를 알리는 플래카드

관리해 온 동네도 대단하다고 생각한다. 금산공원은 한라산 서북쪽 노꼬메오름에서 발원한 용암이 애월 곶자왈에 다다른 곳으로 온난한 기후대에서 1만 3천여 평에 자생하는 후박나무, 생달나무, 종가시나무가 상층목을 이루고 하층에는 자금우, 마삭풀 등 다양한 식물들 200여 종이 숲을 이루고 있는 상록수림이다. 이곳에는 마을의 무사 안녕을 기원하는 유교식 포제酺祭로서 1986년 4월 10일에 제주특별자치도 무형문화재 제6호로 지정된 '납읍리 마을제'가 해마다 봉행하고 있다. 천혜의 난대림 식물보고지로서 매우 가치가 높다고 한다. 나무 덱을 따라 올라가는 양옆에는 납입초등학교 학생들이 동시를 지어 빼곡히 걸어 놓았다. 납읍의 노래 시비가 있다. 마을리里의 노래가 있다는 것도 특이하고 그것을 시비로 세워 놓고 기리는 것도 특이한 동네임에는 분명하다. 효도 시범마을이란 표석이 있다. 무슨 내용인가 하여 마을회관의 경로당 문을 두드렸다. 경로당 입구 현관문 위에는 "孝(효)는 百行之本(백행지본), 실천하여 계승하자."라는 현판이 있다. 88세이신 진무길 할아버지가 나오신다. 효 시범마을에 대해 물으니 마을 앞길에 예부터 내려오는 열녀비가 있고 그 앞에 자세한 내용을 기록해 놓은 표석이 있다고 한다. 그러면 현대의 효는 어떻게 해야 하는가 하고 물었다. 동네에는 공무원 자녀들이 많다고 한다. 결혼하면 안채는 자식에게 내주고 바깥채로 부모는 이동하게 된다. 밥은 각자 해서 먹는 완전 분리된 생활을 한다고 한다. 효라고 해도 처음부터 모시지는 않는다. 거동이 불편할 때에 모신다고 한다. 현대의 효도는 부모에게 폐 안 끼치고 자립하여 잘 살면서 휴일에 가끔 찾아 주는 것이 효라고 한다. 같이 살면 어찌되었든 안 좋다고 한다. 진씨 성이 귀하다고 하니 고려시대 때 중국에서 왔다고 한다.

문명훈 씨 처 고씨 열녀비

길가에 가서 확인하니 조그마한 비석에 "문명훈 씨 처 고씨高氏의 지여之閭"란 것과 해설문이 적혀 있다. 내용은 "이 비석은 문명훈의 처 고씨 열녀비이다"로 시작된다. 고씨는 탐라 후예인 고종언의 딸로 문명훈에게 시집을 왔는데 집이 가난했으므로 부지런히 일하고 청빈한 부덕婦德으로 시부모를 정성껏 모셨다. 남편의 병이 위독하여 사경을 헤매자 손가락을 잘라 입에 수혈하니 죽었던 목숨이 다시 살아나 늙도록 같이 살았다. 고종 갑신년(1884) 봄에 면과 마을 유림이 영부營府에 보고하니 특별히 착함을 포양하여 표창을 내렸다는 내용이다.

길은 산길을 거쳐 고내봉 정상으로 가는 길이다. 고내봉(175m)은 조선시대 때 이 오름 정상에 봉수대가 설치되어 망오름이라고도 한다. 오름은 다섯 개의 봉우리로 이루어져 있고 소나무 숲으로 서쪽 동산 비탈에는 맛물이라는 샘이 있다. 숲이 끝나면서 큰길을 따라 조금 더 걸어가면 고내리에 이른다. 고내리 남동쪽에 자리 잡은 고내봉은 그리 높지 않으나 한라산을 가리고 있어 고내리는 제주도에서 한라산이 보이지 않는 몇 안 되는 마을 중 하나가 되었다. 고내리 우주물을 지나니 드디어 고내포구에 도착하게 된다. 종점이다.

제주올레 15-B코스
한림 – 고내 올레

아침에 걷는 길

한림에서 1박을 하고 일찍 길을 나섰다. 수원리사무소 앞에서 15-B코스로 간다. 제주올레 안내 책자에 오늘은 거의 해안가 도로로 간다고 하여 일단 해안가로 방향을 잡았다.

마을 주변에는 경지 작업이 잘되어 길이 반듯하고 밭에는 채소가 수확을 기다리고 있다. 멀리는 동덕여자대학교 제주연수원 건물이 4층 높이로 보일 뿐이다. 아침 7시경이라 조금 이른 시간으로 오고 가는 사람은 없고 간혹 산책을 나온 사람이 있을 뿐이다. 해안가로 나오니 수원리 구

수원리의 경지 작업이 깔끔하게 된 밭과 도로

룡석이란 안내판과 함께 둥근 돌덩이가 받침대에 세워져 있고 팔각정이 있다. 이를 기점으로 바다로 접근하게 된다.

올레지기 김태배 님

아침 바다를 감상하며 걷고 있는데 앞에서 남자분이 걸어오고 있다. 인사를 하니 그분도 인사를 한다. 그러면서 올레꾼이냐고 묻는다. 그렇다고 하니 길을 잘못 든 것이라고 한다. 15-B코스는 동네로 들어가 켄싱톤리조트에서 이 해안가 길과 만나게 되었단다. 나는 분명 안내 책자를 보고 무작정 해안가로 나왔는데 미처 내가 리본을 살피지 않았던 것 같다. 어제는 마을 길로 갔으니 오늘은 해안가 길로 가는 것이 당연하다고 내 나름 판단하고 길을 나선 느낌이다. 그렇다고 처음 시작점으로 되돌아가 다시 출발하기에는 너무 많이 온 것 같아 그냥 가겠다고 했다. 그분은 대구계명대학교에서 정년퇴직을 하고 이곳 수원리에 정착하여 빌라를 지어 임대업을 하고 있다고 한다. 본인은 15코스 올레지기로 쓰레기를 줍고 보수하고 길을 안내하는 일을 하고 있다고 한다. 길을 가다가 의문이 있으면 연락하라고 하면서 즐거운 시간이 되라고 격려하며 명함을 주신다. 김태배(68세) 님이시다. 생업에서 은퇴를 하고 시간과 마음을 정하여 봉사하고 섬기는 것은 작은 것 같지만 많은 사람에게 커다란 힘과 도움을 주고 있음에 틀림없다. 해변에는 하얀 등대도 있고 길은 말끔한 포장도로이다. 그런데 바다 가운데 노란 구조물이 여러 개가 설치되어 있다. 가면 갈수록 또 나온다. 저 구조물이 무엇일까 혼자 생각해 본다. 분명 뭔가 설치하려는 의도가 있다고 생각되는데 내가 유일하게 생각해 낸 것은 다리를 놓을 때 미리 설치하는 구조물이라고 연상되나 어디서 어디까지 다리를 놓는다고 생각하니 도저히 답이 나오지 않는다. 할 수 없이 방금 만나 헤어진 김태배 씨에게 전화를 하였다. 전화를 받으신다. 방금 만났던 올레꾼이라 인사하고 해상에 노란 구조물이 있는데 무엇이냐고 물으니 금방 답이 나온다. 풍력 발전기를 설치하기 위한 구조물이라고 하면서 18개를 설치한다고 한다. 지금까지 제주에 설치된 풍력 발전기보다 제일 크다고 한다. 그제야 이해가 가는 것이다. 이렇게 간단하게 해결할 수 있는 것을!

지금 내가 걷고 있는 길은 한림 해안로라고 표시되어 있다. 용운포구 옆에는 켄싱톤리조트가 있다. 바로 제대로 된 코스로 왔다면 동네 길을 따라 이곳에서 합류하게 되는 것이다. 해변 길은 수원리를 뒤로하고 바로 귀덕2리 라신동으로 접어든다. 새로 생긴 마을로 지세가 비단같이 곱고 아름다우며 해안가의 절경이 뛰어나 알차게 생활하는 동네라 하여 라신비(라신동)라고 한다.

한수풀해녀학교

귀덕은 인어마을로 인어조각상이 있다. 제주 한수풀해녀학교는 해변가에 동떨어져 2층 건물로 지어져 있다. 해녀학교에서는 해녀로서의 소양 배양, 기술 습득 및 연습, 제주만의 독특한 해녀 문화 이해, 계승 발전을 목적으로 하고 있다.

어족 자원 고갈과 작업 조건의 어려움, 해녀들의 고령화 등 점차 사라져 가는 해녀 문화를 젊은 세대에 전수하고자 하는 취지에서 주민 자치 특성화 사업으로 2007년 선정되어 2008년부터 운영해 오고 있다. 매년 5월부터 9월까지 매주 토요일(입문반 50명 내외)과 일요일(직업양성

귀덕2리 한수풀해녀학교 옆에 세워진 해녀상

반 20명 내외)에 운영하고 있고, 교육 과정 80% 이상 이수 시 수료증을 수여하고 있다. 해녀는 바닷속에 들어가서 해삼, 멍게, 전복, 미역 따위를 따는 것을 업으로 삼는 여자를 말한다. 해녀는 1629년 이 건의 『제주풍토기』 규장집에서 잠녀라는 이름으로 처음 세상에 알려졌고 제주 여인의 강인함과 근면성을 상징하고 있다. 점차 사라져 가는 제주 해녀의 삶을 재조명하고 해녀들의 귀중한 공동체 문화를 전승 발전시키고자 한수풀해녀학교가 운영되는 귀덕2리 바닷가에 해녀상이 세워져 있다.

바람의 여신 영등할망

제주포구의 원형을 그대로 간직하고 있는 귀덕포구(모살개)는 안케와 중케, 밖케와 같은 3단 구조를 옛날 방식 그대로 잘 간직하고 있는 포구이다. 가장 안쪽인 안케는 태풍 때 배가 대피하거나 배를 수리하던 곳이고, 중케는 밀물이 되면 나갈 배가 정박했으며, 밖케는 수시로 드나드는 배가 정박하였다. 2017년 콘크리트와 시멘트를 걷어 내고 옛 포구를 원형 그대로 복원하였다. 귀덕포구(모살개) 인근에는 바람의 여신 영등할망이 제주도로 들어올 때 가장 먼저 도착하는 곳이란 포구 설화를 간직한 원복덕개도 옛 모습 그대로 남아 있다. 영등할망 조각상이 바닷가에 서 있는 모습도 또한 이채롭다. 이곳 해안선을 귀덕마을에서는 암반 조간대를 이루고 있는 해모살해변으로 부르며 복덕개는 천연암반을 이용한 포구로서, 무속 사회에서는 영등할망(영등신)이 들어오는 곳이라고 한다. 이를 나타내고자 아예 복덕개포구라는 팻말을 세워 놓았다. 제주 영등굿은 제주도에서 음력 2월에 바다의 평온과 풍어를 기원하기 위하여 영등신에게 올리는 당굿이다. 조선 중종 시대의 『신증동국여지승람』에 영등굿이 행해진 기록이 있는 것으로 보아 매우 오랜 역사를 지닌 제주만의 세시 풍속이다. 영등은 영등할망(영등할머니)이라고 하는 여신으로 '강남천자국' 또는 '외눈박이섬→目人島'에 산다. 매년 음력 2월 초하룻날에 제주도 귀덕1리를 찾아왔다가 이달 15일에 제주도 동쪽 끝에 있는 우도牛島를 거쳐 다시 본국으로 돌아간다고 전해진다. 바다를 통해 삶을 영위하는 제주 어민들에게 '영등굿'은 특별한 의미를 지닌다. '영등할망'

귀덕포구(모살개)로 제일 먼저 도착하는 여신 영등할망

이 찾아드는 기간에는 제주도 곳곳에서 영등굿을 지내며, 영등 시기에는 배를 타고 바다에 나가거나 집 안에서 빨래를 해서는 안 된다고 한다.

제주도에서 행해지는 수많은 영등굿 중에 건입동 칠머리당에서 펼쳐지는 굿이 바로 국가지정 중요무형문화재 제71호와 유네스코 인류 무형문화유산으로 지정된 '제주칠머리당 영등굿'이다. 이 명칭은 영등굿이 치러지는 마을 이름(건입동의 속칭이 칠머리)을 따서 이름 붙여졌는데 1980년 안사인(安士仁 1928~1990) 심방이 예능 보유자로 인정받으면서 널리 알려지기 시작했다. 제주칠머리당 영등굿은 영등신에 대한 제주 특유의 해녀 신앙과 민속 신앙이 어우러진 당굿으로 현재 칠머리당 영등굿 보존회에서는 영등할망이 제주를 방문하는 음력 2월 1일에 칠머리당에서 영등신이 들어오는 영등환영제를, 영등신이 돌아가는 2월 14일에는 용왕에 대한 제사까지 포함하는 영등송별제 행사를 성황리에 개최한다. 제주항을 지나 사라봉 방면으로 언덕을 오르다 보면 칠머리당 영등굿당을 만날 수 있다.

비단교라는 아름다운 아치교가 있는 금성천을 끼고 바로 금성포구가 있다. 옛날에는 육지와 중국까지 왕래하는 선박이 있었으나 하천에서 밀려온 크고 작은 암석들이 쌓이면서 포구 입구를 막아 어선들의 출입이 예전만 못하다고 한다. 양식장에서 흘러나오는 물에서 여러 가지 먹이가 있는 듯 새들이 모여들어 장관을 이루고 있다. 한 무리는 날고 있고, 한 무리는 내려앉아 먹이를 찾고 있는 모습이다.

애월빵공장&카페

해안가에 우뚝 솟아 있는 거대한 건물로 다가간다. 애월빵공장&카페이다. 아침 겸 점심을 해결하기 위해 찾았다. 밖에서는 잘 보이지 않아 몰랐는데 안에 들어서니 많은 사람들이 붐빈다. 나도 그들 틈에 끼어 빵과 음료를 주문하여 자리에 앉아 식사를 한다. 옆자리에서 선물 포장을 하고 있는 직원이 있다. 올레꾼이냐고 묻는다. 그렇다고 하니 본인도 5개월 전까지 올레길을 자주 걸었는데 한 번 안 갔더니 안 다니게 된다고 한다. 올레꾼들이 이곳에 많이 오냐고 물으니 여름에는 건물 안과 밖에 많은 사람들이 쉬면서 휴식을 취하고 화장실도 이용하고 있다고 한다. 육지에서 제주로 시집을 왔는데 남편은 건축 자재 관련 회사를 운영하고 있고, 본인은 카페에서 일을 하고 있는데 이곳에 스카우트되어 왔다고 한다. 성씨를 물으니 양천 허씨라고 한다. 그렇다면 고려 말에 이방원으로부터 박해를 피해 제주도에 입도했다는 그 허씨가 아니던가. 맞다고 한다. 순천에 집성촌이 있고 본인도 그곳이 고향이라고 한다. 올레는 참으로 좋은 제주의 트레킹 코스라고 하면서 남편과 자주 다녔던 이야기를 한다. 주로 아이들이 올레 시작점까지 차로 바래다주면 부부가 함께 걷곤 하였다고 한다. 올레꾼들을 보면 반갑고 대견하다는 생각이 들어 마음이 쓰인다고 한다. 나에게도 식사를 마치고 2층에 올라가 바다를 감상하고 가라고 한다. 그러면서 빵과 캔디 2봉지를 건네며 힘내라고 격려까지 한다. 감사한 마음을 전하고 2층에 올라가 보니 넓은 홀에 아기자기한 모양으로 좌석을 마련하여 놓았다. 텐트를 설치해 놓고 그 안에서 차와 음식을 먹도록 한 인테리어도 일품이었다. 올레꾼들에게는 이런 쉼의 장소가 더없이 필요하다고 본다. 이 빵공장은 당일 3~4시간 이내에 갓

구운 신선한 빵을 제공하며 늘 최선의 노력을 멈추지 않겠다고 안내문을 붙여 놓았다. 직원들이 친절하고 남을 배려하는 곳이고 또한 먹거리를 제대로 만들어 제공하고 있으니 좋은 결과가 있을 것이다.

곽지 해수욕장은 350m 길이에 펼쳐진 해변으로 물이 깊지 않고 파도도 심하지 않아 여름철에 인기 있는 해수욕장이다. 과물은 한라산에서 흘러내리기 시작한 물이 땅속으로 스며들어 100리를 내려와 곽오름을 배경으로 바다에서 솟는 달콤한 물이라는 뜻이다. 지금의 곽지과물 해수욕장은 옛날에 마을이 들어서 있던 곳이었으나 어느 날 갑자기 모래에 파묻혔다는 전설이 전해 오고 마치 이를 증명이라도 하듯 선사시대 패총도 발견되었다. 곽지 해변의 모래는 한없이 부드러워 발이 잘 빠지지 않는다.

바닷물은 연초록색으로 멀리는 하늘과 맞닿은 수평선을 이루며 조용하고 아름다운 한 편의 그림을 만들어 놓고 있다. 누가 이런 바다를 외면

장한철 생가

할 수 있겠는가. 해변가에 조성된 덱이 바다를 감상하기에 적합하게 되어 있는데 이를 곽지해변산책로라고 안내하고 있다.

곽금3경으로 치소기암이란 바위는 한담동으로 가는 길에 위치해 있는데 한 마리 솔개가 하늘을 향해 힘찬 날갯짓을 하려는 듯 눈을 부릅뜨고 있는 모습을 하고 있다.

조선 후기 『표해록漂海錄』을 저술한 제주 출신 문인 장한철(張漢喆, 1744~미상)의 생가가 있다. 『표해록』은 바다에서 표류하거나 해안가 등에 표착해 지내다 돌아오기까지의 체험을 기록한 책이다. 장한철은 조선 후기 영조 때 애월읍 애월리에서 태어나 대정현 현감을 역임한 문인으로, 1770년(영조 46) 당시 27세 때 대과를 보기 위해 배를 타고 서울로 올라가다가 풍랑으로 류큐제도(일본 오키나와)에 표착한 이후 그 경험을 담은 『표해록』을 저술했다. 장한철은 1775년 별시에 합격해 대정현감과 흡곡현령 등을 역임했다. 『표해록』은 학계에 보고된 표해기漂海記 가운데 문학성이 가장 높은 해양 문학 자료로 평가되며, '해양 문학의 백미'로 일컬어져 가치를 인정받아 현재 제주도 유형문화재 제27호로 지정돼 국립제주박물관이 소장하고 있다. 당시의 해로와 해류, 계절풍 등의 내용이 실려 해양지리서로서 문헌적 가치를 인정받고 있다. 또 제주의 삼성 신화와 백록담, 설문대할망·류큐(일본 오키나와의 고대왕국) 태자 관련 전설도 기술돼 설화집으로서도 가치가 있다.

애월 해안 산책로 주변에는 여러 개의 카페가 있는 한담 해변 카페 거리이다. 해안 절경이 수려함은 물론 해 질 녘 석양이 아름답기로 유명한 곳이다. 주변으로 많은 카페와 휴식 공간이 들어와 있어 2030 세대라면 반드시 찾는 핫 플레이스이다. 애월 연대와 환해장성이 이어져 있다. 애월 진성은 주로 수군들이 전투를 위하여 해안 벽에 쌓은 성곽이다. 1581년(선조 14) 김태정 제주목사가 왜구의 침입을 막기 위해 돌로 쌓은 성이다. 성안에는 객사와 무기고가 있었으며 빗물이 흘러내릴 수 있도록 돌출 부분을 만들고 총을 쏘기 위한 구멍이 있고 성곽을 둘러볼 수 있는 길이 있으며 화살을 피하기 위한 방어 시설 등이 갖추어져 있다. 고내포구 주변은 상가와 건물들이 즐비하다. 낮 12시 30분경 도착하여 종점에서 스탬프 도장을 찍고 서둘러 버스 정류장으로 향한다.

제주여행 지킴이 단말기

오늘 친구 둘이 군산에서 비행기로 오후 3시 30분경 제주공항에 도착한다. 나는 제주공항에 1시 40분경 도착하였다. 아직 시간적 여유가 있어 공항 내에 있는 안내소에서 제주여행 지킴이 단말기를 빌리기로 하였다. 제주여행 지킴이 서비스는 긴급 상황 시 SOS 버튼을 누르면 신고자의 정보 및 위치가 제주지방 경찰청 112 상황실로 전송되어 구조 지원까지 이루어진다. 제주공항 1층의 2번 게이트 맞은편 안내소에서 취급하였다. 제주여행 지킴이 이용 약관에 서명하고 제주여행 지킴이 서비스 이용 신청서를 작성하여 신분증과 보증금(5만 원)을 함께 제출하면 삼성 갤럭시 손목시계(사각상자)를 받는다. 반납할 때도 상자에 든 채로 반납해 달라고 한다. 15일 동안 이용할 수 있고 1회 연장하여 최장 1개월까지 사용할 수 있다.

제주올레 16코스
고내 – 광령 올레

복잡한 심정으로 걷는 길

제주공항에서 친구들이 비행기를 기다리는 동안 제주여행 지킴이 단말기를 반납하였다. 현물과 신분증을 제시하니 바로 보증금을 돌려주었다. 친구 용기, 택순이를 공항에서 전송하고 돌아서는 마음이 날씨의 서늘한 만큼이나 허전한 느낌이다. 어제 성해 친구가 떠날 때는 그래도 남아 있는 친구가 있어서 그런지 별다른 이별의 감정을 느끼지 못했는데 3박 4일 동안 함께한 친구 2명이 떠나니 마음이 허전하였다. 이런 기분으로 공항에 오래 있을 분위기가 아니라고 생각되어 바로 버스를 타고 16코스 출발점인 애월고등학교로 출발했다. 지난번 15코스에서 2번이나 왔기에 익숙하여 동네를 실컷 감상하며 제주올레안내소에 도착하였다. 9시경 고내 제주올레안내소를 방문하여 직원의 따뜻한 안내를 받고 방명록에 감회를 기록하였다. 친구들이 모두 떠나고 홀로 남아 있는 처지가 애처롭고 쓸쓸하기까지 하다고 기록하였다.

고내리 해변 경승지

고내리는 바다를 향해 있는 마을로 밝고 깨끗하다. 250여 가구가 있는 전형적인 반농반어의 해촌이다. 과거에는 보리와 콩 농사를 했으나 20년 전부터 브로콜리, 양배추, 취나물 등 고소득 작물로 바꾸었다.

이 코스는 처음 시작부터 고개를 넘는 것이다. 고개 넘어서는 평탄한 해변 길이 이어질 것이라 생각했으나 작은 고개를 세 개 정도 넘어서야 평탄한 해변로로 이어졌다. 그렇다고 아주 험한 고개는 아니다. 아기자기하고 아름답고 즐거운 마음을 품게 하는 매력 있는 길이다. 서귀포가 남원의 큰엉 경승지를 내세운다면 제주시의 고내리 해변 경승지 또한 그에 견주기에 부족함이 없다. 자체적으로 해변 명승지라고 붙이기도 하였고 해양수산부 해양연구소가 부여한 전국 100대 명승해안으로 선정되었다. 내 앞으로 젊은이가 커다란 배낭을 메고 앞서 나가고 있다. 이 청년은 걸으면서 한 번도 뒤돌아보거나 사진을 찍지 않고 오직 걷기만 한다. 다른 사람들은 걸으며 어떤 생각과 목적을 갖고 걷고 있을까 잠시 자문해 보았다.

애월읍경은 '항몽멸호의 땅'이라고 적힌 현무암 표지석이 있다. 그 곁에 몽골군과 최후의 결전을 벌인 삼별초의 김통정 장군과 그로부터 97

'애월읍경은 항몽멸호의 땅' 표지석, 몽골군과 최후의 결전을 벌인
삼별초의 김통정 장군과 몽골 세력을 제주도 땅에서 섬멸한 최영 장군의 석상이 있다.

년이 지난 뒤 몽골 세력을 제주도 땅에서 섬멸한 최영 장군의 석상이 바다를 등진 채 한라산을 보고 있다. 삼별초의 대몽항쟁 거점이었던 항파두리缸坡頭里와 최영 장군이 진을 쳤다는 새별오름이 근처에 있다는 표시가 나온다. 다락 쉼터에는 재일고내인불망비在日高內人不忘碑가 있다. "이국만리 타향에서 맨주먹으로 거친 삶을 일구면서도 손에 쥐어지는 것이 있으면 오로지 향리 발전을 위해 내었음"을 기리는 비석이다. 비석 뒤에는 1917년 일본으로 건너가 일했던 고내리 사람들의 이름이 빼곡히 적혀 있다. 일제강점기에 일본 대도시에서 노동품을 팔아 피땀 흘려 번 돈을 고향 발전 기금으로 보내온 정성도 놀랍지만, 수십 년이 지난 후에도 그 은혜를 잊지 않고 비를 세워 기리는 마을 사람들의 마음도 예사롭지 않다. 비석은 2012년 1월 8일에 세워졌다. 일본 대도시로 노동품을 팔러 간 제주도 사람은 남녀 합쳐 5만 명에 이르고 그 절반이 젊은 여성들이었다. 젊은 여성들은 방직 공장이나 고무 공장에서 여공으로 일을 했다.

신엄리, 중엄리, 구엄리

신엄리 바닷가는 바위가 험하여 예로부터 다니기 어려웠다고 한다. 대신 길에서 내려다보는 해안 절벽이 아름답다. 농업과 어업을 병행하는 신엄리는 수박이 맛있기로 유명하다.

검은 현무암의 돌들로 이루어진 해안가이다. 흐린 날씨가 더욱 몽롱한 풍경을 야기하고 있다. 중엄새물은 대섭동산에 마을을 이루게 된 중엄리 설촌 당시의 식수원으로 해안에서 솟구치는 용천수인데 규모가 매우 크다. 방파제를 설치하여 안쪽으로 해수가 들어오지 않는 최고 용천 물량으로 제주 제일의 해안 용수이다. 구엄리 돌염전이 나온다. 조선 명

구엄리 돌염전

종 14년(1559) 강려 목사가 부임하여 구엄리 주민들에게 바닷물로 소금을 암반에서 제조하는 방법을 가르쳤다. 바위 위에 찰흙으로 둑을 쌓고 그곳에 고인 바다물이 햇볕에 마르면서 생기는 소금을 얻어 내는 방식으로 주민들의 주요 생업 터전이 되었다. 소금밭의 길이는 해안을 따라 300m 정도이고 폭은 50m 정도이다.

  구엄포구를 지나서 중산간 마을 내륙으로 들어간다. 고구마 농장과 마늘밭이 이어진다. 세찬 해풍은 마을로 들어오면서 잔잔해졌다.

  구엄리에서 중산간마을로 접어들어 수산봉으로 접근하여 간다. 그런데 마을 가운데 컨테이너 박스에 빨간 색칠을 하고 '그냥우동'이란 간판이 예사롭지가 않다. 마음속에는 풀리지 않는 의문이 남아 있다. 4차선 대로를 건너면 다른 동네로 접어들어 수산봉으로 이어지기에 이곳에서 의문을 해소하고 싶었다.

  길가에 처음 마주하는 과일 선물가게에서 커피를 파느냐고 물으니 윗

집 낚시점에 가면 팔 것이라고 한다. 낚시점에는 여자 주인과 남자 손님 한 분이 계신다. 남자 손님은 주변에서 낚시를 하다가 재료가 부족하여 구입하러 온 손님이다. 그분이 먼저 커피를 자동판매기에서 뽑아 드신다. 여주인에게 커피 한 잔을 주문했더니 고개로 커피 자동 머신 쪽을 가리키며 빼 드시라고 한다.

 우선 이곳의 행정 명칭을 물었다. 구엄리라고 하신다. 내가 동네 가운데 우동집 이야기를 하면서 동네가 크고 사람들의 왕래가 많은 것 같다고 하였더니 그렇지 않다고 하면서 신엄리, 중엄리, 구엄리에 대한 동네 설명을 하신다. 이곳의 인구며 해녀 수를 물으니 애월읍의 전체 전화번호부를 꺼내 펼쳐 보인다. 전화번호부에는 동네 규모를 알리는 정보가 각 마을별로 잘 정리되어 있다. 여주인은 계속해서 말씀하신다. 이 동네 토박이들은 내 땅에서 내 몸 굴려 일해서 살고 있고, 새롭게 오픈하는 상점들은 모두 외지인이라고 한다. 제주 사람들은 간섭받는 것도 간섭하는 것도 싫어한다고 한다. 이런 모습을 외지인들은 텃세라고 하는데 외지인들은 이런 순수한 마음을 가진 제주인들에게 몹쓸 짓을 많이 했다고 한다. 이곳은 씨족 사회로 형성된 마을로 구엄리는 여산 송씨, 신엄리는 정씨, 장전리는 고씨가 많이 거주하고 있다고 한다.

 씨족 사회이기 때문에 본향당에 누구를 모시느냐에 따라 그 마을의 씨족을 알 수가 있다고 한다. 구엄리는 송씨할망을 모신다고 한다.

 이런저런 이야기를 하다가 주인에 대한 이야기를 하게 되었다. 주인은 전주 이씨로 효령대군파라고 한다. 제주에는 효령대군파 이씨가 많다고 한다. 내가 고, 양, 부 성씨를 가진 분을 만나기 어렵다고 하였더니 한림

구엄리 대경낚시점 이나경 사장님

에서 여고를 다녔는데 그때 반에서 고씨가 3~4명 정도이고 양씨는 없고 부씨가 1명이란다.

본인은 30년 동안 이곳에서 낮에는 낚시점을 운영하고, 밤이면 치킨집을 하고 있다고 한다. 첫애를 낳을 때 1주일을 쉬고(제왕 절개 수술) 일터에 나왔고 둘째 역시 제왕 절개로 낳았는데 그때는 하루 쉬고 바로 일을 했단다. 그러면서 놀 줄을 모르기에 일하는 것이 전부라고 하였다. 노는 것도 배워야 하는데 그것이 아쉽다고 한다. 본인은 이곳에서 손님을 만나서 이야기하는 것이 유일한 힐링이고 노는 것이라고 한다. 이야기를 마치고 내가 책을 내려고 계획하고 있다고 했더니 책을 받아 보고 싶다고 한다. 주소가 적힌 명함에는 이름이 없어 물으니 이나경(58세) 님이라고 한다. 우리가 만난 것도 시절 인연으로 귀중한 만남이라는데 동의하고 소중하게 여겨야 한다고 하였다. 이 선생님은 불교 신자인 어머니의 영향으로 불교 신자라고 한다. 하지만 여전히 모든 것에 토착 신앙이 깃들어 있다고 믿고 있으며 그렇게 생활하고 있다고 한다. 제주에서는 돌멩이 하나, 풀 한 포기도 모두 신이 깃들어 있다고 한다. 척박한 환경이다 보니 뭐든지 의지하고 기원하는 풍습이 있어 토착 신앙이 강하다고 한다. 교회를 다니면서도 굿을 하는 곳이 바로 제주라고 한다. 커피값을 지불하려 하였더니 손님용으로 무료로 제공하고 있다고 하면서 책상 위에 있는 한라봉 5개를 싸 주신다. 염

치없이 받아 들고 헤어졌다.

수산봉, 수산저수지

　수산봉(121.5m)에 오르는 길은 계단과 오솔길로 걷기에 편하다. 분화구에는, 매화가 봉우리에 꽃을 잔뜩 머금고 있다. 분화구라는 이름만 있지 온통 꽃밭이다. 몇 개의 시비詩碑가 설치되어 있다.

　분화구를 한 바퀴 돌고 내려간다. 산을 내려갈 때 몇 명의 사람이 한쪽 편에서 서성인다. 사람들이 잠시 쉬어 가는 모양이라고 생각하고 돌아서 길을 재촉했다. 수산저수지는 허리를 드러내고 있다. 가뭄이 들어서 그런지 수위가 낮았다. 그리고 한참을 걸었다. 아차, 생각이 났다. 바로 수산저수지를 바라보는 수산봉 기슭에 유명한 그네가 있다고 안내 책자에 있는 내용이 생각났던 것이다.

　발걸음을 되돌렸다. 이때를 지나치면 기회가 없다고 판단했다. 올라가니 사람들이 없다. 나 혼자서 덩그러니 비어 있는 그네를 여러 각도에서 사진을 찍었다. 그래도 허전했다. 그네 타는 광경이 생각났다. 내가 그네 타는 모습을 찍고 싶은데 찍어 줄 사람이 보이지 않는다,

　지나가는 분을 붙들고 사진을 찍어 달라고 하였더니 아이가 있어 어렵다고 한다. 난감해하고 있는데 한 무리의 사람들이 올라오고 있다. 그중에 청년이 대뜸 자기가 찍어 주겠다고 하는 것이다. 바로 앞을 보고 포즈를 취했더니 청년은 그런 포즈가 아니라고 하면서 자세를 바꾸라고 한다. 우선 앞모습을 찍어 달라고 하니 몇 컷을 찍어 준다. 그리고 뒷모습을 찍어야 한다면서 발을 쭉 펴라고 한다. 두 컷을 찍어 주었는데 사진을 확인해 보니 너무 잘 찍혔다. 바로 친구들과 아내에게 전송하였다.

수산봉 입구에 있는 나무 그네가 유명해져 SNS 인생 사진 명소이다.

수산저수지는 수산봉 아래에 있는 커다란 인공 저수지로 1960년 12월 식량 생산을 목적으로 만들어진 농업용 저수지이다. 지금은 인근 주민들이 피크닉이나 산책하는 곳인데 최근 수산봉 입구에 있는 나무 그네가 유명해져 SNS 인생 사진 명소가 되었다. 저수지 앞에는 수산리를 지키는 천연기념물 곰솔나무가 우아한 자태로 늘어져 있다. 400살이 넘는 이 곰솔은 저수지 쪽 가지가 밑동보다 2m 정도 낮게 물가에 드리워져 있고 수관이 넓게 퍼져 있어 그 모양이 아름답다. 그런데 그 유명한 곰솔나무를 지나치고 말았다. 그네에 열중하다 보니 깜박 잊었던 것이다. 곰솔나무를 보지 못하고 내려왔다는 것이 아쉬웠다.

수산리 하면 몇 가지 특이한 특징이 있는 동네라는 것을 알 수 있다. 첫째는 수산저수지, 수산봉 곰솔이 있다는 것이고, 둘째는 시비詩碑가 많은 마을이라는 것이며, 셋째는 물메(수산리의 옛 이름)밭담길이 세계중요농업유산에 등재된 마을이라는 점이다.

수산리 마을을 탐방하던 중 예원동 임원을 맡고 있는 김홍수(45세, 전 수산리 총무 역임) 님을 만났다. 마침 주말을 맞아 마을 청년들 15명이 동원되어 농로 정비 사업(농로 나무 가지치기, 쓰레기 처리, 농약병 수거 등)을 마치고 들어오고 있었다.

"동네에 시비詩碑가 많네요?"

"네, 수산리와 한국시인협회100인 시인과 MOU를 맺어 그들의 시를 마을에 시비로 설치할 수 있게 되었습니다. 시인 중에는 제주시 출신도 있고 이 고장 당동 출신 송기영 시인의 시도 있습니다."

"오늘은 특별한 날인가요?"

"네, 예원동 출신 청년들을 불러 함께 마을 정비 사업을 했습니다. 수시로 동네에 일이 있으면 불러서 함께 일을 합니다. 정기적으로는 1년에 2회 새봄맞이와 8월맞이도 합니다. 모두 직장이 있기 때문에 주말을 이용하고 있습니다. 예원동은 60여 가구에 200여 명의 인구가 있습니다. 물메(수산리) 밭담길(3.3km)도 유명하게 알려져 있어 50분 정도면 돌아볼 수 있습니다."

항파두리

평탄한 포장로와 흙길, 오솔길 등이 바뀌며 나타난다. 예원동 마을길을 지나면 항파두리 항몽유적지로 이어진다.

항파두리 토성길을 만나게 되는데 덱 길을 따라 걸으면서 토성을 감상한다. 제주항파두리 항몽유적지 포토존도 있다.

안내문에는 문화재조사를 진행하고 있다고 표시하고 있다. 내성지에 아직도 발굴이 완전 이루어진 것이 아니라 진행 중에 있음을 알 수 있다.

삼별초군은 1271년(고려 원종 12) 5월 본거지인 진도가 고려, 몽골 연합군에게 함락되자 김통정 장군은 잔여 세력을 이끌고 제주도에 들어와 이곳 항파두리에 진지를 마련하고 내, 외성을 쌓았다. 특히 외성은 흙과 돌멩이를 섞어서 쌓은 토성으로 그 길이가 15리(6km)에 달하였으며 토성 위에는 나무를 태운 재를 뿌려 연막전술을 폈다고 한다. 또 바닷가를 따라 3백여 리에 달하는 환해장성을 쌓아서 적의 침입에 대비하였다.

　고려의 김방경과 몽골의 흔도가 이끄는 고려 몽골연합군 1만 2천여 명이 1273년(고려 원종 14) 4월 함덕포와 비양도로 상륙하여 공격하였다. 마지막까지 항전하던 김통정 장군은 붉은 오름으로 퇴각한 뒤 자결함으로써 몽골 침입 이후 40여 년에 걸친 삼별초군의 항몽투쟁은 끝이 났으며, 제주도에서 최후까지 항쟁한 2년 6개월의 자취가 곧 이 항파두성 사적지이다.

　항몽유적전시관이 내성 안에 마련되어 있다. 이곳을 거점으로 삼은 것은 적의 상륙예상지인 함덕포와 명월포의 지세를 고려하여 그 중간 지역

항몽유적지 내에 있는 항몽순의비

인 항파두리에 외성인 토성을 쌓고 성내에 건물을 짓고 근거지로 삼았다.
순의비, 순의문, 항몽유적기록화 7폭, 관리사무소를 두고 역사교육 시설로 활용하고 있다. 토성을 따라 포장도로를 걸어 항파두리를 빠져나오면 고성 숲길이다. 숲의 경계인 고성천을 지나면 흙길이 끝나고 다시 포장도로가 나타난다.

이제 드문드문 집들이 나타나는 호젓한 밭길을 지나 광령리로 넘어간다. 꽤 지대가 높은 편인 광령마을을 내려오면 향림사, 광령초등학교와 번화한 거리가 나오고 벚나무 가로수가 아름다운 16코스의 종점, 광령1리사무소에 이른다.

광령리는 감귤의 역사를 볼 수 있는 동정귤나무가 발견되어 눈길을 끄는 곳이다. 광령초등학교 근처에 있는 커다란 귤나무. 높이 6m, 뿌리 근처에서 세 가지로 나누어졌다. 마을 사람들은 돈진귤, 또는 진귤이라고 불러 왔다. 조사해 보니 재래귤 가운데 멸종된 것으로 알려졌던 '동정귤'로 밝혀졌다.

300년 된 동정귤나무

제주에서는 유일하게 확인된 것이다. 수령이 300여 년으로 추측된다. 주변에 거주하는 주민에 의하면 제주특별자치도기념물로 지정되어 있으나 혜택은 1년에 비료 몇 부대가 전부라고 하면서 아쉬워하고 있다.

제주 불교의 특징

제주도에는 절이 많았었는가? 제주 사람들은 제주에 한때 불교가 상당히 번창했었다고 상식처럼 생각한다. "영천 이목사가 절 오백, 당 오백을 파괴했다."라는 말이 있는데, 그전까지는 그랬다는 것이다.

영천 이목사란 숙종 28년(1702) 제주목사로 부임했던 이형상을 일컫는다. 그러나 그가 파괴한 것은 당 129개소, 절 2개소(혹은 5개소)일 뿐이다. 500이라는 숫자는 실제의 숫자가 아니라 많다는 상징어에 불과하다. 한때 법화사와 수정사에 각각 노비가 280명, 130명이 있었다고 하는데 이는 강력한 권력(몽고제국)의 지원 없이는 유지될 수 없는 규모이다. 그런 만큼 몽고의 몰락은 제주 불교의 쇠퇴로 직접 이어졌고 조선시대 강력한 억불정책은 제주 불교의 쇠퇴를 더욱 촉진시켰다. 제주 불교의 세 가지 특이한 점이 있다.

첫째, 사찰의 승려는 대처승이었다는 것이다. 『세종실록』 9년(1427)에 제주의 승도들은 공공연히 처를 취하여 사찰을 집으로 삼고 그 제자들을 사역케 하여 그 처자를 양육한다고 되어 있다. 『신증동국여지승람』(1530)의 풍속조에는 "여자가 많고 남자가 적어서 승려들이 모두 절 곁에 집을 짓고 처자를 부양한다."라는 해설이 소개되고 있다.

둘째는 불교 중흥을 이끌었던 사람은 기혼녀로 계를 받고 관음사를 창건했다는 사실이다. 그녀는 화북 출신 안봉려관 스님이다. 결혼하여 1남

4녀를 두었지만 1907년 우연히 뜻하는 바가 있어 전남 해남의 대흥사에서 계를 받았다. 그리고 다음 해인 1908년에 제주로 돌아와 관음사를 창건하기에 이르렀다. 이형상 목사 이후 소멸되었던 제주 불교가 200년 만에 다시 피어나는 순간이었다.

셋째는 불교가 외피만 불교적인 색채를 띠었던 것으로, 이는 무속적인 것이 함축되었다고 볼 수 있다. 제주의 상장喪葬의례는 가히 종교 백화점이라 할 수 있다. 여러 귀신들이 서로 충돌함 없이 각자 자신이 맡은 역할만을 수행함으로써 사람들을 돌봐 준다. 이처럼 다양한 종교를 통해 복을 기원하려면 복잡하고 비용도 많이 든다. 누군가 이러한 절차를 한꺼번에 맡아서 해 주면 좋을 듯싶다. 제주에서는 바로 그 누군가가 사찰이다. 제주의 몇몇 사찰은 이런 일들을 해낸다. 심지어 굿도 한다. 본존불 앞에서 무속 제의가 행해진다. 종교가 뭐냐고 물으면 불교라고 한다. 이들이 말하는 불교는 사실상 무속과 별로 먼 거리에 있는 게 아니다. 그들의 눈에는 스님이나 심방(무당을 일컫는 제주어)이나 크게 다르지 않다. 물론 최근에는 중앙교단의 영향력으로 인해 이런 모습이 많이 사라졌다. 이러한 것은 불교 중심의 신앙 조직 체계가 더욱 단단해진 결과이다. 어쨌든 이처럼 제주의 불교는 한반도 전체와 비교하여 많이 다르다. 여전히 제주의 경우는 불교의 외피만 걸쳤을 뿐, 무속이 그 속에서 여전히 강한 흐름을 형성해 왔다. 그래서 제주의 불교를 심방불교라고 부른다. 토착 신앙을 중심에 놓고 외부의 문물을 받아들인, 주체적 신앙 행위로 자랑스럽게 여기고 있다. (이영권, 『새로 쓰는 제주사』를 바탕으로 씀)

제주올레 17코스
광령 – 제주원도심 올레

밤늦은 시간까지
헤매었던 길

광령1리는 중산간 마을 중에서 큰 마을로 보건지소도 있고 큰길가에는 제법 상가도 형성되어 있다. 제주 도심의 노형동과 맞닿아서 그런지 농촌이어도 인구가 줄지 않고 5분 거리에 있는 광령교만 넘으면 제주 중심가로 간다.

1653년(효종 4) 목사 이원진이 편찬한 『탐라지』에 기록을 보면 산칠성山七星, 수칠성水七星으로 이뤄진 마을로 산가수청山佳水淸하니 산이 아름답고 물이 맑다 하여 광光이요, 주민이 밝고 선량하다 하여 령슈이라는 리명이 당시부터 표기되어 온 것으로 본다.

광령리에서 잠자리를 찾았으나 마땅한 곳을 찾지 못해 번화한 곳까지 가서 유숙하기로 하고 계속 걸었다.

광령리사무소에서 광령교를 건너 무수천을 따라 걷는 길은 깊은 상념보다는 가벼운 마음으로 내리막길을 사뿐히 걸었을 뿐이다. 무수천無愁川은 복잡한 인간사의 근심을 없애 준다는 이름의 개울로 한라산 장구목 서복계곡에서 시작된 물줄기는 25km를 흘러 외도동 앞바다까지 이어진다. 수량이 풍부해 제주시의 주요 수원이라고 한다. 상류에서 광령천이라 부르던 이름이 무수천으로 오다가 도근천과 만나 외도천으로까지 바뀌어 가면서 천은 흐르고 있다.

월대月臺

상수도 보호 구역이라는 곳을 지나자 졸졸 흐르던 실개천이 강물로 변한다. 바로 외도천이다. 하류로 내려갈수록 물이 많아진다. 외도천 바닥에서 용천수가 솟아오르는 모양이다. 과거에 선비들이 앉아서 달을 보며 시를 읊었다는 월대月臺 앞에는 폭 10m가 넘는 깊고 큰 웅덩이가 만들어져 있다.

월대 앞 숲길이 장관이다. 수백 년 수령을 헤아리는 팽나무와 소나무로 이루어져 있다. 민물과 바다가 만나는 광경을 볼 수 있는 아름다운 숲길이다. 외도교 아래로 외도천은 흐르고 그 너머로 바다가 보인다.

월대月臺는 하늘에서 신선이 내려와 동쪽 숲 사이로 떠오르는 달이 맑

월대, 해송과 팽나무가 어우러진 곳에 있는 반석

은 물가에 비쳐 밝은 달그림자를 드리운 장관을 구경하며 즐기던 누대樓
臺라는 뜻이다. 실제로 넓은 공간은 아니지만 냇가를 한눈에 볼 수 있고,
오래된 나무들이 어우러져 멋있는 풍경을 연출하는 곳이다. 월대 앞을
흐르는 외도천을 달리 일컫는 말로 월대 인근에서 흐른다고 해서 월대천
이라 불리며, 물이 깊고 맑은 데다 민물과 바닷물이 만나는 곳이라 뱀장
어와 은어가 많이 서식한다. 조선 시대에는 시인과 묵객들이 찾아와 절
경을 바라보며 시문을 읊었다.

아뿔싸 그런데 이곳에서도 잠자리를 찾는 것은 쉽지 않았다. 말이 외
도동이지 2km 정도만 가면 제주도심이 지척이라 그만한 잠자리를 쉽게
찾을 수 있다고 믿고 있었는데 어쩌랴. 날은 자꾸만 어두워져 주변은 벌
써 불빛을 밝힌 지 오래다. 불빛을 찾아 이리저리 헤매다가 거리에서 나
이 든 남자분을 만나 잠자리를 할 만한 곳을 알려 달라고 부탁하니 자기
를 따라오라는 것이다. 자기는 이곳 토박이로 친구를 만나러 가는 길인
데 그곳에 가면 친구들이 가르쳐 줄 것이라고 한다.

자기는 택시가 공짜라고 하면서 함께 타고 가자고 한다. 어리둥절하여
물으니 제주에는 70세 이상 어른에게는 택시도 공짜로 탈 수 있는 패스
를 주었다고 한다. 기다려도 택시가 나타나지 않자 걸어서 가자고 한다.
걸어가면서 이야기를 했다. 나는 올레꾼으로 지금 17코스를 걷고 있고
고향이며 사는 곳 등을 이야기하니 그분도 자기소개를 한다. 평생 마도
로스로 생활했다고 한다. 은퇴하고 고향인 외도동에 정착하여 소유하고
있던 땅에 건물을 세워 세를 받아 여생을 보내고 있다고 한다.

친구들이 있는 순댓국집에 도착하였다. 그곳에는 친구 두 분이 있고
식사를 마치고 반주로 소주를 마시고 있었다. 나를 데리고 가신 분은 성

함이 이용식으로 코미디언 이용식 씨와 이름이 같았다. 52년생 71세, 친구분들에게 나를 소개하고 잠자리를 알려 주라고 한다. 그중 한 분이 이곳은 없고 외도교를 넘어 한 블록만 가면 즐비한 것이 펜션이고 민박이라고 한다. 순댓국을 먹으면서 이야기를 듣기도 하고 나에 대한 질문에 답하기도 하였다. 친구분들은 모두 전북 전주와 무주가 고향이다. 한 분은 해병대에서 대위로 제대하고 이곳에서 예비군 중대장을 했다고 한다. 동향이라면서 친근감이 있고 안심도 되었다. 해병대에서 진급을 하려고 노력하는 중에 상사가 진급보다는 이곳에 예비군 중대장을 모집하는데 대우는 3급(지금은 5급 정도) 공무원 수준의 대우를 해 준다고 하니 생각해 보라는 조언에 따라 바로 전역하여 예비군 중대장 생활을 하게 되었다고 한다. 한 분은 서울 노원과 중계동에 살았고 현재는 청담동에 살고 있으며 공장은 별내(남양주시)에 있었는데 수용을 당하여 포천으로 이전하였다고 한다.

이런저런 이야기를 하다가 이용식 씨와 예비군 중대장과의 서로 형이라고 하는 논쟁이 벌어져 주민등록증을 내보이며 나에게 판결을 부탁하는데 이용식 씨는 5월생이고 예비군 중대장인 박창일 씨는 1월생으로 박창일 예비군 중대장이 형으로 판결이 났다. 나이가 들어도 동심의 생각과 행동 등은 여전하다는 사실이다. 젊은 날에 이런 이야기는 서로 어른이라는 소아적 기질에서 비롯되었다고 생각했는데 나이가 들어도 그 어릴 때의 애정스러운 다툼은 여전하였다.

시간이 되어 나는 잠자리를 찾아 떠나며 그분들과 헤어졌다. 또 하나의 만남과 이별이 잠깐 사이에 벌어졌다. 이것도 예정된 조화이리라.

한 블록을 갔으나 주변이 어두워 찾을 수가 없어 버스 정류장에 가서 묻기로 하였다. 지나가는 할머니에게 물으니 본인이 아침마다 산보를 가는데 지나는 길에 사람들이 항상 붐비는 것을 봤다고 한다. 아마 그 집이 민박을 할 것이라고 하며 안내를 한다. 한참을 걸어 어두운 골목에 도착하여 할머니는 이 집이라고 하면서 총총히 사라진다. 감사하다는 인사를 제대로 하지도 못했다. 이 밤중에 친절하게 자기의 시간을 써 가면서 배려해 준 할머니의 정성이었을까, 민박집은 정확했다. 그러나 주인은 보일러를 넣지 않아 좀 그렇다고 하면서 같이 이야기를 나누던 부부에게 자기 집으로 안내하라고 하며 나보고는 이분들을 따라가라고 한다.

난 어떤 조건도 붙일 입장이 아니었다. 바로 이 밤을 지새울 공간이 절실했던 것이다. 그분들의 차를 타고 한참을 갔다. 불빛이 밝았다. 부인이 먼저 내리고 난 차 속에 있는데 남편이 따라가 보라고 한다. 부인이 들어간 곳은 호텔이다. 내가 따라가니 벌써 방을 예약하고 지배인에게 잘 해 드리라고 하면서 떠나신다. 아마 이 호텔의 주인인 것 같았다. 부인은 아침이 포함된다고 하면서 6만 5천 원을 지불하라고 한다. 내 입장에서 호사를 부리는 것 같아 망설였지만 지금 당장 어찌할 수 없어 따르지 않을 수 없었다. 부인은 당부한 다음 떠났다. 이렇게 때 아닌 호사를 누리게 되었다.

잠자리가 없어 당황했는데 부담은 가지만 그래도 하루를 푹 쉴 수 있는 공간을 얻었다는 것에 만족했다.

알작지 몽돌 해변

내도동 알작지왓(아래쪽에 있는 자갈밭이라는 제주어)은 광령천 하구의 동쪽 해안을 따라 400m에 걸친 지역을 말한다. 화산암의 조각들이 오랜 세월 파도를 맞아 둥근 자갈이 되었다. 특히 거친 파도가 밀려올 때 이 자갈들이 파도를 따라 구르며 내는 소리로도 유명하다.

반질한 몽돌이 오늘도 스륵 스르륵 파도와 함께 화음을 맞추며 스스로 낮추고 더하여 리듬 있게 바닷속에서 선율을 자랑하고 있다. 이곳 자갈층은 약 50만 년 전에 형성된 것으로 2003년 제주시문화유산으로 지정되었다.

이호테우 해변

내도동 포제단과 방사탑이 해변가에 가지런히 서 있다. 길은 해변 자동차 도로를 걷게 되었다. 멀리서 두 개의 조랑말 등대가 이호테우임을 알리며 맞이하고 있다.

이호테우는 이호동과 테우(제주의 전통배 이름)가 합해져서 지어진

이호테우 해변의 두 개의 조랑말 등대

이름이다.

이호테우 해변(해수욕장)은 몇 가지 특이한 곳이다.

이름이 특이한 것은 언급한 사항이고 등대가 특이하다. 흰 조랑말과 빨간 조랑말이 나란히 세워져 있어 보는 이로 하여금 상당한 호기심과 함께 아름다움을 자아내고 있기 때문이다. 많은 사진작가나 감성적인 시인들이 자주 찾아 작품을 남기기도 하는 곳이다.

두 번째로 서핑하는 인구가 많다. 겨울임에도 불구하고 서핑보드를 들고 바다로 뛰어드는 30여 명의 남녀 동호인들이 있다. 여름에는 서핑을 배우려는 학습 지망생이 200여 명에 이른다고 한다.

세 번째는 제주도심에서 가깝다는 것이다.

물가에서 즐기기에 이만한 백사장과 해수풀장 등 인프라가 갖춰진 곳도 드물다.

네 번째는 잠자리와 식사 등 먹거리가 잘 발달되어 있다.

이곳은 4월부터 해변에서 수영을 즐기는 인구가 있다고 한다. 그것도 10월까지 이어진다. 육지에서는 거의 8월 15일 전후로 해수욕장이 폐장하는 것을 감안하면 대단히 긴 여름의 시간이라 할 수 있다.

해변 근처에서 CU편의점을 8년째 운영하고 있는 김중배(63세) 사장은 제주 지역에서 매출 1위를 한 적이 있다고 한다. 지금은 5위 정도를 하고 있는데, 4개월(11, 12, 1, 2월)만 손님이 적고 3월부터 바빠져서 2명이 하던 일을 4명이 맡아서 하고 있다고 한다. 35년 동안 대한항공, 롯데, 진로 등 대기업에서 근무하다 은퇴하고 바로 시작했는데 좋은 환경에서 근무하는 것을 자랑으로 여기고 있다.

붉은왕돌할망당

서핑을 즐기기 위해 서귀포에서 방금 도착한 이진철(33세) 씨는 이곳에서 살다가 얼마 전에 서귀포로 이사했는데 겨울에는 월 2회 정도 서핑을 즐기며 여름에는 주 4일 정도 즐긴다고 한다. 겨울에는 이호테우 해변에서 즐기다가 여름에는 중문색달 해수욕장에서 주로 즐기고 있는데, 이호테우 해변은 여름에 파도가 잔잔하기 때문에 파도가 가파른 중문의 색달 해변을 찾는 것이라고 한다.

이호테우 해변에는 쌍원담(두 개의 원담)과 은밀하게 조성된 해변가에 위치한 본향당이 눈에 띈다. 이름은 붉은왕돌할망당이다.

도두동

도두동은 농어촌 지역으로 4개의 자연 마을(도두1동, 사수, 신성, 다호)로 형성되어 있고 제주국제공항, 민속오일시장 등이 위치해 있다. 도두항 인근 해안변을 따라 많은 횟집과 카페가 형성되어 있고 도두봉과 해안선을 잇는 빼어난 자연 경관으로 새로운 관광 명소로서 발전 가능성을 가지고 있는 마을이다.

도두항에서 도두봉으로 이어지는 구름다리

　도두추억애거리에는 옛날 놀이들을 조형물로 만들어 거리에 설치하여 지나는 이들에게 과거를 일시나마 회상하게 하는 마술의 거리다. 나도 그 까마득한 어린 시절을 회상하며 야릇한 미소를 지어 본다.
　도두추억애거리를 지나면 오래물이 솟는 아름다운 도두항이 있다. 도두동에서 솟아나는 용천수인 오래물은 마을을 상징하는 명물이며 무더운 여름에는 얼음처럼 차갑고 겨울에는 따뜻해 예로부터 마을 사람들이 식수와 생활용수로 요긴하게 사용해 왔고 여름마다 도두물을 주제로 마을 축제를 연다.

몰레물

　몰레물이란 이름의 동네가 있었던 해변이라는 안내판이 있다.
　1979년도에 제주공항 확장공사가 두 번째로 실행되어 어쩔 수 없이 고향을 떠나 인근 마을로 이주한 사람들, 아예 이번 기회에 멀리 객지로 떠난 동네 사람들이 한데 모여 재회를 하면서 의견을 모아 그 흔적을 남기고 매년 8월 추석에 모여 마을의 옛정을 나누기로 한 내용을 기록해 놓고 그것도 부족하여 옛 마을에 남아 있는 바닷가 해변 근처에 의자와 탁자를 설치하여 쉼터를 만들어 놓았던 것이다.

개인의 이별도 아픈 것인데 마을이 흔적 없이 사라지면서 생이별을 하게 된 심사를 당해 보지 않은 사람은 알 수 없을 것이다. 그래서 고향을 떠나 흩어졌던 인정을 되살리어 그의 후손들에게 전하고자 하는 애틋한 향수를 담고 있는 것이다.

공항은 바로 곁에 있고 공항과 경계를 획정하기 위해 몇 겹의 철조망과 담벼락을 설치하여 구분하고 있다. 그 옆에 있는 버스 정류장 이름을 '공항초소'라고 하였다. 바로 뒤에 공항초소가 하나 버티고 있다. 그 버스 정류장에서 늦은 점심을 먹는다. 바람이 매섭다. 버스 정류장의 유리 가림막이 아니었다면 세찬 바람에 음식을 먹을 엄두가 나지 않았을 것이다.

식사를 마치고 출발하는데 비행기가 이륙을 하고 있다. 이곳은 공항의 맨 끝자락이고 사수동 쪽은 비행기가 이륙하는 공항의 활주로 시작점이 되는 듯했다.

제주시가 독일 로렐라이시와 우호 협력 관계를 맺은 것을 기념하여 기증받은 로렐라이 인어상이 서 있는가 하면(로렐라이시에는 돌하르방이 서 있다.), 해변 근처에 솟아나는 용천수가 이어지고, 빌레(너럭바위) 위에 바닷물을 가두어 소금을 만든 제주식 염전 '소금 빌레'도 보인다. 용연과 용두암을 알리는 안내판이 50m 전부터 놓여 있다. 그 옛날 용두암을 가까이서 보기 위해 현무암 돌들을 밟고 어렵게 접근하는데 현무암 자갈길 양편에 해산물을 파는 아주머니들이 있었다. 이제는 모두 사라지고 깔끔한 덱 나무 계단이 관광객을 맞이하고 있다.

용두암은 용암이 흘러내리다가 굳으면서 형성된 돌출된 바위가 용머리를 닮았다고 해서 얻은 이름이고, 용연은 하천이 바다와 만나는 하구에 아름다운 절경을 이룬 곳으로 예전에는 뱃놀이도 하던 곳이다. 용연은 바닷물이 가득 차 있고 구름다리를 놓아 운치를 더욱 자아내게 하였다.

제주목 관아, 관덕정

이제 길은 제주 시내로 본격적으로 접어든다. 길은 제주시의 중심지인 제주 관아와 관덕정으로 향한다. 탐라국 시대부터 제주 행정과 권력의 중심지였던 제주목 관아는 2002년 1차 복원이 완료되어 말끔한 모습을 하고 있다. 그 앞에 있는 관덕정은 세종 때 세워져 중건, 보수를 번갈아 하다가 지금은 17세기의 모습으로 남아 있다. 관덕정 광장은 제주의 심장이라 불린다. 광장은 큰 사건의 시발점이었으며 비극적인 종결지로서 이름을 남겼다. 기념식이든 정치 집회든 행사는 으레 여기서 열리고 큰 일이 발생하면 제주 사람들은 여기로 모여들었다. 관덕정 양쪽에 버티고 서 있는 돌하르방 2기가 제주도에 남아 있는 옛 돌하르방 47기 중에서

관덕정 앞 두 개의 돌하르방

가장 빼어난 작품이라고 한다. 소박, 순박해 보이면서 무뚝뚝하고 자꾸 보면 웃음을 짓게 하는 제주도의 전형적인 하르방들이다.

매표소에서 표를 구입하는데 65세 이상은 무료이다. 제주에는 65세 이상을 노인으로 인정하지 않는데 고궁은 육지 방식으로 운영되는 듯했다. 제주도는 만 70세가 되어야 노인으로 많은 혜택을 누릴 수 있다. 택시를 타면 1만 5천 원 범위 내에서 14회까지 연간 이용할 수 있고 버스는 무료이다. 제주도의 노인들은 가끔 서울의 지하철이 적자에 허덕이고 있다고 하면서 65세의 노인들에게 무료로 운영하는 것에 회의懷疑를 갖고 있다.

관덕정은 제주관아의 부속 건물로 세종 30년(1448)에 처음 세워졌고 이후 현재의 건물은 철종 2년(1851)에 재건한 것을 1969년과 2006년에 보수한 것이다. 내부에는 다양한 벽화가 그려져 있다. 적벽대첩도, 대수렵도 등 한옥에 이처럼 벽화가 다양하게 남아 있는 예가 드물다고 한다. 현재 관덕정은 대구 등 세 곳이 있다고 한다. 이 건물은 보물 제322호로 지정되어 있다.

이곳은 군인들이 활쏘기 등 군사 훈련을 하는 곳이지만 때로는 임금님께 드리는 진상품 중 말을 이곳에서 최종적으로 확인하는 곳이기도 하였다.

양력 2월 4일은 24절기 중 입춘立春에 해당한다. 매년 이날 관덕정 앞 광장에서 입춘굿과 탈놀이를 하였다. 탐라국 입춘굿은 일제에 의해 전승이 끊겼다가 1999년 복원되어 현재에 이르고 있다. 이때 탐라국 왕(지금은 마을 원로인 호장戶長)은 나무로 만든 소(낭쉐, 木牛)가 끄는 쟁기를 잡고 밭갈이를 하였다. 이와 더불어 밭에 씨를 뿌리고 수확하기까지의 과정을 담은 제주의 입춘탈굿놀이도 행하였다. 이는 오방각시춤과 농사

마당, 영감각시마당으로 구성된다. 한 해 농사의 풍년을 비는 농경 의례와 탈놀이 마당, 관아를 돌며 문굿을 쳐 주고 부정을 막는 문전고사(또는 문굿), 그리고 마을 걸궁패의 가장 행렬 또는 길놀이로 이루어진 걸궁 등이 종합적으로 어우러진 놀이한마당이다.

또한 더 아픈 역사를 간직하고 있는 관덕정이 떠오른다. 바로 4.3 사건의 시작이요 끝이 이곳에서 있었기 때문이다. 이곳에서 1947년 3월 1일의 삼일절 행사 시위를 마치고 해산하던 중 기마경관이 어린아이를 치고도 이를 그냥 방치하고 갔던 것에 항의하는 과정에서 촉발하여 관군이 시위 군중에게 발포해 주민 6명이 사망한 사건으로 촉발되었고, 1949년 6월에 무장대 총책 이덕구가 경찰서 앞 관덕정 광장의 전봇대에 효수되었던 뼈아픈 역사가 있던 곳이다.

내부에는 현판이 세 개가 있는데 관덕정觀德亭, 호남제일정湖南第一亭, 탐라형승眈羅形勝이라 적혀 있다. 관덕觀德이란 '사자소이관성덕야射者所以觀盛德也' 즉 "활을 쏜다는 것은 훌륭한 덕을 보기 위함이다."에서 따온 이름이다. 옛사람에게 활쏘기란 단순히 무술만 의미하지 않으며 육예六藝의 하나였다. 예의범절, 음악, 활쏘기, 말타기, 서예, 산수 여섯 가지가 교양 필수였다. 그래서 활쏘기 대회가 자주 열렸다. 망경루는 조선시대에 지방의 20개 목牧 가운데 '제주목'에만 유일하게 존재했던 2층 누각으로, 바다 건너 멀리 떨어진 변방에서 임금이 있는 한양을 바라본다는 의미를 담고 있다.

망경루에 들어가 막 사진을 찍으려 하는데 다가오는 분이 있다. 본인은 이곳 전담 역사 해설사라고 소개하신다. 고동희(78세) 씨이다. 『탐라

순력도』(이형상 목사가 짓고 화공 김남길로 하여금 그리게 한 41폭의 화첩이다.)에 대한 설명을 벽에 걸린 그림을 통해 이야기를 해 주신다. 그렇지 않아도 더 알고 싶었는데 자세히 설명하여 주신다. 특이한 것은 임금님께 진상했던 물건 특히 말과 감귤에 관하여는 상세히 기록되었던 것이 이채롭다. 단순히 우리가 알고 있는 감귤을 진상했다가 아니라 당금귤, 감자, 금귤, 유감, 동정귤, 산귤, 청귤, 유자, 당유자는 개수로, 치자, 진피, 청피는 몇 근으로 상세히 기록하고 있다. 그 내용을 보면 조선시대에 감귤의 종류가 꽤 많이 존재했음을 알 수 있다.

또한 그림 속의 월대月臺에서는 선비들이 시작詩作을 하며 놀고 있는데 그 옆 용연에서 해녀들이 물질을 하는 장면이 나온다. 바다에서 바로 잡은 해물을 직접 먹기 위해 동원되었던 해녀들인데 아마 유사 이래 처음으로 해녀가 세상 사람들에게 그림으로 표현되었던 최초의 기록이라고

망경루

한다. 관원들의 인사 고과라고 하는 제주사력과 진상품을 고르고 포장하고 검사하는 장면을 담은 제주 감료 등도 이채로웠다.

밖에 나오니 비석이 세워져 있다. 이하응 대원군의 형 이최응이 영의정으로 있으면서 제주에 많은 시혜를 베풀었다고 하여 불망비가 세워져 있고 나머지 비석은 제주목사로 부임하여 베푼 공로를 기록한 불망비였다.

제주에서 최초의 의신학교터라는 표지석이 있다. 제주도 최초의 근대적 중등 교육 기관인 사립의신학교義信學校터이다. 1907년 윤원구 제주군수가 이곳 귤림서원터에 설립하였다. 처음은 1년 과정의 중등 교육을 실시하였으나 1910년에 이르러 제주공립농업학교로 재출범 3년제, 5년제로 점진 발전하였다. 뒤에 농업 학교는 제주시 삼도동으로 이전하였으며 광복 후 1946년 오현중학교가 이곳에서 창설되기도 하였다.

제주올레 18코스
제주원도심 - 조천 올레

몇 번이고 돌아보며 걷는 길

어제는 제주시에 머물러서 아침을 여유롭게 맞을 수 있었다. 추자도를 가기 위해 제주연안여객터미널로 갔으나 강풍 예보로 추자도행 배가 결항하여 가까운 곳에 김만덕기념관이 있어 발걸음을 그곳으로 옮긴다.

김만덕

김만덕은 양인 아버지 김응열의 딸로 태어나 12세에 부모를 잃고 친척 집에서 생활하였으나 여의치 않아 은퇴한 기생에게 수양딸로 맡겨져

김만덕 초상화와 객주

기생 수업을 받았다. 이후 제주 관가의 기생이 되었지만 가문에 누가 된 다는 친가 쪽의 강요와 제주목사 신광식에게 탄원하여 양인(良人)으로 환원되었다.

다시 양인 신분으로 돌아온 뒤 객주(客主) 일을 시작했고 본토와 제주도 사이의 물자 유통에 수완을 발휘해 제주도에서 알아주는 대부호가 되었다.

1794년 제주에 흉년이 들고 1795년에는 태풍이 제주도를 강타하면서 가뜩이나 식량 생산이 저조했던 도내 농사에 큰 타격을 입혔다. 본토에서 2만 섬을 보냈지만 오던 중 침몰했다. 이 때문에 수많은 아사자가 발생하자 김만덕은 자신의 재산을 털어 본토에서 쌀 500섬을 사 와 제주도민의 구호에 써 달라고 관가에 헌납했다. 이 소식은 얼마 후 제주 전임 목사였던 유사모에 의해 조정에 전해졌고 당시 왕이었던 정조가 제주목사를 통해 소원을 물으니 "한양에 한번 가서 왕이 계신 곳을 바라보고 이내 금강산에 들어가 일만 이천 봉을 구경한다면 죽어도 여한이 없겠습니다."라고 대답하였다. 그래서 정조는 김만덕을 불러 명예 관직인 의녀반수에 봉하고 직접 만났으며 금강산 유람을 하고 싶다는 청도 받아들였다.

기생 출신 양인이 왕을 알현한 것은 전례 없는 일이었고 이 때문에 당대 지식인이자 정치인들의 관심을 한 몸에 받았다. 채제공은 김만덕의 생애를 다룬 『만덕전』을 집필했고 추사 김정희는 은광연세(恩光衍世 : 은혜로운 빛이 세세토록 빛나라)라는 글을 지어 김만덕의 선행을 찬양하였다.

금강산 유람을 마친 뒤에는 다시 제주도로 돌아와 객주 일을 계속했는데 3대 원칙을 가지고 운영하였다. 첫째, 박리다매(薄利多賣), 이익을 적게 보고 많이 판다. 둘째, 정가매매(定價賣買), 적정한 가격에 사고판다.

셋째, 신용본위(信用本位), 믿음을 바탕으로 거래한다. 결혼은 하지 않았지만 대신 양아들을 들여 키웠다. 1812년 고향 제주에서 향년 74세로 세상을 떠났고 유언으로 양아들의 기본 생활비를 제외한 모든 재산을 제주도의 빈민들에게 기부했다.

김만덕 객주는 초가지붕으로 단장되어 있다. 이른 아침이라 관리하는 사람도 보이지 않는다. 바로 옆에는 식당이 겸하여 있다. 그곳도 아직 문을 열지 않았다. 옛날 모습을 재연하여 초가집 몇 채가 있다. 안채, 바깥채, 사무용 건물과 농기구 창고 등 여러 동으로 구분되어 있다. 그 나름 옛날이지만 짜임새 있는 사무 공간이다. 다시 김만덕기념관으로 향한다. 건물이 웅장하다. 4층 건물인데 1층은 주로 일반 기획 전시 공간으로 운영되고, 2~3층은 김만덕의 일대기가 담겨 있다. 주로 관점은 조선의 남성 중심 사회에서 여성으로서 독보적인 사상과 행동으로 최고의 선을 이룬 여장부로 기록하고 있다. 자신의 영달보다 제주도민의 삶의 질을 높이고 편리하게 그리고 선량하게 이끌었던 인물로 조명하고 있었다. 지금 말로 하면 대단히 인기 있는 아이돌이었다. 여인의 몸으로 객주를 운영한 것도 또한 그 많은 소유 재산을 긍휼을 위해 아낌없이 내놓을 줄 아는 선각자였다. 이런 연유로 정조 임금이 소원하는 것이 무엇이냐 물었을 때 과감히 임금이 계신 궁궐에서 임금님을 뵙고 싶고, 금강산 구경을 하고 싶다고 자기의 감정을 솔직히 표현할 수 있는 호기가 부러웠다. 당시 제주도민에게 출륙금지령이 내려진 상황으로 누구도 출륙할 수 없었으나 조정에서 의녀반수라는 직함을 내려 공무로 출륙하는 형태를 취하여 상경할 수 있었다. 임금을 뵙고 나서 서울에 머무를 때 서울 장안에 대화제는 김만덕에 대한 것이었다. 그리고 고향에 다시 돌아와 객주 사업을 했다. 그의 사업 철학은 도민이 필요한 것을 공급하고 박리다매 원칙을 세웠으며 정직을 신조로 삼아 운영하였다. 후손이 없었기에 오빠의 자녀들로 후손을 삼았고 죽거든 제주가 잘 보이는 산허리에 묻어 달라는 유언대로 사라봉 중산간에 묻었는데 이후 묘향당으로 이전하여 오늘에 이르고 있다.

제주 해병대

이제 18코스를 시작하기 위하여 역방향으로 돌아간다. 시내 가운데로 흐르는 산지천을 따라가다가 동문 사거리에서 해병대 기념탑을 만났다. 4.3 사건 당시 미국은 제주도를 '레드 아일랜드'로 지목하였고, 한라산 밑 동굴에 숨어 있던 도피자들은 선무 공작으로 상당수가 귀순했다. 마침 한국 전쟁이 일어나고 해병대 모병이 있자, 귀순자들은 또한 너도 나도 입대를 자원했다. 그들에게도 빨갱이 누명을 벗을 수 있는 절호의 기회였기 때문이다. '귀신 잡는 해병'이라고 용맹을 떨친 초창기 해병대는 이렇게 제주도 출신 3만 명을 주축으로 이루어진다. 바로 그들이 성공 확률 5천분의 1에 불과했다는 인천 상륙 작전의 선봉에 섰다는 것은 역사의 아이러니이다. 제주도 청년들은 공산 폭도이기는커녕, 한국 전쟁의 대세를 뒤집는 인천 상륙 작전에서 혁혁한 전공을 세운 반공 전쟁 영웅이었던 것이다. 해병혼탑은 종전 7년 후인 1960년 4월 15일에 건립되었다. 해병대는 제주도와 이렇게 깊은 인연을 맺고 있다. 이곳에서 출전식을 하였던 곳에 비를 세웠고 이를 계기로 제주도에서는 9월 1일을 해병대의 날로 정하여 기념하고 있다.

오현단 조두석俎豆石

오현단

다시 오현단을 찾아 귤림서원과 장수원의 관계 등을 머릿속에 그려 보며 선인들의 발자취가 있는 곳을 걷는다. 빛과 소금의 역할을 감당하고 떠난 선조들이기에 지금까지 우리가 기리고 숭상하고 있지 않은가.

오현단五賢壇은 1971년 제주특별자치도 기념물 제1호로 지정되었으며, 현재 제주시 오현길61(제주성21)에 있다. 오현단은 조선시대 제주에 이바지한 오현을 배향한 귤림서원의 옛터에 조성한 제단이다. 오현은 1520년(중종 15)에 제주에 유배 왔던 충암 김정, 1534년(중종 29)에 제주목사로 부임한 규암 송인수, 1601년(선조 34)에 제주 안무사로 왔던 청음 김상헌, 1614년(광해군 6)에 제주에 유배 왔던 동계 정온, 1689년(숙종 15)에 제주에 유배 왔던 우암 송시열 등 다섯 사람을 이른다.

1871년(고종 8) 대원군의 서원 철폐령에 의해 귤림서원이 헐린 뒤에 여기에 배향되었던 오현에 대한 제사도 일시 중지되었다. 1892년(고종 29)에 김의정을 중심으로 한 제주 유림이 귤림서원의 자리에 제단을 조성했다. 지금은 위패를 상징하는 조두석俎豆石 5기가 설치되어 있다. 이 제단은 1578년(선조 11)에 제주목 판관 조인후가 가라쿳물 동쪽으로 충암묘를 지은 것이 시초인데 1667년(헌종 8)에 충암묘를 현 오현단으로 옮겨 와 사당으로 삼았다. 1659년(효종 10)에 목사 이괴가 이곳의 장수당을 재齋로 바꾸어 귤림서원이라 했다. 1682년(숙종 8)에 사액賜額을 받고 김정, 송인수, 김상헌, 정온 등 네 사람을 모셨다가 1695년에 송시열도 함께 모시면서 다섯 현인을 배향하게 됐다. 귤림서원이 자리했던 곳이 제주도민들에게 귤림서원 터로서보다는 오현단으로 널리 알려지게 된 것은 이러한 연유에서이다.

제주민속자연사박물관

제주의 옛것들을 보여 주는 민속박물관에 가 보고 싶었다. 마음이 있으면 발길은 당연한 것. 고개를 넘어 찾은 곳은 생각보다 규모가 크고 많

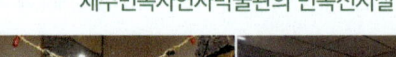

제주민속자연사박물관의 민속전시실

은 사람들이 찾고 있었다. 방학이라 그런지 어린이를 동반한 부모들이 많고 가족 단위의 행렬이 많았다.

제주민속자연사박물관은 1984년 5월 24일에 개관하였으며 제주의 민속과 자연에 대한 자료들을 수집하여 관리하고 보존하며, 조사와 연구를 통해 상설 및 특별전시, 사회교육, 관광, 학술교류 등과 같은 업무를 수행하고 있다. 제주상징관, 자연사전시실, 민속전시실, 제주체험관, 제주바다전시관, 특별전시실, 야외 석물전시장 등이 있다. 본관 1층과 2층을 관람하고 나니 안내 직원은 지하에 특별전시가 있다고 보고 가라고 한다. 바다에 관한 특별전시로 이이들이 많았다. 공룡의 뼈와 고래의 뼈, 새 등 동물과 바닷속 광경, 바다와 관련된 내용들이 촘촘히 전시되고 있어 흥미로웠다. 제주의 민속유물뿐 아니라 동식물 생태 및 지질에 관한 자연사 자료까지 전시하고 있어 제주를 이해하는 데 한층 도움이 되었다.

박물관 입구에 있는 커피 자판기에서 커피를 뽑아 마시고 있는데, 택시 기사님이 타고 온 택시를 세우고 커피를 마신다. 운행하냐고 물으니 커피를 마시고 간다고 한다. 택시를 바로 타는 행운을 얻었다.

사라봉(148.2m) 입구에 도착하였다. 올라가는 길은 계단으로 되어 있으며 가파르다. 그리고 중간쯤부터는 시멘트 길이다. 더위가 느껴져 입었던 덧옷을 벗으니 한결 수월하다. 사라봉의 낙조는 영주 10경에 포함되는데 저녁까지 기다릴 수 없지 않은가. 그래도 저 멀리 공항과 희미하게 보이는 한라산, 북쪽으로 펼쳐져 있는 바다, 항구에 정박해 있는 배, 출항하고 도착하는 배들을 감상하는 것만으로도 보상이 되었다.

4.3 곤을동 마을

안내 책자에는 별도봉(136m)으로 이어진다고 하였는데 한참을 내려가서야 다시 별도봉으로 이어졌다. 그리고 곤을동 옛 마을이 있던 곳은 천을 건너서 있다.

4.3으로 인하여 한 마을이 송두리째 사라져 버렸던 곤을동 마을은 제주시 화북1동 서쪽 바닷가에 있다. 별도봉 동쪽 끝자락에 위치한 안곤을 22가구, 가운데 곤을 17가구, 밧곤을 28가구가 있었다. 곤을동이 불에 타 폐동이 된 때는 1949년 1월 4일과 5일 양일간의 일이었다. 1949년 1월 4일 오후 3~4시경 국방경비 제2연대 1개 소대가 곤을동을 포위했다. 이어서 이들은 주민들을 전부 모이도록 한 다음, 젊은 사람 10여 명을 바닷가로 끌고 가 학살하고, 안곤을 22가구와 가운데 곤을 17가구 모두 불태웠다. 다음 날인 1월 5일에도 군인들은 인근 화북초등학교에 가두었던 주민 일부를 화북동 동쪽 바닷가인 '연디밑'에서 학살하고 밧곤을 28가구도 모두 불태웠다.

"돌과 나무 그리고 오름 올레" 개인 정원

4.3 사건의 내막을 조금은 알고 접하니 당시의 제주민의 심정을 십분 이해할 것 같았다. 바로 이때 '육지것'이란 말이 나온다. 군, 경찰, 서북청년단 등이 모두 뭍에서 왔기에 그렇다. 이해할 만하다. 한참을 역사 현장에 있으면서 무고하게 희생당한 분들에 대한 애석함으로 추모하는 마음을 가졌다. 주민들이 생활했던 옛 흔적을 보면서 발길을 떼지 못하게 하는 것은 무슨 연유인가.

길가에 개방된 건물에 수많은 석상과 분재가 예사롭지 않게 정원을 꾸미고 있는 4층 건물이 있다. '바람도 나그네도 쉬어 가는 곳 돌과 나무 그리고 오름 올레'라는 개인 성원이다. 2018년 12월 13일 「SBS 세상에 이런 일이」에 소개되었다고 한다. 1961년부터 60여 년간 고인이 되신 허 씨 아버님이 수석과 분재를 수집하여 키워 왔던 것을 아들 허 선생님(51세)이 2017년 이 자리에 4층 건물을 짓고 자리를 옮겨 계속 이어 오고 있다고 한다. 기암괴석이 2층 건물 높이로 쌓여 있고 그 위에 분재를 놓아 더욱 웅장하게 갖추어 놓은 정원은 담이 없이 개방되어 있다. 회사에 다니고 있는 허 씨는 주말이나 휴일에 관리를 하는데 물을 주는 데만 거의 1시간은 족히 걸린다고 한다. 정원은 200여 평에 달한다. 대대로 취미로 하고 있는 정원 가꾸기를 올레꾼들에게 기꺼이 개방하여 즐거움을 주고 있는 것은 대단한 일이다.

화북 금산마을이다. 마을 길을 지나니 화북포구가 나온다. 인접하여 큰 짓물이라는 용천수 샘물이 있다. 그곳에서 무언가를 씻고 있는 주부가 있어 다가갔다.

"무엇을 씻으세요?"

"돼지감자입니다."

"모양이 생강처럼 생겼는데 얼마나 키우셨나요?"

"2년 정도 키웠습니다."

"어떻게 먹나요?"

"그냥 생으로 먹어도 되는데 밥에 넣어 쪄 먹기도 하고, 각종 반찬에 넣어 먹기도 하고, 김치를 해 먹기도 합니다. 인슐린이 많아 차로도 끓여 먹어요. 2~3년 키우면 7~8cm 정도 되는데 100g에 9천 원 정도에 거래가 됩니다."

먹어 보라고 한 개를 주신다. 먹어 보니 사근사근하고 아삭하여 식감이 좋다.

삼양3동 둠벵이교를 지나면 삼양 검은모래 해변이다. 이곳에서는 벌써 서핑을 즐기는 10여 명의 서퍼들이 바다에 떠 있고 서핑보드를 들고 출발을 서두르는 몇 명도 보인다. 검은 모래가 있고 파도가 적당히 올라오는 해변은 차가운 느낌보다 황량한 들판이란 표현이 적절한 표현이다. 길은 원당봉으로 이어진다. 세 개 능선과 일곱 개 봉우리로

불탑사 오층석탑

이루어졌다고 해서 삼첩칠봉三疊七峰이라 불린다. 불탑사 오층석탑으로 가는 길은 잘 닦인 포장도로이다.

그곳에는 대한불교조계종 불탑사 외에도 대한불교천태종 문강사, 대한불교태고종 원당사가 모여 있는 불교타운이다. 대한불교조계종 불탑사 경내에 있는 보물 1187호인 오층석탑은 제주도 내에 있는 유일한 불탑佛塔이며 현무암으로 축조되었다. 고려시대 충렬왕 때 원나라에 공녀로 끌려갔다가 황후의 자리까지 오른 기황후가 세운 것이다. 기황후가 후손을 얻기 위하여 북두칠성의 명백이 비친 삼첩칠봉에 탑을 세워 불공을 드려야 한다는 한 승려의 비방에 따라 친히를 살피다가 이곳으로 정해졌다고 한다. 기황후가 탑을 세운 뒤 아들을 얻자 이곳은 아들을 원하는 여인들이 기원하는 곳으로 유명해졌다. 그 뒤 화재로 세 번이나 사찰이 소실되었으나 탑만은 그 자리에 원형을 지키며 남아 있다.

시비코지 언덕에서 푸른 바다와 검은 기암괴석이 어우러진 닭모루에 이르는 바닷길은 아늑하면서도 자연 속에 하나가 되는 듯한 기분을 느끼게 한다. 바닷가로 툭 튀어나온 바위 모습이 마치 닭이 흙을 걷어 내고 들어 앉아 있는 모습과 같다고 하여 닭의 머리라는 뜻의 닭모루(닭머르)라고 부른다.

해는 수평선 너머로 사라져 가고 노을은 바다와 하늘가를 물들이는 고요한 시간이다. 파도만이 넘실대며 고요를 시샘하고 있다.

신촌리, 조천리

바닷길을 나와서 신촌리 마을길로 가니 신촌포구에 이른다. 신촌리는 여름이면 수박과 참외가 겨울이면 배추로 유명한 마을이다. 신촌리는 4.3의 2대 유격대장인 이덕구李德九가 태어난 마을이며, 보리빵의 원조인 덕인당 빵집이 있는 곳이기도 하다. 이덕구는 일본 유학 중 학병으로 입대하여 관동군 장교로 종전을 맞아 귀향한 뒤 조천중학교 교사로 있다가 4.3 사건을 맞았다고 한다.

대섬이 있는 곳에 이르니 더 이상 전진은 어렵게 되었다. 길가의 가로등에는 불빛이 들어오고 집집마다 불을 밝히고 있는 저녁으로 더 이상 길을 나설 수 없어 숙소를 알아보기 위해 가까운 버스 정류장으로 갔다. 제주올레 안내 책자와 인터넷 사이트를 통하여 숙소를 알아보니 조천에는 마땅한 숙소를 찾을 수 없었다. 숙소가 있다고 하면 너무 비쌌다. 할 수 없이 조천을 떠나 함덕 해수욕장이 있는 곳으로 가기로 했다. 버스를 타고 함덕 해수욕장 근처에 내려 파출소에 들어가 여관을 소개해 달라고 하니 바로 옆에 있는 자그마한 호텔을 소개한다. 여관보다는 비싸지만 가깝고 깔끔하여 하루를 이곳에서 쉬기로 하였다.

다음 날 아침 조천 대섬에서 다시 출발하게 된다. 대섬은 신촌리와 조천리의 경계에 있으며 화산 폭발 시 용암류 중 점성이 낮아 넓은 지역으

연북정

로 퍼지면서 흘러내려 표면만 살짝 굳어진 상태에서 내부에 있는 용암이 표면을 부푼 빵 모양으로 들어 올려 만들어진 지형이다. 바다 위로 난 좁은 둑길을 따라 이어지는 길은 마치 바다 위를 걷는 듯한 느낌을 갖는다.

대섬을 건너 조천리 마을 길로 들어서면 연북정(제주도 유형문화재 제2호)에 이른다. 연북정은 조선 선조 23년(1590)에 조천 진성을 크게 중수해 둘레 428척, 높이 9척, 성문이 하나 있는 석성을 쌓고 초루 등 객사를 두었다.

이때 성 위에 망루를 짓고 쌍벽정이라고 했는데 선조 32년(1599)에 성윤문 목사가 다시 건물을 수리하고는 정자 이름을 연북정이라고 바꾸었다. 연북정은 그 이름 때문에 우리에게 무언가 사무치는 마음을 일으킨다. 그러나 조선시대의 중앙정부에 대한 충성, 임금의 존재와 권위에 대한 존경의 뜻이며 연북에서 북北이란 임금을 상징하기 때문에 임금을 사모한다는 뜻으로 통한다. 조선시대에 연북정을 찾아와 간절한 마음으로 북쪽을 바라본 사람은 아마도 육지로 불려 가기만을 기다리던 관리들이었을 것이다.

금당포 터가 있다. 기원전 3세기 불로장생의 선약을 구해 오도록 진시황의 명령을 받은 서불(일명 徐福) 선단이 중국을 떠나 맨 처음 도착한 곳이 이 포구로 알려져 있다. 다음 날 아침 서불은 이곳에서 천기를 보고 조천朝天이라는 글을 바위에 새겨 놓았다고 하며 그 바위는 고려시대 조천관 건립 공사 때 매몰된 것으로 전해지고 있다. 조천연대를 지나서 자동차 도로를 조금 걸어 들어가니 제주올레안내소가 길옆에 있다. 방문하여 안내 직원과 인사를 하고 제주올레에 정액 후원에 서명하였다.

조천 만세동산

　만세동산으로 향한다. 미밋동산이라 부르던 것이 항일운동의 근거지가 되면서 조천만세동산으로 이름까지 변경하게 되었던 것이다. 조천리 조천만세동산에서 18코스가 마무리된다. 기념탑이 몇 개가 있고 항일기념관이 조용하게 자리 잡고 있다. 조천만세동산은 1919년 제주 3대 항일운동 중 하나인 '조천만세운동'이 일어났던 곳이다. 대표적인 제주 항일운동으로는 조천만세운동과 서귀포 승려들이 중심이 된 1918년 법정사 항일운동, 제주 해녀들이 중심이 된 1931년 제주 해녀항일운동이 있다. 제주의 만세운동은 1919년 3월 21일부터 3월 24일까지 4일 동안 조천리 미밋동산(지금은 만세동산)에서 시작되었다. 조천만세동산은 제주도 항일운동의 성지답게 3.1독립운동기념탑과 제주항일기념관, 유공자비, 묘비 등으로 조성되어 있다.

　1919년 3월 1일에 시작된 만세운동은 전국으로 퍼져 나갔는데, 제주도에 불을 당긴 곳은 조천리 미밋동산(만세동산)이었다. 3월 21일의 시위는 현재 기념탑이 서 있는 미밋동산(만세동산)에서 시작되었다. 처음엔 150명가량만 모였는데 김필원이 혈서로 '독립만세'를 쓰고 나서 갑자기 500명은 족히 넘을 정도의 사람들이 몰려들었다. 오후 3시경 김시범이 동산 위에 태극기를 꽂은 후 「독립선언서」를 낭독했고 그 뒤를 따라 조카 김장환이 만세를 선창했다. 그리고 곧 비석거리를 거쳐 제주 성내로 행진을 시작했다. 이후 3일 동안 계속된 시위도 비슷한 양상으로 전개되었다. 조천 만세시위의 여파는 곧바로 서귀포 삼매봉 만세시위와 서귀포 해상 만세시위로 나타났으므로 결코 조천이라는 좁은 지역에 국한된 것이 아니었다. 그런 만큼 '기미년 제주만세운동'의 시발점이 되었다.

조천만세동산 애국선열 추모단

　그러면 어째서 항일운동이 제주의 중심지인 제주 성내가 아니고 '조천'이 시발점이 되었을까? 조천은 조선시대의 주요 포구로서 한반도와의 해상무역을 통해 부를 쌓았던 지역이다. 조선 후기로 접어들면서 그 부를 바탕으로 양반이 된 사람들이 있었는데, 대표적인 가문이 바로 조천의 김씨 집안이다.

　이들은 그 재력을 바탕으로 자식들을 일본이나 서울로 유학을 보냈다. 이때 유학 갔던 자제들이 새로운 사상이나 소식을 전파했던 것이다. 이 지역의 만세운동 역시 마찬가지의 맥락으로 볼 수 있다. 이들 조천 김씨 집안 중 항일운동에 나섰던 사람들은 많다. 오사카 노동운동의 대부 김문준, 여성으로는 김시숙, 독립자금 모금운동의 김운배 등이다. 당시 만세운동의 불씨를 가지고 왔던 사람은 휘문고등보통학교 4학년이던 김장환金章煥이다. 그는 바로 조천 출신의 항일운동가 김시학의 아들이다. 아버지 김시학은 역시 일본 유학 중에 신익희와 함께 활동했고 이후에는 여운형과 더불어 조선농인사를 창립했을 정도로 잘 알려진 인물이다. 이들은 일제 지배로 기득권을 상실하게 되자 항일 세력으로 변모했던 것이다.

또한 제주도가 공동체 의식이 유독 강한 지역인 만큼, 공동체를 수호하려는 반외세 독립운동 또한 어느 지역보다 뜨겁게 타올랐다는 사실을 만세동산에서 확인할 수 있다.

제주올레 18-1코스
상추자 올레

겁 없이 걸었던 길

　퀸스타 2호는 제주를 출발하여 상추자도를 거쳐 우수영까지 가는 배다. 9시 30분에 출항하여 상추자항에는 10시 40분에 도착한다. 배 좌석은 90% 정도가 찼다. 어제 출항하지 않아 만석이 될 줄 알았는데….

　배 안에서 1박을 위해 신양항 근처의 뉴추자아일랜드 민박집에 전화하여 예약을 하였다. 섬이 몇 개 나타나고 거대한 산들이 능선을 이루며 맞이하고 있다. 곧 상추자항에 도착할 것 같다. 제주 연안부두선착장을 출발한 지 1시간이 지났다. 예정대로라면 10분 후면 도착이다. 멀리 추자교가 보인다. 오늘과 내일 두 차례 밟게 될 다리이다. 상추자항 바다에는 작은 배들이 오고 가고 있고 갈매기가 낮게 비행하고 있다. 산꼭대기에는 하얀 탑이 보이고 가장 가까이에는 위성 안테나가 탑을 이루어 거대하게 서 있다. 어느 봉우리에는 팔각정이 세워져 있고 방송용 안테나 탑도 보인다. 아! 건물과 집, 배가 가지런한 해안선이 보인다. 상추자항에 10시 40분에 도착했다. 배에서 내리기가 무섭게 승객들은 터미널을 빠져나가고 나만 남았다. 출입문 입구에 이범진 추자도 사진전이 열리고 있다는 커다란 안내판이 있다. 바로 터미널 2층이다. 올라갔으나 불이 켜져 있지 않았고 문은 열려 있다. 첫 번째 놀란 것은 그 옛날 1950년대,

1960년대, 1970년대 사진과 추자교 개통식 사진이 흑백사진으로 나타 난 것이다. 추자도의 과거를 살피라는 의미이다. 그리고 이범진의 사진 작품이 걸려 있다. 작가는 추자도 대서리 출신으로 고향의 이모저모 작 품들을 계속 준비하여 발표를 하곤 하는 모양이다. 글로써 보는 섬들의 이야기가 사진으로 나타날 때 더욱 현실적으로 다가옴을 느낀다. 특히 사자섬(수덕도)이 그렇다. 실제 수덕도인데 섬의 형태가 신양항을 향해 사자가 머리를 쳐들고 바라보고 있는 형태로 보이기에 사람들은 수덕도 라고 부르기보다 사자섬이라고 부른다고 한다. 이곳에서는 또한 낚시꾼 들이 사자섬 병풍(사자섬과 병풍섬 사이 물살이 센 바다) 포인트에서 돌 돔 낚시를 즐긴다. 방명록에 추자도를 사랑하고 더욱 홍보해 줄 것을 당 부하는 인사말을 남기고 터미널을 나선다.

추자도는 상추자도, 하추자도, 횡간도, 추포도 등 유인도 4개의 섬과 38개의 무인도가 모여 있는 군도다. 바다에 떠 있는 첩첩산중, 겹겹이 보 이는 섬의 봉우리들은 섬이 아니라 깊은 산중에 들어와 있는 듯한 기묘 한 감정을 느끼게 한다. 추자도는 1271년(고려 원종 13)까지 후풍도候風 島라고 불렸으며, 제주도로 갈 때 거센 바람을 피하던 섬이었다. 1914년 에 제주도로 편입이 되었고 그전에는 전라남도 영암군, 완도군에 속했었 다. 제주도와는 풍광과 문화도 매우 다르다.

추자도 멸치로 담근 멸치젓은 추자도를 대표하는 명물이다. 돌조기라 불리는 추자도의 참조기와 참굴비도 특산품이다. 추자도 근해는 물살이 빠르고 수심이 깊은 암반층으로 구성된 청정 해역이며 한류와 난류가 교 차해 참조기가 산란, 회유하는 대표적인 황금어장으로 전국 참조기 어획

량의 70%를 차지하고 있다. 터미널 벽면에 눈길을 끄는 안내판이 있다. 추자도 18-1올레코스 관광 안내 광고이다. 차량 관광 안내 연락처가 교통 회사별로 적혀 있고 32인승 버스부터 10인승 승합차까지 이용 요금과 기사만 이용하는 분을 위해 따로 구분하여 요금을 기재해 놓았다. 제주행여객선 운항 시간표와 일기 예보표도 있다. 요일별로 일주일의 날씨를 기록하고 기상 특보가 있는 날은 빨간 색연필로 마크를 하여 추가적인 조치가 있을 수 있다는 예보이다. 섬 중의 섬이다 보니 간결하고 쉽게 관광객이 이해하고 선택할 수 있는 정보를 한눈에 볼 수 있도록 짜임새 있게 해 놓았다.

옛날에는 이곳이 해변으로 작은 몽돌이 많이 있어 작지(자갈)길이라 불렀다. 상추자항 인근 면사무소 지역, 대서리 일부 지역까지가 모두 매립지라는 것이다. 면사무소에 들러 추자도의 자세한 현황이 담긴 프린트물을 직원을 통해 받고 해녀 상황을 물으니 해녀는 최소 86년생 37세이고 포작(해남)이 2명(48세, 50세)이나 있다고 하여 충격을 받았다. 해남(포작)이 우리나라에서는 대가 끊기고 일본은 대를 이어 오고 있다는 내용을 접했을 때 아쉬워했는데(나만 무지한 상태였음) 추자도에 명맥을 유지하는 분이 있다니 흥분이 되었다. 해남(포작)을 만나 보고 싶었으나 벌써 정오를 넘어서고 있어 더 이상 지체할 수 없어 길을 재촉해야 했다.

깔끔하고 예쁘게 관리되고 있는 추자초등학교와 부속 사택이 너무도 아름답다. 그런데 학교와 사택 사이를 올레꾼들이 걷고 있다니? 아이러니하다. 학생들의 야외 수업이나 체육 시간에 올레꾼들이 한꺼번에 그 학교를 통과한다면 학생들의 수업을 방해하지 않을까 염려가 되었다. 다행히 지금은 방학 동안이라 그런 염려는 안 해도 되었다. 통과하는 것만으로도 감사한데 학교 벽면에는 "제주올레 18-1코스 환영 : 추자초등학교 교육가족 일동"이란 환영 간판이 걸려 있다.

학교 뒷산에 인접하여 최영 장군 사당이 있어 예를 갖추었다. 최영 장군을 기억하기로는 황금을 돌같이 하라는 것과 무덤에 풀이 없다는 점 등을 들어 청렴결백한 장군으로 기억되는 정도이다.

1374년 고려 공민왕 때 목호의 난을 진압하기 위해 제주도로 가던 최영 장군은 심한 풍랑을 만나 추자도에 머물게 되었다. 이곳에 머무는 동안 추자도 사람들에게 어망을 만들어 고기 잡는 법을 가르쳤다고 한다. 덕분에 생활이 크게 좋아졌기에 그 은혜를 기리기 위해 사당을 짓고 매년 정월 보름날이면 최영 장군 사당에서 제사를 지냈는데 오늘날에는 풍어제로 이어지고 있다고 한다.

뒷산은 바로 봉골레산으로 오른쪽으로 바다를 끼고 오른다. 고즈넉한 길인데 표지석이 있어 살펴보니 이 길은 북제주군에서 임도(산을 관리하기 위해 만든 도로)로 만든 시멘트 길이다. 봉골레산(85.5m)은 산이라기보다 언덕 같은 분위기지만 상추자항에 정박해 있는 선박과 포구, 마을 대서리와 영흥리를 한눈에

추자초등학교 교육가족 일동이 올레꾼을 환영하는 안내판

최영 장군 사당

조망할 수 있는 명소이다.

대서리

대서리에 들어서니 집집마다 크고 작은 고무통에 무엇인가 가득 담겨 끈으로 묶여 있다. 내가 어릴 때 보던 모습이다. 궁금하여 말소리가 들리는 방을 열고 보니 두 여인이 일을 한다. 그들은 잠시 일손을 멈추고 나를 본다. 대화가 통하지 않는다. 베트남 여인 2명이 배에서 사용하는 줄을 정리하고 있었다. 베트남에서 왔다는 정도이다.

마을에서 86세 김 씨 할머니를 만났다. 길거리 주택 앞에 있는 고무통의 정체를 물으니 멸치젓을 담은 통이라고 한다. 3년 정도 묵혀서 김치를 담을 때 쓰기도 하고 병에 담아 팔기도 하는데 다용도로 쓰인다고 한다. 이 통이 길거리에 있어 면사무소 직원이 환경 미화 차원에서 치워 줄

각 집마다 집 밖에 있는 멸치 액젓통

것을 요청하면서 실랑이를 벌인다고 한다. 그러나 면사무소 직원이 양보해야 한다고 한다. 집 안이 좁기에 밖에 내놓은 것으로, 이런 것은 생활의 일부로 유사 이래 계속 이런 형태로 해 왔기에 문명이 발달했다고 없앨 수 없다고 한다. 자식은 상추자도 한전에 다니고 며느리는 우체국에 다닌다고 하면서 손주들을 봐 주기 위해 부산에서 왔단다. 이곳에서 본인이 태어나고 자라서 결혼하여 살았던 곳이라고 한다.

대서리를 지나 벽화가 아름다운 영흥리를 지난다. 이곳이 시골인지 도시인지 구분이 안 되는 이유는 좁은 골목길이다. 땅이 부족하긴 도시나 섬, 특히 이곳 상추자도 예외는 아니다. 골목골목을 빠져나오는 묘미도 좋고 옛날 도회지의 골목을 배회하는 느낌이다.

길은 산길 숲속을 10여 분 오르니 갈림길이 나왔다. 오른쪽으로 나바론 하늘길이고, 왼편으로는 등대 전망대로 내려가는 두 길로 나뉜다. 왼편 등대를 향해 나아간다. '제주해양수산관리단 추자도 항로표지관리소'라는 긴 간판을 달고 있는 하얀색 등대 건물이 있다. 추자 등대는 제주해협을 항해하는 배들을 안전하게 인도한다. 상추자도의 가장 높은 곳에 위치하고 있어 추자 군도의 비경이 한눈에 들어온다. 이제 조금 가파르

상추자 등대

게 내려가는 숲길로 산을 내려와 도로에 이르니 상추자도와 하추자도를 잇는 추자교가 있다. 길이 21.35m 폭 8.6m 하중 32.4t이라고 새긴 표시판에는 1992년 착공, 1995년 4월에 완공했다.

추자교를 건너면 하추자도이다. 돈내산(164m)은 추자도에서 가장 높은 산이지만 정상까지 완만한 포장로가 이어져 있어 쉽게 올라갈 수 있다. 옛날에 심한 가뭄이 들면 돈내산 정상에서 기우제를 지냈는데 지금은 그 터만 남아 있다. 돈내산을 내려오면 '추억이 담긴 학교 가는 샛길'을 걷는다.

황경한의 묘역에 이르렀다. 묘역을 전체적으로 봤을 때 주객이 전도되었다는 인상이다. 황경한의 묘는 한쪽에 치우쳐 있는 반면 천주교 성역

황경한의 묘

화는 거대하게 조성되었다는 생각이다. 이왕이면 주인공의 묘에 맞게 아담하고 소박하게 성역화를 했으면 더욱 감동을 주었을 것이라는 것이 나의 개인적인 인상이다. 그렇지만 기독교인으로서 예를 갖추어 머리를 숙여 기도했다. 이승에서 못한 부모의 정을 천국에서 마음껏 누리시기를.

추자도만 있는 것

추자도는 제주와 다른 점이 많다. 첫째, 젓갈(멸치, 조기 등)을 담는 것. 이는 3년을 묵혀서 먹거나 판다. 둘째, 묘지에 묘비 세우는 방식이 제주의 형태가 아니라 육지의 형태이다. 셋째, 산을 오름이라 부르지 않는 것. 넷째, 말씨가 제주 말씨가 아니다. 다섯째, 돌이 현무암이 아니라 유문암이다. 여섯째, 산봉우리에 산 이름을 새긴 표지석을 놓는다. 일곱째, 아들이 부모를 모시는 것. 여덟째, 많은 신을 모시지 않는 것. 아홉째, 남자 해녀, 해남(포작)이 있다는 것. 열째, 말리(말래)라는 제사를 지내는 방이 따로 있다는 것. 열한째, 장남이 전 재산을 상속받고 기제사를 전담하는 것. 이런 사연 말고도 많이 있을 것이다. 170여 년 전에 추자도가 전남 영암군에 속해 있었다는 것이 큰 영향을 미쳤다고 본다. 추자도는 제주도와 닮지 않아서 더 아름답고 특별한 제주의 섬이다. 하루를 머물러야 온전히 볼 수 있는 특별함까지도 말이다.

오후 3시까지만 신양항에 도착하면 18-2코스를 다시 시작할 수 있다고 자신했는데 돈대산과 추도산을 오르고 내림을 계속하다 보니 체력에 한계를 느낀다. 마음이 차분해지면서 18-2코스를 오늘 서둘러 걷겠다는 생각을 접었다. 마침 밭에서 뭔가를 캐고 있는 아주머니를 보게 되었다.

"뭘 캐세요?"

"우슬입니다. 우슬은 가지에 매듭이 소의 무릎처럼 튀어나왔다고 하여 우슬이라 하며 관절에 좋다고 방송에 많이 나왔습니다."

아주머니는 육지에서 이곳 최 씨에게 시집을 왔다. 신혼부터 서울 목동에서 살았는데 남편의 건강이 좋지 않아 시댁이 있는 이곳으로 요양을 겸해서 내려왔다고 한다. 시부모가 살아 계실 때라 시부모님의 지극한 보살핌으로 건강이 회복되었으나 다시 서울로 가지 않고 눌러 살게 되었다. 문제는 애들이 서울에서 살던 기억으로 도회지의 생활을 그리워하며 이곳에서 적응을 못 하여 아쉬움이 컸다고 한다. 다행히 제주시에 방을 얻어 생활하며 이겨 냈다고 한다. 아들은 노량진에서 4수 끝에 인천경찰에 합격했으나 포기하고 다시 제주경찰 시험에 합격하여 제주시에서 근무한다고 한다. 모레 제주 아들네 집에 갈려고 준비하고 있다고 한다. 왜 내일 가지 않고 모레 가느냐고 물으니 신양항을 입출항하는 송림블루오

션호는 신양항에 손님이 없어 적자가 난다고 매주 목요일은 운항을 하지 않아서 그렇다고 한다. 아주머니는 뱃삯을 이야기하면서 어느 배든 추자도 주민은 1천 원에 탄다고 한다. 자식이 가까이 있으니 안심이 되고 좋다고 한다. 아주머니는 조금 더 미나리를 캔다고 하면서 먼저 가라고 한다. 농로를 걷는 것도 좋고 여유로워 좋다. 오늘 밤 나의 휴식 공간이 예약되어 있으니 잠자리 걱정 없이 추자도를 마음껏 누리고 싶었다. 이곳 방파제는 최근에 만들었는지 높다랗고 가드레일도 형형색색으로 아름답다. 빨간색 등대가 보이고 그 앞에는 레드 카펫이 드리운 것처럼 빨간 타일로 예쁘게 깔아 놓았다. 빨간 등대 앞 100m 지점에 관능적인 자태의 공주가 발레를 하는 듯 한쪽 발의 뒤꿈치를 들고 있고, 왕관은 왼쪽 손으로 사뿐히 들고 있는 모습이다.

신양항 방파제의 공주상

제주올레 18-2코스
하추자 올레

상쾌하게
원점 회귀를 위해 걷는 길

9시경 숙소를 나선다. 어젯밤 평소보다 일찍 잠자리에 들어서 한껏 회복된 상태다. 올레 18-2코스는 2022년 추자도에 새롭게 열린 길, 하추자도 신양항에서 시작한다. 잔잔한 바다 풍경과 함께 시작하는 걸음은 산뜻하다. 번화한 상추자항에 비해 신양항 주변은 평화롭고 조용한 기운이 물씬 풍긴다. 오늘은 하추자도를 왕래하는 송림블루오션호는 휴항한다. 상추자도를 왕래하는 퀸페리 2호도 2주에 한 번 수요일에 휴항한다고 한다. 그만큼 승객이 많지 않다는 것이다.

우선 동네에 100년 된 신양상회가 있다고 하여 기대를 갖고 방문했다. 3대째 가업을 이어 온다는 것이 어디 쉬운 일인가? 문을 열고 들어서니 가게 주인은 누워 있다가 일어나면서 반갑게 맞아 주신다. 가게는 일반 구멍가게 수준으로 담배와 음료 과자류 등을 파는데 상품이 모두 바닥에 펼쳐져 있어 파산지경에 이른 가게의 모습이다. 주인 최경희(82세) 씨는 30년 전에 센츄리란 회사에서 퇴직을 하고 고향에 돌아와 가업을 이어받았다고 한다. 자녀는 3녀가 있는데 모두 출가를 했고 본인은 광주에서 학교를 다녔다. 아내가 2년 전에 별세한 후 건강이 좋지 않아 가업도 겨우 명맥만 유지하고 있다. 100년 기업의 초라한 모습은 인간과 같다. 잘

3대째 가업을 이어 오는 신양상회

가꾸고 다듬어 스스로 입지를 가질 때 비로소 그 가치를 인정받게 되는 것이다. 최 선생님이 빨리 쾌차하시길 기원하며 가게를 나섰다.

국가 어항이라는 신양항이 있는 하추자도는 상추자도에 비해 넓지만 신양항만을 중심으로 인프라가 잘 발달되지 않았다. 비록 중학교와 보건소 등이 있으나 상점과 음식점 등이 거의 없으며 유동 인구도 많지가 않다.

신양2리

길은 자동차 도로를 걷다가 접하게 되는 곳은 추자 10경 중의 하나인 장작평사로 신양2리 앞바다에 드넓게 펼쳐진 해안을 말하며 이곳에서 해돋이를 맞이할 수 있고 해변가에는 장작정자가 있다. 산길로 이어지는데 계단과 오솔길이다. 숲이 우거진 곳을 지나면 석두청산 쉼터 정자가 있다. 추자 10경 중의 하나인 석두청산은 신양리 남동쪽에 기암절벽을 이루고 있는 석지머리에 푸른 나무숲이 우거진 모습을 말한다.

수덕도 일명 사자섬. 사자가 하추자도 방향으로 머리를 치켜들고
앉아 있는 모습을 닮았다고 하여 붙여진 별명이다.

    좀 더 나아가 해안가를 바라보면 사자 모양의 섬을 볼 수 있다. 마을 사람들은 수덕도를 사자섬이라고 부르는데, 사자가 하추자도 방향으로 머리를 치켜들고 앉아 있는 모습을 닮았다고 하여 붙여진 별명이다. 또한 추자 10경 중의 하나인 수덕낙안水德落雁은 사자섬 절벽에서 기러기가 바닷속으로 내리꽂히는 장면을 말한다.

    산속 오솔길을 따라 걷다 보면 해안가 가까이에는 푸른 바다에 깎아지른 절벽과 하추자항구의 모습, 멀리는 상추자도의 등대까지 평화롭게 감상할 수 있다. 졸복산에서 대왕산 황금길로 가는 중간에 산 위쪽으로 건물이 있어 올라가 보니 밤송이 발 건강(족욕) 체험 공간이다. 5~6평 정도의 공간에 발을 담그고 족욕을 즐길 수 있는 시설이 만들어져 있다. 이 시설은 인근 소각장에서 발생한 열을 이용하여 여행객들이 족욕을 할 수 있도록 만든 시설이다. 이용 시간은 오후 1시부터 5시까지이다. 물의 온도는 75℃로 냉수와 혼합하여 사용하도록 하고 있다. 아쉽게 시간이 되지 않아 이용할 수 없었다. 발 건강 체험 공간 위쪽에 거대한 추자면 소각 시설이 있다. 1일 평균 소각량은 3.2톤이며 화분식으로 2012년부터 가동되고 있다. 이곳에는 소각장 이외에도 재활용품의 처리도 함께 하고 있다. 분뇨 처리 시설, 캔 고철 작업, 스티로폼 감용기동, 음식물 발효 처리, 혼합 폐기물, 해양 폐기물, 폐목재류, 플라스틱류, 폐가전제품류 등을 처리하고 있다. 회사 내부로 들어가니 페트병을 압축하는 곳에서 다섯 분의 아주머니가 일을 하고 있다. 올레꾼이라 인사하고 작업하는 모습을 살피고 있는데 쉬는 시간이라고 휴게실로 이동한다. 같이 따라 들어가 차를 마시며 이야기를 나누었다.

추자도의 생활 문화가 제주와 다르다고 하였더니 이곳은 전라도 문화라고 한다. 한때 전라도에 속했던 것이 원인이라고 한다. 그때는 생활권이 전라도에 가까웠지만 제주도로 편입(1914년 3월 1일)이 된 후로는 이제 제주도와 깊은 관계를 맺고 생활권이 제주도라고 한다. 병원이며 학교, 시장 등 모든 것이 제주도에서 이루어지고 있다고 한다. 그만큼 제주도도 많이 발전을 했고 특히 제주도가 교통이 편리하기 때문이며 제주

추자도 쓰레기 소각장. 멀리 사자섬이 보인다.

도만 가면 서울이며 외국도 모두 갈 수 있는 항공길이 열려 있어 쉽게 이용할 수 있다고 한다. 예전에 생활권으로 삼았던 전라도의 목포, 광주, 완도 등은 제주와의 밀접한 관계로 인하여 예전만큼은 아니라도 여전히 교류되고 있다고 한다.

해녀 이야기를 하다가 해남(포작)에 대해 이야기로 이어졌는데, 일하시는 아주머니의 조카가 해남이라고 하여 나를 놀라게 하였다. 잠깐의 휴식을 취하고 다시 길을 나선다. 대왕산(124.9m) 황금길에는 대왕산 정자가 우뚝 서 있다. 옆 산마루에는 쌍으로 정자가 세워져 있어 중국의 고산을 연상케 하고 있다.

이곳에는 현무암으로 쌓은 돌담이 특이하게 있는 곳으로 소나무가 우거진 길을 걷다 보면 시원한 바닷바람이 맞닿는 절경을 만나게 된다. 바닷가 아래 바위에서는 낚시꾼들이 낚시를 하고 있다. 나무 덱 길을 따라가면 길가에 거북이와 토끼가 경주하는 모습을 돌로 새겨 놓은 아기자기한 길을 걷는다. '용이 살던 연못'이라는 뜻을 가진 용둠벙 정상 한편에 위치한 간세에서 중간 스탬프를 찍고 아래로 내려오며 다가간 곳은 신양2리 마을이다.

"인심 좋고 살기 좋은 신양2리"라는 가로 현판을 왕릉 등 신성시하는 곳에 설치된 홍살문에 걸어 놓은 것이 특이하다.

신양2리는 1988년부터 신양리에서 1리, 2리로 행정 구역이 분리되었다. 추자10경 중 장작평사, 석두청산, 수덕낙안 등 3경을 보유하고 있다. 추자에서 가장 넓은 농토가 있고 물이 많아 추자도에서 유일하게 벼농사를 짓고 있으며 태풍의 피해가 없는 풍요로운 마을이라고 한다.

신양2리를 알리는 홍살문

  마을회관과 노인회관 휴양센터 등을 한옥으로 조성하여 마을 일대를 한옥마을 관광지로 탈바꿈하기 위해 노력하고 있다고 한다. 중국 음식점이 있는 등 꽤 큰 동네이다. 할머니와 아주머니가 마당에 앉아 담소를 나누고 있다. 잠시 앉아서 전라도 문화에 대해 여쭌다. 이곳에서는 부모를 모시는 것을 예로 하느냐고 물으니 옛날에는 모셨으나 지금은 같이 살지는 않는다고 한다. 아주머니는 현직 해녀라고 했다. 이곳의 모든 해산물은 해녀들이 채취하는데 옛날에는 바다에 들어가면 검미역이 많이 있었으나 지금은 거의 찾아볼 수 없어 소라나 멍게 등이 먹이가 부족하여 살 수가 없다고 아쉬워한다. 당연히 어족 자원 부족으로 이어진다고 한다. 추자도는 물이 깊고 물살이 거세므로 어류나 미역 등이 고급으로 취급되어 해산물이 제주산보다 높은 가격에 거래된다고 한다. 해남(포작)에 대하여 물으니, 10여 년 전부터 시작한 분들이라고 한다. 50대인데 하추자도에 2명이 있다고 한다. 해녀가 되기 위해서는 교육도 받아야 하고 입회금으로 2백만 원을 내는데 탈회 시 다시 반환받는다고 한다. 이야기 도중 몸(해초류)을 보여 준다. 톳보다 귀하게 여긴다고 한다. 동네 할아버지 한 분이 오셔서 자리를 양보하고 일어서는데 추자도를 많이 홍보하고 즐거운 여행이 되라고 격려해 주신다.

영흥리

영흥리는 '영원히 흥하라'는 뜻이며 옛 이름이 "절기미"이다. 뒷산에 절이 있어 사구미로 불린 것에서 비롯되었다. 또한 깎아지른 절벽으로 이루어진 해안 비경 나바론절벽이 있다. 등대 전망대가 있고, 추자도로 유배와 많은 백성들을 치료해 준 박인택을 추모하기 위한 '박씨처사각'과 지극한 효성을 실천한 박명래朴明來의 행실을 기리기 위한 '순효각'이 세워져 있다. 영흥리에서는 매년 음력2월 초하루 산신제를 지낸다.

영흥리는 생존권 쟁취를 위한 항일운동 발상지이며 추자도 어민 대일항쟁 기념비가 추자교 인근에 세워져 있다.

제1차 항쟁은 1926년 5월 14일 일어난 사건으로 일명 '천초 사건'으로 회자되어 왔다. 당시 일제의 사주를 받은 추자도어업조합이 천초(우뭇가사리)를 강제로 싼 가격에 매수하고 비싼 가격에 되팔아 폭리를 취하려 하자 700여 명이 집단으로 저항한 사건이다.

제2차 항쟁은 1932년 5월에 추자도에 거주 중이던 일본인 사와다澤田라는 자가 추자도 어민들의 주 어장터인 추자 내수면 어장에 삼치 유자망 어선을 이용해 마구잡이로 어족을 남획하였고, 심지어 추자도민들의 멸치잡이나 삼치 채낚기 조업도 할 수 없도록 하였다. 이에 상추자도 영세 어민들과 남녀노소 100여 명이 일본인 소유의 어선과 어망들을 육지로 인양하는 등 일본인들에게 맞서 총궐기에 나섰던 사건이다. 추자도 어민들은 이 같은 두 차례 대일항쟁을 통해 일본의 수탈에 강력히 대응

했고 현재까지 발굴 등록된 제주도 내 항일 인사 505명 중 22명이 추자도 어민이었다.

사와다 그물망 사건은 일제가 언론을 통제해 외부에 알려지지 않은 채 추자도 주민들의 구전에 의해 전해지다가 1977년 추자도 유지 추도엽이 정리한 『추자도명』에 의해 기록되었고 1996년 제주도는 이 사건을

추자도 어민 대일항쟁 기념비

일제에 항거한 어민항쟁으로 기록하였다.

섬, 사람, 자연이 동화되어 살아가는 아름다운 섬 추자도라는 캐치프레이즈를 내세우며 추자풍력개발 반대대책위원회가 있으며, 또 한편에는 후풍해상풍력추진위원단이 풍력개발을 추진하고 있다.

제주올레 19코스
조천 - 김녕 올레

독서하며
혼자 걷는 길

　코스가 정해진 올레길을 걷는 것은 단순히 운동이 아니라 자연을 이해하고 무한한 자연의 섭리에 겸손해지는 자신을 발견하는 과정이다. 지금까지 살아온 습관에 따라 관성대로 나아가기를 원하는 자아와 자연에서 원하는 길에서의 순간적인 결정은 이때 새로운 자아를 만나게 되며 새롭게 객관화한 자아를 보게 되는 것이다.
　제주올레의 길을 걸으며 느끼는 것은 바다, 오름, 마을, 숲, 섬 등을 마주하면서 이들을 이해할 수 있는 기쁨과 감격을 발견하는 것이 행복이라는 점이다. 낯선 음식이나 잠자리, 교통에 대한 어려움이 있긴 하지만 이것은 외지에서 느낄 수 있는 간단한 돌파의 대상이지 이로 인한 장애의 대상은 아니다. 진정한 올레꾼이라면 몇 시까지 어디에 반드시 당도해야 한다는 속박에서 벗어나야만 진정한 올레꾼이 될 수 있다. 시계를 자주 들여다보면서 올레꾼들에게 길을 묻게 되는가, 그렇다면 아직도 숙제하듯 걷고 있다는 증거이다. 무릇 올레꾼이라면 그 공간 그 시절에 머무를 줄 알아야 한다. 절대 욕심을 부리지 않고 현상에 순응하여 나아가는 간결함을 숭상하며 하루하루를 맞이하고 있다.
　만세동산의 여운이 쉽게 수그러들지 않았다. 과연 나는 똑같은 시대

상황이 벌어진다면 선현들처럼 분연이 일어날 수 있을까? 하는 의문이 들었다. 선현들의 생사를 초월한 항일운동 참여에 감사와 숭상의 마음을 가지지 않을 수 없다. 비겁한 현실주의자인가 아니면 불의에 분연이 들고 일어선 민족의 일원으로 존재할 수 있을까 스스로 반성해 본다. 만세동산을 나와 밭길을 걷게 된다. 보리밭, 파밭, 무밭이 평범하게 펼쳐져 있다. 다시 길은 바닷가로 인도되고 구좌읍의 관곶이란 곳에 이르게 된다. 관곶은 제주에서 해남 땅끝 마을과 가장 가까운(83km) 곳이라고 한다. 조천포구로 가는 길목에 있는 곶串이란 뜻으로 관곶이라 불리우고 있다.

바닷가를 걷다 보면 마을 어장 안내판이 있다. 어장 구역을 표시하고 리里와 리里의 경계 부근이란 표시를 하곤 하는데, 문제는 바다 쪽의 경계는 어디까지일까 하는 것이다. 알아보니 먼바다까지 모두 해당하는 것이 아니라 수심 150m와 해안선에서 2km 내에서의 범위를 구분 짓는다고 한다. 바로 어장 면적이 이를 뜻하는 것이다. 바다를 본다는 것은 일상을 벗어났다는 증거이기에 어디서든 반갑고 즐겁다. 올레길을 걸으면서도 예외는 아니다. 되도록 바다가 보이면 더 멀리 보고 싶고 그 너머에 무엇이 있을까 하는 상상력과 그리움을 최대한 발휘한다. 바다를 볼 기회가 있고 공간이 있으면 활용하여 관찰하곤 하는 것이다. 등대, 넓은 바위, 힘차게 차오르는 파도, 아득히 퍼져 있는 수평선의 무한함은 가히 바다를 보고 즐길 수 있는 최고의 선이라고 말할 수 있다. 흔히 보는 불턱, 환해장성, 방사탑은 이제 새로운 것이 될 수 없다. 제주에서는 바다가 있으면 당연히 있어야 하는 구성 요소의 하나이며 또한 당堂이나 본향당 등도 예외는 아니다. 이런 기본적인 장치는 바다가 있는 한 존재 이유가 될 것이다.

신흥리

신흥리 해수욕장은 마을에 오목하게 들어앉은 넓은 백사장이다. 밀물 때는 맑고 투명한 물빛이 신비롭고, 썰물 때에는 백사장 전체에 물이 모두 빠져 장관을 이룬다. 바다 가운데 방사탑과 가두리 양식장이 있다.

이곳 방사탑은 바닷가 속에 서 있기에 바다 위에 세워진 유일한 것으로 인정을 받고 있다.

볼레낭할망당은 신흥리 포구 서쪽에 있다. 볼레낭은 보리장나무를 뜻하며 할망은 여신을 뜻하는 제주어이다. 보리장나무 옆에 여신당을 모실 수 있게 돌담을 두르고 돌로 된 제단이 놓여 있다. 특이한 점은 여신당이므로 남성은 신당에 들어갈 수 없다는 것이다.

제주에는 곳곳에 자연 발생적인 자생지가 있다. 이곳도 예외는 아니다.

바다 가운데 설치된 방사탑

바로 이팝나무가 자생하고 있는 곳이다. 못자리를 낼 때 이팝나무 꽃이 활짝 피면 그해에는 풍년이 든다고 한다.

함덕리

함덕 포구이다. 한때 떠들썩하게 화제에 올랐던 고래쇼가 동물 학대라는 논란이 된 적이 있다. 그리고 그 후에 불법 포획되어 돌고래쇼에 이용되었던 태산이와 복순이는 2015년 7월 6일, 서울대공원의 마지막 남방큰돌고래 금등이와 대포는 2017년 7월 18일 이곳 포구에서 방류되어 제주 고향 바다의 품으로 돌아갔다. 자유를 찾아 떠난 고래와 이를 순순히 고향의 품으로 돌려보낸 인간 모두가 승리자이다.

한 무리의 여행객들이 왁자지껄했다. 플래카드에 적힌 내용을 보니 가율초등학교 회갑 여행으로 20여 명의 동창생들이다. "백세 인생 60부터 꽃길만 걸어요!"라는 캐치프레이즈가 있다.

함덕의 해변이 본격적으로 이어진다. 방파제에는 Welcome To Hamdeok이라고 적어 놓았다. 사람들은 함덕의 발전을 크게 보고 있다. 예전에는 김녕이 더 좋았다면 지금은 함덕의 시대라는 것이다. 주변의 건물과 상가를 보아도 시골 면 단위의 여느 곳과는 사뭇 다른 모습이다. 한국해양

멸치잡이 한 팀이 8명으로 구성되어 '팔선진'이라 한다.

재단이 선정한 걷기 좋은 해안 길이다. 이 길을 걸으며 보다 많은 분들이 마음의 평온과 함께 우리 바다의 아름다움과 소중함을 느끼기 바란다고 한다.

함덕 해수욕장도 모래의 유실을 막기 위해 백사장 모래 위에 비닐 포장지를 덮어 놓고 있다. 제주의 강한 바람으로 인하여 모래는 인도와 차도에까지 날려 한 해 유실되는 모래가 상당할 것이다.

1902년 청년선각자 한석봉 선생이 멜그물(지인망)의 조망법과 조업법을 가르쳐서 멜(멸치)잡이를 시작하게 된 것이 시초가 되어 멜그물8선진(큰, 짝선진, 사선진, 뒷개, 새선진, 쌈판, 마늘여, 새뱃그물)을 구성하여 큰 어장으로써 마을 주민 모두가 소득원이 되는 멜잡이를 하게 되었다. 함덕 해수욕장의 인근에는 많은 역사적 유적을 간직한 채 지금도 많은 여행객들을 맞이하고 있다. 언덕 위로 올라서면 서우봉으로 가는 길이다. 서우봉(111m)을 오르는 언덕에 말이 노닐고 있는 넓은 공지가 있고,

처음은 평면적이나 계단을 오르는 길은 가파르다. 망오름 정상을 오르지 않고 살짝 비켜서 지나고 있다. 함덕 해수욕장이 멀리서 보이는데 하얀 모래와 대조를 이루는 에메랄드빛 바다, 투명하게 비춰 주는 맑은 물과 하얀 파도가 아름답게 풍경을 자아내고 있다. 중간 지점에 포토존이 있다. 그곳에서 원당봉(삼양오름), 사라봉, 제주국제여객터미널 등이 보인다. 서우봉의 낙조는 에메랄드빛 바다 수평선 위로 연출하는 붉은 노을로 영주 10경 중 하나인 사라봉낙조와 비교해도 손색이 없다고 한다. 서우봉은 살찐 물소가 기어 올라오는 듯한 형상이라고 하여 예로부터 덕산으로 여겨져 왔다. 서우봉에는 좋은 산책로가 만들어져 있다. 제주올레가 탄생하기 4년 전인 2003년 마을 이장과 젊은이들이 서우봉 둘레길을 내기 시작했다. 이 길이 제주올레길과 연결되어 서우봉 주변 풍경을 제대로 감상할 수 있게 했다. 서우봉 하산길은 오를 때만큼 급경사이다.

북촌리

해동포구를 지나면 북촌 환해장성과 너븐숭이(4.3 기념관)가 있다. 제주 4.3사건으로 인하여 북촌리는 323가구 가운데 207가구의 479명이 희생되었다. 북촌리는 국제법상 전쟁 중일지라도 엄격하게 금지하고 있는 제노사이드(genocide : 집단학살)의 대표적 사례를 간직하고 있는 지역이다. 1949년 1월 17일, 마을에 있었던 불가항력의 남녀노소 4백여 명이 한날한시에 희생되었다. 4.3 사건 당시 단일 사건으로 가장 많은 인명 희생을 가져온 북촌리 주민 대학살 사건이 북촌국민학교를 중심으로 동, 서쪽 밭에서 자행되었다.

넓은 쉼터를 의미하는 너븐숭이, 큰 바위가 많이 있던 그곳은 여러 학살터 가운데 하나였다. 바로 그 자리에 너븐숭이 4.3기념관이 2009년에 지어졌다. 정부는 국비를 들여 이곳 너븐숭이 일대에 위령비, 기념관, 문학기념비, 관람로 시설 등을 마련하여 후세들의 산 교육장으로 활용하게 하였다. 북촌리 4.3 희생자 유족회에서는 매년 음력 12월 19일 희생자들에 대한 위령제를 엄숙하게 지내고 있다.

기념관 앞에는 애기무덤이 있다. 북촌리 주민학살 때 어른들의 시신은 살아남은 사람들에 의해 다른 곳에 안장이 되었으나 어린아이들의 시신은 임시 매장한 상태 그대로 지금까지 남아 있다. 현재 20여 기의 애기무덤이 모여 있는데 적어도 8기 이상은 북촌대학살 때 희생된 어린아이 무덤이라고 한다. 또 앞마당에는 "너븐숭이 4.3 위령성지"라는 커다란 돌 표지판이 세워져 있다. 현기영의 "순이삼촌 문학비"가 세워져 있고 그 앞에 누워 있는 비석에는 『순이삼촌』의 소설 속의 내용들이 여러 개로 나뉘어 있다. 기념관의 영상실에서는 4.3과 관련한 내용의 소개를 10

너븐숭이에 있는 순이 삼촌 문학비

분 분량으로 연속적으로 돌려지고 있다. 나는 잘 이해되지 않아 한 번 더 본다고 하면서 몇 번이 지나가는 동안 잠깐 졸았던 모양이다. 30여 분이 지난 시간이다. 서둘러 자리를 뜬다. 이곳 북촌마을에서만 400여 명의 무고한 양민이 처참하게 살해되어 명절처럼 제사를 한날한시에 지내게 되었고 4.3과 관련하여 제주도 내에서 3만여 명의 양민이 살해되었다니 끔찍하기 이를 데 없다. 원래는 주민들을 소개하라는 상부 지시였다는데 현장에서는 소통의 부재였는지 오해였는지 우익으로 분류되는 군인, 경찰 가족을 제외한 무고한 주민들이 무장대들과 토벌대에서 양면 공격을 당한 유래 없는 살상이었다.

길은 마을 길로 들어서서 북촌리를 떠나 동복리로 들어선다. 동복이란 동쪽에서 빛이 비쳐 오듯이 영광과 복이 마을에 가득 내려 줄 것을 기원하는 마음을 담은 뜻이라고 한다. 산길로 접어드는데 동복리 마을 운동장의 가장자리를 지난다. 운동을 하고 있을 때 운동장을 통과한다면 조금은 길이 어색하고 이색적이다.

벌러진동산에 진입한다. 나무가 우거져 있고, 용암이 굳어 만들어진 넓은 공터가 있으며, 아름다운 옛길이 남아 있는 지역이다. 산길은 우거져 있는 산림으로 어두운 가운데 '박노해의 걷는 독서'라는 푯말이 나를 맞이한다. 반갑게 글을 음미하며 지금의 심정과 대비해 본다. 현재의 심정을 대변하는 것도 있고 인생의 교훈이 될 만한 글도 있어 큰 위안과 감동이 밀려온다.

"일을 위한 삶인가 삶을 위한 일인가", "좋은 사회로 가는 길은 없다. 좋은 삶이 곧 길이다", "여행은 편견과의 대결이다" 등을 읽고 음미하며 호젓한 산길을 의미 있게 통과하고 있다. 해는 서쪽 하늘을 붉게 밝히며 서서히 어둠의 밤을 예고하고 있다. 나는 아직 갈 길이 멀다. 다행히 나를 묶어 둘 어떤 장애가 없다는 것이 그나마 다행이지만 달리듯 벗어나고 싶은 마음은 없다. 어두우면 어두운 대로 그대로 자연을 만끽하며 여유롭게 걷고 싶은 것이다. 시멘트 길은 농로라고 보기에는 크고 잘 닦여 있다. 길을 따라가니 김녕리이다. 김녕 서포구에 도착한 시간은 저녁 6시 40분경이다.

출륙금지령 出陸禁止令

출륙금지령이란 1629년(인조 7) 8월 13일 조선 정부에서 제주도민이 육지로 나가는 것을 금지하였다가 순조 25년(1825) 196년 만에 해제된 정책이다.

15세기에 제주에 대한 중앙 정치의 지나친 행정적, 경제적 간섭은 제주도민들을 유민流民으로 내몰았다. 제주 유민들은 전라도, 경상도 해안과 심지어 중국의 해랑도海浪島 지역까지 떠돌았다. 무엇보다도 견디기 힘든 고통은 노역과 군역, 공납의 폐단이었다. 좁은 면적과 적은 인구에도 불구하고 제주 사람들은 공마貢馬와 귤, 약재, 해산물, 산짐승 등 다양한 진상 공물을 바쳐야 했고, 갖은 노역을 감당했다. 부역과 진상을 피해 수많은 남자가 섬을 떠나면서 인구는 급격히 줄어들었고, 제주는 '여다女多의 섬'이 됐다. 인구가 줄어도 부역은 줄지 않았기에 그 고통은 고스란히 여자들이 담당했다.

조선 정부의 입장에서 보면, 당시 제주는 지정학적으로나 경제적으로 무시하지 못할 효용 가치가 있었다. 지정학적으로는 일본과 중국을 잇는 거점 지역으로서 방위 전략상 중요하였다. 또한 제주도민들이 제주를 떠나 제주 인구가 감소되어 특산물의 진상 등이 심각한 과제가 되었다. 이에 1629년(인조 7) 조선 정부에서는 제주도민이 육지로 나가는 것을 금지하는 정책을 실시한 것이다. 이로 인해 무역하던 배를 만들던 조선造船 기술과 배를 다루던 항해 기술이 단절되었다. 반면 제주 언어의 고유성을 보존할 수 있었을 뿐만 아니라 민간 신앙을 비롯한 제주의 풍속이 보존될 수 있는 계기가 되기도 했다. 지리적, 인위적 단절로 고통이 있었지만 제주 나름의 독특한 문화를 형성할 수 있었다. 출륙금지령이 200년 가까이 지속하는 동안 제주 인구는 서서히 증가했고 자연히 해녀의 수도 증가했다. 조선 숙종 때인 1694년 제주목사를 지낸 이익태가 쓴 『지영록』을 보면 '제주에 미역 캐는 잠녀가 많게는 800명에 이르렀다'는 기록이 나오며 1700년대 초에는 900여 명으로 20세기 초인 1913년 8,391명에 이를 정도로 크게 늘어났다. 쉴 새 없이 불어오는 바람과 싸우며 밭에서 일하다가도 물때가 되면 손에 든 호미를 내던지고 바다로 뛰어들었던 강인한 제주 여성, 해녀들의 생명력은 이러한 역사적 배경 속에 이해할 수 있다.

제주올레 20코스
김녕 - 하도 올레

눈으로
가만히 걷는 길

여기는 김녕이다. 버스 정류장에 내려 다운타운을 걷는데 버스 길이 그나마 번화가라는 느낌이다. CU 편의점에서 커피를 한 잔 사 마신다. 알바하는 학생에게 김녕 하면 자랑할 만한 것이 무엇인가 하고 물었다. 한참을 생각하더니 만장굴, 김녕 해수욕장 하고는 그친다. 뚜렷이 생각이 안 난다고 한다. 학생은 멋쩍은 표정이다. 옛날 고사에는 김녕에 어마어마한 뱀이 살고 있었는데 매년 처녀를 바치는 풍습이 있었다. 목사가 나서서 해결했다는 등 그 흔한 이야기들이 많고 예스러운 동네에 더 많은 자랑거리가 있을 법도 한데….

다시 20코스 시작점으로 간다. 출발을 알리는 스탬프를 찍으면 으레 다시 임무를 부여받은 전사처럼 리본을 따라 재빨리 달려 나간다. 그리고 어느 정도 걸어서 시작점을 멀리했다 생각이 들면 정신을 차려 주변을 살피는 습관이 있다. 그런데 오늘은 이곳에 머물 이유가 있을 것 같았다. 이곳저곳을 살피는데 올레 간세에서 조금 떨어진 곳에 현무암 돌 위에 알루미늄 강판이 놓여져 있고 희미하게 풍루라고 제목이 되어 있는 두 개의 표지석이 있다. 하나는 風樓(풍루)라고 한자로 표식을 하고 기증자의 이름과 내용이 있다. 바람에 대한 이야기를 듣고 살펴 가라는 시적인 내용이다. 그 표지석에 적힌 내용이다.

"풍루風樓는 바람의 힘으로 만들어지는 환경이다.
바람의 힘은 우리의 시각을, 공간을
그리고 우리가 살고 있는 환경을 변화시키고 만들어 간다.
구조물은 바람의 속도와 방향에 반응한다.
이 변화는 바람을 통해 생성되는 에너지를 시선으로
또 경험으로 치환하여 직접 체험할 수 있게 해 준다.
올레길 20코스를 걷기 전 잠시 이곳에 서서 바람을 느끼고
바람이 주는 이로움에 대해 경험하고 바람이 들려주는
이야기를 따라 길을 떠나 보자."

파란 이끼가 덮여 있는 기다란 길이 바다를 향해 뻗어 있다. 그린 카펫 코지(목지 코지)라고 한다. 바다 멀리까지 갈 수 있는 색다른 코스이다.

김녕리

빨간 등대가 있고 사람들이 보인다. 조금 더 다가가니 낚시꾼 3명이 있다. 한 분은 앉아 계시고 두 분은 서서 낚시에 열중이다. 등대 뒤편에 쉬고 계시는 분에게 다가가 "쉬시네요." 하니 본인은 낚시를 하지 않고 산보를 나왔다고 한다. 나이가 들어 보여 "연세가 어떻게 되세요?" 하고 물었더니 나보고 되레 몇 살쯤 되었는지 맞춰 보란다. 너무 많이 말하면 실례가 될 것 같아 내 나이에 다섯을 더하여 75세라고 대답했다. 들으시고 빙그레 웃으시면서 그쯤 되면 춤을 추겠다고 한다. 그 나이만 됐으면 더 건강할 텐데 요즘은 하루하루가 다르다고 하면서 본인은 87세 이수동이라고 말씀하신다. 표준말을 쓰고 계셔서 혹시 외지에 나가셔서 생활을 한 적이 있느냐고 물었다. 김녕에서만 살았으며 외지인과 대화할 때는 될 수 있으면 표준말을 쓰려고 노력한다고 한다. CU편의점 알바생에게 했던 김녕 자랑 좀 하시라고 했더니 만장굴과 김녕 해수욕장을 말씀하신다. 만장굴은 예전에는 많이 못 들어갔는데 지금은 불을 밝혀 더 깊은 곳까지 볼 수 있도록 해 놓았다고 한다. 김녕 해수욕장에 대해서도 설명하신다. 썰물 때는 백사장이 넓고 수심이 깊지 않아 가족 단위로 오시는 분이 많다고 한다.

문헌에 보면 제주에는 육지 못지않게 계契가 성행하였다고 한다. 그래서 계에 관해 물었더니 이해를 못 하시더니 "제"라고 말씀하신다. 문헌상에는 동쪽에서는 접接이라고 하고 서쪽 지역에서는 계契라고 한다고 했는데 김녕은 조금 다르게 "제"라고 한다. 할아버지는 요즘은 모두 다 없어졌다고 한다. 얼마 전에 태국을 다녀왔는데 "제"로 해서 다녀온 것이 아니고 바로 동네에서 갈 사람을 즉시 모집하여 돈을 걷어서 다녀왔단다. 없어진 이유는 풍요롭기 때문이라고 한다. 집집마다 가전제품이 다 있고, 여행 갈 때면 즉시 돈을 거두어 가게 되니까 "제"를 통하여 돈을 모아 갈 필요가 없게 되었다는 것이다. 내가 가져간 비트즙을 내밀며 드시라고 했더니 한사코 사양하다가 칼로 봉지를 잘라 드리니 마지못해 드신다. 그리고 건강하시라고 말씀드리고 헤어졌다. 바닷속은 훤히 들여다 보일 정도로 깨끗하고 바닥은 하얗다. 온통 주변이 까만 돌덩어리 속에서 유독 모래만 하얗게 보이는 것이 특이하다. 계속 바닷길로 안내한다. 원담(바닷가의 돌로 쌓은 자연 그물)을 지나니 세계자연유산마을(선흘1리, 선흘2리, 덕천리, 월정리, 김녕리, 행원리, 성산리 7개 마을)이란 입간판이 있다. 세계자연유산 등재에 대해 알아본다. 2007년 세계자연유산에 등재된 것은 막연히 제주도가 아니었다. 정확히 말해서 '제주화산섬과 용암동굴'이다. 즉 해발 800m 이상의 한라산 천연보호구역, 거문오름과 용암동굴, 그리고 성산일출봉 응화구 등 세 구역, 18,845㏊(약 6천만 평), 제주도 전체의 약 10분의 1이다. 이렇게 제한된 이유는 자연의 원형을 지닌 완전성과 이를 보존하는 법적, 행정적 보호관리제도를 모두 충족하는 곳이었기 때문이다. 김녕리에는 거문오름이 폭발하면서 분출된 용암이 13km 떨어진 해안까지 흘러내리면서 생성된 것으로 추정되는 만장굴, 김녕사굴, 벵뒤굴, 당처물동굴, 용천동굴 등이 밀집해 있다. 이를 거문오름 동굴계로 지칭하며 세계자연유산으로 등재하기 위한 중요한 항목이었다. 천연기념물 제98호인 만장굴은 거문오름 용암동굴계의 대표적인 동굴이다. 약 250만 년 전 제주도 화산 폭발 시 한라산 분화구에서 흘러내린 용암이 바닷가 쪽으로 흐르면서 만들어진 것이다. 현재 1km 정도만 개방되어 있지만 총 길이 13,422m로 세계에서 네 번째로 긴 용암동굴이다. 최대 높이 23m, 최대 폭은 18m이며, 맨 끝에는 7.6m의 세계 최대 규모의 장대한 용암 석주가 서 있다. 김녕리는 제주시에서 동북쪽으로 22km 떨어진 동네로 궤네기굴에서 선사 시대 유물이 발견되었다고 한다. 1,100가구에 주민은 2,800명 정도이다. 김녕초등학교 정문 옆에는 '부종휴 만장길'이라는 안내문이 있다. 당시 초등학교 교사였던 부종휴(1926~1980)가 1946년 김녕초등학교 꼬마 탐험대와 함께 지금의 만장굴을 발견한 내력이 소개되어 있다.

검은 돌들이 있는 해변가 공터에 승용차 한 대와 그 뒤에 카라반이 있고 뒤에 바람에 돌아가는 바람개비 모양의 기계가 서 있다. 캠핑을 나온 60대 부부에게 다가가 이야기를 나눈다.

"이곳에 캠핑을 나오셨어요?"

"네."

"어디에서 오셨어요?"

"네, 육지에서 정년퇴직을 하고 한림에 정착했습니다."

"일반 주택에 사세요?"

"아니요. 처음에 주택에 거주하려고 했는데 여러모로 생각하여 아파트에 삽니다."

"정원 가꾸기 등이 좋은 주택에 왜 살지 않으세요?"

"정원 관리하기가 어려울 것 같아 국가에서 관리해 주는 제주 전역을 정원으로 삼기로 했습니다."

"카라반 뒤에 설치된 기계 장치는 무엇인가요?"

"네, 온도 습도 풍속 풍향 등 다양한 정보를 제공하는 센서입니다. 차내에서 그 센서를 통하여 나타나는 정보를 보고 대처 방안을 마련합니다. 염분이 많은 바람이 불면 서둘러 차를 이동시킵니다."

60대 퇴직 부부는 한 달에 서너 번 부부가 이런 나들이를 한다고 한다. 제주도에서 만난 신개념의 캠핑 풍속도라는 생각이 들었다.

길은 차도와 해변가 도로를 바꿔 가며 걷는다. 푸른 하늘과 끝없이 펼쳐진 바닷가에 풍력 발전기가 돌아가는 것 외에는 평화로운 한낮의 바닷가 풍경이다.

월정리

월정리에 들어서니 무주연대 옛터가 나오고 바로 제주 밭담테마공원이 있다. 공원 안에는 불턱, 산담, 방사탑, 작지왓(자갈(작지)밭(왓)), 잣담, 환해장성, 돗통시, 쉼팡(잠시 짐을 지고 쉴 수 있는 돌이나 장소), 정낭 등이 재연되어 있다. 이곳에서 밭담 쌓는 것을 체험할 수 있다고 하나 실제로 이루어지고 있지는 않았다. 월정리 가까운 곳에 세계중요농업유산에 등재된 진빌레 밭담길이 있다.

길은 오솔길 야자매트 길을 걷는다. 월정리 마을에서 조금 벗어난 곳에 밭이 줄지어 있다. 보리밭, 마늘밭, 쪽파밭, 당근밭이다. 경운기의 엔진 돌아가는 소리가 요란하게 들린다. 다가가 보니 경운기에 부착한 분무기로 농부가 무언가를 뿌린다. 무엇을 뿌리고 있는지 물었다. 농부는 이곳 땅이 모래땅이라 습기가 부족하여 보리밭에 일주일에 한 번씩 물을 주고 있다고 하면서 비가 내릴 때까지는 계속해야 할 것이라고 한다. 밭이 몇 평쯤 되느냐고 물으니 700평이라고 한다. 조금 지나니 이제는 마늘밭에 뭔가를 뿌리고 있는 농부가 있다. 멀리 떨어져 있어 큰 소리로 물으니 약을 주고 있다고 한다. 마늘에 약을 뿌리고 보리밭에 물을 준다는 것을 들어 보지 못하고 자랐다. 보리는 씨 뿌리면 수확할 때까지 별로 할 일이 없고 가끔 비료를 주는 것을 봤다. 마늘은 약을 주지 않아도 잘 자란다. 그런데 물을 주고 약을 해야 할 만큼 토양이나 다른 조건이 좋지 않다는 상황일 것이다.

넓은 바다와 해변 그리고 푸르름을 한껏 안고 있는 하늘, 모두 다 여유를 주기에 부족함이 없다. 월정리를 안내하는 커다란 입간판이 있다. 세계자연유산마을이며 조개껍질로 된 청정 해안을 끼고 있고 미래의 신재

생에너지인 풍력, 태양열연구시범단지 등이 들어서 있는 등 무공해 환경운동을 선도하는 친환경생태마을이라고 자랑이다. 세계자연유산등재에 결정적인 역할을 한 용천동굴은 2005년 5월 11일 당처물동굴에서 1km 떨어진 도로에서 전신주 교체 작업을 하던 중 발견된 동굴이다. 발견될 때까지 정말로 인간의 간섭을 받지 않은 원시 동굴로, 길이는 3.4km, 최대 폭 14m, 최대 높이 20m이다. 동굴 끝에는 넓은 호수(이름 : 천년호수)가 나타났다. 길이 800m, 수심은 8~13m, 최대 폭은 20m로 확인되었다. 세계자연유산실사단이 김녕사굴과 만장굴에 더하여 "만약에 인간의 간섭을 전혀 받지 않은 용암동굴이 하나라도 있다면 세계자연유산등재가 가능해질 것"이라고 했던 것을 충족하는 용천동굴이다. 용천동굴 덕분에 세계자연유산 '거문오름 용암동굴계'란 이름으로 등재할 수 있었던 것이다.

월정리 바다에는 서핑을 즐기는 10여 명의 서퍼들이 파도를 타며 즐기고 있다.

겨울에도 서핑을 즐기는 젊은이들

행원리

아름다운 풍차마을 행원리를 알리는 표석이 있다. 마을 길로 접어드니 밭을 갈고 있는 트랙터가 있고 푸르게 자라고 있는 보리밭이 있다. 해변가에는 풍력 발전기가 있고 돌담이 잘 조성되어 있다. 행원포구에 다다르니 광해군 기착지가 있다. 광해군이 폐위되어 강화도로 유배되었다가 태안을 거쳐 병자호란이 일어난 이듬해인 1637년(인조 15) 제주도로 보내졌다. 1637년 6월 6일 행원포구(어등포)에 입항했는데 배에서 내린 광해군은 그제야 제주라는 사실을 알고 놀랐다고 전해진다.

주성 망경루 서쪽(지금의 제주 구시가지)에 위리안치되었는데, 위리안치란 유배형 가운데 하나로, 귀양간 곳의 집 둘레에 가시가 많은 나무를 두르고 그 안에 사람을 가두는 것이다. 제주 유배 4년 4개월 만인 1641년(인조 19) 67세의 나이로 생을 마감하였다. 광해군은 제주에 묻혔다가 2년 후인 1643년 지금의 경기도 남양주시 진건읍 송능리 산 59번지로 이장되었다. 제주에 유배되어 온 이 가운데 가장 신분이 높았지만, 위리안치되어 생활하던 곳도 남아 있지 않다. 광해군이 제주에 유배되어 생을 마감했다는 것도 처음 알았다. 예전에는 제주에 왔다 하면 주로 유명한 곳, 사람들이 많이 찾는 곳 위주로 관광코스가 결정되어 가다 보니 이렇게 역사적으로 남아 있는 곳은 지나치게 되었던 것이다.

올레길을 걸으면서 이처럼 그동안 소외되고 관심 밖에 두었던 곳들을 세밀하게 관찰하고 익히게 되는 것도 큰 소득이다. 행원리는 바람 많은 제주에서도 바람을 가장 먼저 맞는 곳, 그래서 바람이 더욱 거세다. 세차게 불어온 바람은 전기가 되어 마을에 불을 밝힌다. 행원리에는 제주특별자치도 무형문화재1호로 등재된 해녀 노 젓는 소리(해녀노래)와

1971년 8월 26일 전수자 고故 안도인, 보유자 등재 김영자, 강등자 등이 등재되었음을 알리고 있다. 길은 마을 길과 해안 길을 걷게 된다.

 밭에는 남자들 몇 분이 밭가에서 서성이고 있고 여자들은 당근을 수확하고 있다. 주 씨가 운영하는 농장이다. 포장 상자에는 '20kg, 구좌마을' 이라고 쓰여 있다. 여자분들은 분주하게 당근을 캐고 있고 남자분 몇 명은 일은 하지 않고 마음으로 성원하기 위해 나오신 것 같다. 나와 대화하는 분은 60세 정도의 허 씨라고 한다. 주인 주 씨는 트랙터로 밭을 파서 여자들이 당근을 쉽게 고를 수 있도록 하고 있다. 지금 수확하고 있는 밭은 몇 평 정도며 수확은 어떠냐고 물으니 700평이고 1평에 1박스 정도 수확하여 700박스(20kg) 수확 예정이라고 하신다. 이 당근은 서울 가락시장에서 1박스에 5만 원 정도에 팔려 소비자에게는 아마 7만 원에 팔릴 것이라 한다. 작년에는 너무 많이 풍작이 들어 밭에 있는 당근을 그 상태에서 다음 작물을 위해 엎어 버렸다고 한다. 이번 당근이 비싼 이유는 작년 힌남노 태풍으로 수확이 좋지 않아 그렇다고 한다. 허 선생님은 당근, 콩, 감자를 주로 재배하는데 감자는 돼지감자라는 종으로 서울에서도 알아준다고 한다. 그 옆에 있는 농부를 가리키며 이분은 무만 전문으로 재배한다고 한다. 본인은 울산 현대에서 15년간 근무하다 귀향한 지 15년 된다고 하면서 농부 행세를 하려면 15년의 경력이 있어야 한다고 한다. 딸은 경찰이고 아들은 교편을 잡고 있다고 한다. 자식들이 농사를 지으려 하지 않아 후계자 문제가 대두된다고 말씀하신다. 당근을 먹어 보라고 하면서 큰 것 2개를 주신다. 멋쩍어하는데 다시 작은 당근을 손수 칼로 깎아서 먹어 보라고 한다. 달고 맛이 있다. 감사한 마음으로 인사를 하고 헤어졌다.

당근밭에서 당근을 캐고 있는 아주머니들

오솔길에는 제주올레 '걷는독서'란 독서판이 있다. 박노해의 글 중에서 "마음아 천천히 걸어라 내 영혼이 길을 잃지 않도록", "사랑은 나의 시간을 내어주는 것이다."라는 구절이 있다.

좌가연대에는 앞서 보았던 연대와 달리 연대 앞에 1m 공간을 두고 벽을 쌓아 길로 이용하도록 하고 있다. 제주는 어느 곳에서나 마을에 펜션과 민박이 있다. 그만큼 도 전체가 관광 도시라는 것이다. 너무 넓어서 그런 효과가 겉으로 드러나지 않는 것이다. 또한 공덕비가 흔한 것처럼 호국영웅들에 대한 예우가 남다르다. 국가를 위하여 희생한 영혼들을 기리는 의미로 마을마다 호국영웅비를 세우고 더 나아가 호국영웅 길을 만들어 기억하고 있다.

이곳 한동리에도 고태문로라고 명명한 도로가 있다. 고태문 대위는 한동리 출신으로 6.25 당시 육군 소위로 임관하여 1952년 11월 중대장으로 고성군 351전투에서 전사하였다고 한다. 한동리를 지나니 벵듸고운 길로 접어든다. 벵듸는 평대리의 옛 이름으로 돌과 잡풀이 우거진 넓은 들판을 뜻하는 제주어이다.

세화리

길은 잠시 바닷바람을 피해 평대리의 아름다운 옛길로 들어서 마을을 지나고 세화의 바다로 이어진다. 제주 동부 지역에서 규모가 가장 큰 세화오일장이 있다. 5일과 10일에 장이 열리고 오후 4시경에 파장을 한다.

세화리의 옛 이름은 '가는곶'으로 곶은 수풀을 뜻하는 제주어이다. "질그랭이 머무는 구좌, 그 속에 세화"라는 커다란 문구가 해변 방파제에 걸려 있다. 질그랭이는 움직이지 않고 가만히 쉬는 것이란 뜻으로 쉼을 말한다.

세화리 해수욕장에서 바다를 등지고 마을 길을 따라 오르면 곧 종점인 해녀박물관이다. 늦게 도착하여 해녀박물관 건물로 들어서려고 하는데 휴관일이란 앉은뱅이 안내판이 있다. 그럼 내일 와야지 하면서 해녀항일운동기념비가 있는 동산으로 발길을 돌렸다.

종점에 도착하여 스탬프를 찍고 나니 제주올레안내소 직원이 문을 잠그고 나온다. 게스트 하우스를 소개해 달라고 하니 "이 시간에…" 하면서 난감해한다. 시간이 늦었고 이곳은 빨리 마감된다고 하면서 아래 도로로 가면 모두 게스트 하우스이니 내려가 보라며 버스를 타고 떠나 버린다. 안내소 직원이란 선입견에 조금 서운한 느낌이다. 갈 길이 바쁘겠지만 도움이 필요한 사람이 아닌가? 떠난 사람을 원망한들 무엇하랴! 할 수 없

여행객이 편안히 쉬어 가기를 바라는 주민들의 바람을 적은 문구

이 올레 책자를 꺼낸다. 괜찮아 게스트 하우스는 만원이고 그 밑에 있는 아모르하우스는 예약이 된다고 하여 예약을 했다. 저녁은 안 되고 아침 식사는 제공된다고 한다. 그리고 지도를 검색해 보니 차로 5분 정도 걸어서는 30분 이상 걸리는 거리이다. 할 수 없이 전화하여 너무 멀어 취소한다고 말씀드리니 걸어서 오실 생각이었냐고 물으며 멀다고 한다. 다시 길을 배회하다 이곳에서 400m만 이동하면 민박이 있다는 커다란 안내판을 보았다. CU편의점이 함께 있다는 표시가 있어 CU만 찾으면 되겠다는 믿음으로 고개를 오르니 CU편의점이 보인다. CU편의점에 들어가 방이 필요하다고 하였더니 방이 크다고 한다. 식사는 어떻게 하느냐고 물으니 걸어서 내려가 식당에서 해결해야 한다고 한다. 피곤한 걸음을 다시 해야 하지만 선택의 여지가 없어 결정했다. 배낭에 있는 물품 중 일부를 방에 남기고 식사를 위해 나선다. 주인께 열쇠를 이야기하니 CU에서 지키고 있으니 염려 놓고 다녀오란다. 이렇게 거룩한 하루가 마무리되었다.

제주 돌하르방

툭 튀어나온 동그란 두 눈, 굳게 다문 입, 벙거지 같은 모자를 쓰고 있는 머리, 구부정한 자세에 한쪽 어깨는 치켜올리고 굳게 움켜쥔 두 손으로는 배를 감싸 안고 있는 제주의 돌하르방. 구멍이 숭숭한 현무암으로 만들어진 터라 생김새만큼이나 질감도 독특한 돌하르방은 제주도의 상징이자 간판 얼굴로 자리 잡고 있다. '돌로 만든 할아버지'라는 뜻의 돌하르방은 오래전부터 아이들 입에서 입으로 전해지던 말이었는데 1971년 제주민속자료 제2호로 지정되면서부터 정식 명칭으로 굳어졌다. 이전에는 지역에 따라 이름이 달랐다. 제주시에서는 '우석목', 성읍리에서는 '벅수머리', '무석목'이라 했으며, 대정읍에서는 '무석목'이라 했다. 제주 사람들이 잘 쓰는 말은 아니지만, 옛 기록에는 '옹중석翁仲石'이란 표현을 쓰고 있다. 벅수머리는 흔히 육지에서 장승을 두고 벅수·벅시·법수라 하는 것과 같은 맥락의 말로 보이지만, 우석목·무석목·옹중석은 무슨 뜻인지 아직 확인되지 않았다. 장승과 돌하르방은 생김새뿐만 아니라 기능도 약간 다르다. 장승이 신앙적 기능이 강한 데 비해 돌하르방은 그 기능이 미약하며, 오히려 성곽과 깊은 관련이 있다. 돌하르방은 제주목·정의현·대정현의 읍성 주위에 집중적으로 몰려 있고 주변 마을에서는 발견되지 않는데, 이로 미루어 돌하르방이 주로 읍성 수호신의 역할을 했을 것이라 짐작한다. 돌하르방이 1754년 무렵에 존재했음을 알 수 있을 뿐이다. 돌하르방이 어디서 왔는가 하는 문제에 대해서는 이와 같은 육지 영향설 말고도 남태평양에 널리 퍼진 거인숭배신앙(이스터섬의 석상이 대표적이다.)이 우리나라에 전파된 것으로 보는 남방기원설, 돌하르방이 훈촐로라 불리는 석인상과 닮은 것으로 보아 제주가 몽골(원)의 지배를 받을 때 몽골로부터 영향을 받은 것으로 추정하는 몽골기원설, 그 외 제주 자생설 등이 있다. 현재 돌하르방은 제주시에 21기, 정의와 대정에 각각 12기, 서울에 있는 국립민속박물관에 2기 등 모두 47기가 남아 있다. 대체로 제주시의 돌하르방들은 다른 지역의 그것보다 몸집이 크고 근엄한 표정으로 권위를 앞세운 것이 특징이다. 제주도 기념품으로 만들어져 우리 눈에 익은 돌하르방은 이곳 제주시의 돌하르방을 모델로 한 것이다. 대정과 정의의 돌하르방들은 얼굴에 비해 몸집이 작아 균형을 이루지 못하고 있지만 조신하고 편안한 인상이어서 제주시 돌하르방에게서는 느낄 수 없는 인간미와 소박함이 풍긴다. 제주시 돌하르방이 지배층의 권위를 표상한다면, 대정과 정의의 돌하르방은 제주 옛사람의 순박한 모습 그대로라고 할 수 있다. 이제 돌하르방은 그 옛날 읍성을 지키던 수호신에서 명실공히 제주도를 상징하는 세계적인 얼굴이 되었다. 그러나 문화적 원류나 전파 과정, 수효, 정확한 명칭, 본래 위치, 그리고 기능 등이 아직 명쾌하게 밝혀지지는 않았다. 여러 각도에서 종합적인 연구가 필요하다.

제주올레 21코스
하도 – 종달 올레

의지를 갖고 걷는 길

올레길을 걷는 사람들은 대개 1코스부터 차례로 걷는 것을 상식적으로 생각하고 있을 것이다. 그러나 여러 사정이 있는 사람은 순서에 구애 없이 걸을 수 있고, 자유로이 걷고자 하는 사람 또는 간헐적으로 걸어서 시간에 제약을 받지 않고 걷는 분들은 그 나름대로 즐기는 방식이 있을 것이다.

나의 제주올레길 걷는 원칙은 처음 시작을 1코스에서 시작하고 마지막은 꼭 21코스에서 마무리하고자 하는 것이었다. 이유는 제주올레길을 설계하고 개척했던 선구자들의 초심을 느끼며 공감하고 싶었다. 분명 그분들의 이야기가 있고 사연이 있기에 시작과 끝을 갈음했을 것이기 때문이다. 오늘 나는 이 원칙을 지켰고 그 선구자들의 심정을 헤아리며 마지막 종점을 향하여 걷는다. 처음 1코스를 걸을 때의 설렘을 안고 걸었던 것처럼!

아침 9시경 제주해녀박물관으로 출발한다. 박물관이 9시경 개관할 것이기 때문이다. 그런데 박물관 앞이 썰렁하다. 웬일일까? 박물관 앞에 도착하니 어제저녁과 똑같은 모습이다. 앞에는 '오늘은 휴무일입니다'란 앞은뱅이 안내판도 어제 저녁때 놓여 있던 곳에 그대로 있다. 어제 휴무일 팻말을 아직 치우지 않았는가 해서 건물 앞까지 가서야 오늘이 바로 휴무일이란 것을 알았다. 그러니까 어제저녁에 퇴근을 하면서 휴무일 팻말을 미리 설치해 놓은 것을 나는 어제 휴일이니 오늘은 분명 문을 열었을 것이라 생각하고 담대하게 접근했는데 그것은 나의 생각이고 분명 오늘이 휴일(월요일)이었던 것이다.

씁쓸한 기분으로 다시 원점에서 시작하여 구좌읍 상도리에 있는 제주 해녀항일 기념동산으로 향한다. 제주 해녀항일운동은 1932년 제주 구좌, 우도, 성산면에서 활동하던 해녀들이 부당한 해산물 수매 가격을 둘러싼 분쟁을 시작으로 부당한 일제에 맞서 시위를 일으킨 운동이다. 참가 인원 약 1만 명 가까이 참여했던 국내 최대 규모의 항일운동이다.

제주 해녀항일운동탑은 제주의 전통 배인 덕판배 좌대 위에 탑신을 세

제주해녀항일운동기념탑

우고, 제주 삼무정신을 상징하는 3개의 돛 그리고 빗창과 태극기를 들고 있는 해녀들의 조각상이 배치되어 있다. 기념탑 옆으로는 해녀항일운동으로 체포당해 옥살이를 했던 강관순 해녀가 지은 「해녀 노래」 시비가 세워져 있다.

해녀박물관

해녀박물관을 꼭 방문하고 싶어 다음 날 해녀박물관을 다시 찾았다. 도저히 그냥 지나치기에는 마음이 놓이지 않았다.

버스를 1시간 10분간 타고 도착한 시간은 10시 50분경, 매표소에서 해설사의 해설을 듣고 싶다고 했더니 지금 시작했다고 하면서 바로 가면 들을 수 있다고 한다. 두 가족이 아이들 둘씩을 데리고 열심히 듣고 있다.

처음 시작한 것은 해녀가 살던 곳에 관한 설명이다. 왜 해녀에 대한 설명은 하지 않고 제주 고유의 집에 대한 설명을 하고 있는가 하고 한참을

해녀박물관에서 문화해설사의 설명을 함께 들었던 어린이 가족들

듣고 있으니 이 집이 이남숙 해녀(1921~2008)가 살던 집인데 돌아가시면서 이 집을 해녀박물관에 기증을 했다. 집만 기증한 것이 아니라 집안에 있는 각종 물건을 모두 기증하여 교육 자료로 사용하도록 했다. 이남숙 해녀는 구좌읍 평대리에서 태어나 13세에 해녀에 입문해 80세까지 물질을 했고 23세에 김득수와 혼인했으며 제주 4.3 사건 때 남편을 잃었다. 두 딸을 데리고 물질을 하며 억척같이 생활을 꾸려 나가면서 구룡포, 백령도, 남해 등 한반도 일대로 출가물질을 다녔다고 한다.

　문화해설사 부성주 님은 본인의 어머니도 해녀였다고 하면서 자기의 어린 시절 생활을 곁들여 구성지게 아이들(초등학생) 눈높이에 맞춰 열심히 설명하신다. 아이들의 젊은 엄마들은 해설사님의 설명에 긍정적으로 적극 호응하며 감탄과 알겠다는 사인을 보내 해설사님으로 하여금 해설에 더욱 열중하도록 부추긴다. 40여 분간 1층과 2층의 기구와 그림들을 설명함으로 끝을 맺는다. 제주도의 해녀와 해남(포작)은 자료에 의하면 해녀 3,226명, 해남 3명이었다. 제주 해녀를 잠녀, 잠수라고 하였으며, 전 세계적으로 아주 희귀한 직업군으로 주목받아 왔다. 해녀들은 끈질긴 생명력과 강인한 개척 정신으로 전국 각처와 일본, 러시아 등지로 바깥 물질을 하면서 제주 경제의 한 축을 담당했던 주역이다. 제주 해녀는 1932년 일제의 수탈에 맞서 전국 최대 규모의 항일운동을 전개하였으며, 해녀박물관은 그 역사적 현장에 해녀 문화의 가치와 보전을 위해 2006년 6월 9일에 건립되었다. 지하 1층, 지상 3층의 연면적 4,000㎡에 3개의 전시실과 영상실, 전망대, 어린이 체험관 등으로 이루어져 있다. 제1전시실은 해녀의 삶을 주제로 하여 해녀의 집, 어촌마을, 무속신앙, 세시풍속, 어촌생업을 재현하였다. 제2전시실은 물질, 나잠어구, 해녀공동체 등 해녀의 일터를 중심으로 꾸며졌다. 제3전시실은 고대의 어업 활동과 희망의 바다 등 바다를 주제로 하여 어촌과 어업 문화에 대한 이해를 높이도록 꾸며졌다.

동네를 빠져나가기 전에 궁금증을 해결해야 한다는 마음이 앞선다. 9시 30분쯤이다. 마침 중년의 아주머니가 반대편에서 다가온다. 다짜고짜 뭣 좀 묻겠다고 했더니 허락하신다. 세화 해변가에 커다랗게 하얀 글씨로 새겨 놓은 "질그랭이 머무는 구좌 그 속에 세화"라는 문구 중에 질그랭이란 뜻이 무엇이냐 물었다. "움직이지 않고 가만히 앉아 있는 것, 오랫동안 앉아 쉬는 것"이란 의미라고 말한다. 꼬닥꼬닥, 간세다리도 물으니 조금씩 의미가 다르다고 한다. 근래 세화리에서 만든 공동 카페 건물(질그랭이 구좌 거점센터)이 바로 그 문구 앞에 건축하여 영업을 하고 있는데 질그랭이란 것을 강조하는 것은 세화리를 알리려는 콘셉트로 아마 그것을 선전하려 한 것 같다고 한다. 그동안 세화에서 공동 작업 활동이 별로 없었는데 질그랭이라는 것을 내세워 공동체 역할을 재개하는 것 같다고 한다. 공동체에 관해 이야기가 나와 수눌음에 대해 물으니 공동협조, 상부상조 등 다양하게 서로 돕는 것이라고 말한다. 나는 문헌상으로 동쪽 지역에서는 육지에서 계契를 접接이라고 하고 서쪽 지역에서는 계契라고 하는데 하도리에서는 어떻게 부르냐고 물었다. 조금 생각하더니 요즘은 계라고 하는데 본인이 어렸을 때 할머니가 접接편 간다는 말을 하면서 동네에 다녀오곤 하는 모습을 보았다고 한다. 그때는 어떤 의미인지 몰랐는데 할머니 세대에서 계를 그렇게 쓴 것 같다고 한다. 요즘 계를 많이 하느냐 물으니 거의 하지 않고 농사철에 서로 돕는 풍습은 조금 남아 있다고 한다. 아침부터 상당한 시간을 길거리에서 대답에 응해 준

아주머니에게 감사하다는 인사를 하고 헤어졌다.

이곳 하도리의 별방진은 우도에 접근하는 왜구를 방어하기 위해 중종 5년(1510) 하도리에 진을 설치하고 성곽을 쌓았다. 성안에는 관사와 무기고 등이 있고, 동, 서, 남쪽 세 곳에 문을 두었다. 지형적으로 남쪽은 높고 북쪽은 낮은 타원형 성곽으로 규모는 둘레 1,008m 높이 3.5m 정도이며 옹성 3개소, 치성 7개소가 있었다고 한다. 이 별방진 내에 있던 서문동 우물은 마을에서 가장 오래된 우물이며 그 맛은 짜다고 김상헌의 『남사록』에 기록되어 있을 정도이다.

올레길에는 나와 부부만이 걷고 있을 뿐이다. 남편은 양손에 스틱을 잡고 걷고 부인은 남편의 배낭의 끈을 잡고 걷고 있다. 나와 그 부부는 앞서거니 뒤서거니 하면서 걷는다. 내가 뭔가 몰두하여 사진을 찍다 보면 그들은 내 앞에 걷고 있고 내가 제대로 속도를 내면 그들은 내 뒤에 처져 있다. 다가가 이야기를 나누고 싶은데 기회가 마땅치 않다. 그리고 난 나대로 속도를 내어 걸으며 생각했다. 기회가 되면 만나겠지만 그렇지 않으면 인연이 없는 것이다. 이런 페이스로 가면 그들을 정녕 만날 수 없을 것이다. 하도의 환해장성이 있고 바닷가가 이어진다. 바닷가에 사람이 모여 있다. 다가가니 한 해녀가 물질을 마치고 나와서 방금 따온 미역이며 소라를 담고 있는데 관광객 부부가 소라를 사고 싶다고 흥정을 하여 5천 원어치를 산다. 해녀는 미역도 곁들여 준다. 그 부부들이 떠나고 나와 마주하였다.

"왜 혼자 물질을 하셨어요?
"오늘 약속이 있어 일찍 물질을 마치고 나왔습니다."
"오늘은 몇 시쯤 바다에 가셨어요?"

"네, 오늘은 8시경이지만 매번 달라요. 썰물에 물살 따라 멀리 나갔다가 밀물에 밀려 나옵니다."

나는 어제 손질한 당근을 먹고 있었기에 드시라고 하니 물질을 하고 나면 먹을 수가 없다고 한다. 쓰디쓴 입안으로 인해 잘 먹지 않는다고 한다. 그래도 억지로 당근 한 개를 입에 넣어 준다. 그리고 나도 소라를 사겠다고 했더니 모두 다 사라는 것이다. 나는 조금 맛만 보려고 했는데 그가 제안하여 수락하였다. 미역도 덤으로 많이 넣어 주는데 극구 사양을 하였다. 이유는 가방의 공간이 부족하여 손에 들고 걷기에는 부담이 되었기 때문이다. 그래도 넉넉히 비닐봉지에 가득 넣어 준다. 일단 모든 일을 마치고 사진을 찍고 싶다고 했더니 포즈를 취해 준다.

토끼섬은 해변에서 그리 멀지 않은 해상에 떠 있는 섬. 천혜의 섬, 썰물 때는 길이 만들어져 걸어서도 갈 수 있으나 사람들의 접근을 금지하고 있는 무인도이다. 이곳은 문주란이란 식물이 자생하고 있는 유일한 곳이다. 5월에 문주란꽃이 피면 하얀 토끼처럼

종달리 해변에서 물질을 끝낸 해녀

모양이 만들어져 이름 붙여진 토끼섬이다.

부부 올레꾼

　해변에 정자가 있다. 시간은 벌써 11시 30분에 접어든다. 해녀로부터 샀던 소라와 미역도 정리하여 배낭을 다시 꾸릴 필요가 있고 간식도 먹고 싶어 정자에 자리를 폈다. 빵과 당근으로 배를 채우고 짐을 꾸리고 있는데 나와 앞서거니 뒤서거니 했던 부부가 도착한다. 내가 일어서서 쉬어 가라고 하니 앉으신다. 먹던 당근이며 남은 빵도 내어 드렸더니 스스럼없이 드신다. 나에게 먼저 "간세다리시죠?"라고 묻는다. 처음에 무슨 말인지 몰라 어리둥절하고 있으니 "우리 일행이 아닌가요?" 한다. 난 나 혼자 올레길을 걷고 있다고 했다. 왜 혼자 다니냐고 한다. 부부는 주로 여자분이 말씀을 하신다. 서로 어디에서 오셨냐고 통성명을 했다. 부부는 장성에 사시며 물을 관리하는 시스템 중에 수문과 펌프를 주로 관납하는 회사를 남편이 운영하고 있다고 한다. 장성을 내가 장흥과 혼동하여 이야기하자 백양사를 이야기하고 편백나무 숲을 이야기하며 고등

장성에 거주하는 올레꾼 부부(오후석, 정경자 님)

학교 시절 캠핑을 내장사로 가서 백양사로 넘어가 백양사역에서 기차를 탄 기억이 있어 말하니 맞다고 했다. 특히 편백나무가 있는 장성을 이야기할 때 임종국(독립가 : 나무를 심어 숲을 가꾼 사람) 씨를 기억하며 말하니 바로 그곳이라고 한다. 자기 집은 산속에 있고 올레꾼들도 가끔 오신다고 한다. 그러면서 자기들은 "간세다리"라는 올레 전문여행업체에 등록을 하여 단체로 왔다고 한다. 내가 단체로 움직이면 개인적인 시간이 없어 불편하다고 하였더니 간세다리는 다르다고 하면서 자기들은 남편이 조금 몸이 불편하여 천천히 걷다가 늦어져 간세다리에 연락을 하면 차로 데리러 와서 편리하게 걷고 있다고 한다. 내가 알파캠프를 이야기하니 그들은 먼저 알파캠프에서 걷기를 하다가 간세다리를 알고 옮겼다고 한다. 간세다리는 가격도 저렴하고 한 달을 끊을 경우 이번 차에 다 쓰지 않고 중도에 돌아갈 때는 다음에 다시 시작하면 남은 일정을 다시 연장하여 쓸 수 있게 하여 일정을 저축해 놓고 마음 내키는 대로 이용할 수 있어 편리하다고 한다. 본인은 둘이 한 달에 5백만 원을 지급하는데 방도 넓은 것으로 이용하고 있다고 한다. 간세다리는 단체 여행으로 불편할 수 있는 개인적 사정을 크게 반영하여 업그레이드한 프로그램으로 고객 편의 위주로 승부를 걸고 있다는 느낌을 받았다. 부부는 내가 장성 편백나무 숲을 보고 싶다고 하니 초청하면서 주소와 이름을 알려 주신다. 오후석 님과 정경자 님이다. 이들은 몽골의 제주올레도 다녀왔는데 너무 좋다고 추천한다. 제주올레는 몇 번째인데 올 때마다 다른 느낌이고 구석구석이 새롭다고 하면서 올레 예찬론자이다. 나도 동의했다.

지미봉

지미봉(165.8m)에 오르는 길은 가파르고 내려가는 길도 가파르다. 20분이면 오른다고 올레표지판은 이야기하지만 힘이 든다. 정상에서는 우도, 성산일출봉, 1~2코스에서 올랐던 말미오름(두산봉), 식산봉이 눈앞에 있고 종달포구가 아득하게 보여지며, 조각보처럼 밭들이 늘어져 있다. 정상에는 쥐똥나무, 소나무 등의 관목이 우거져 있어 서쪽 방향의 조망을 막고 있다. 우도에 갔을 때 매번 따라다니던 지미봉을 내가 끝내기로 오르다니!

감격적이다. 우도를 갈 때는 겨우 2일 차이니 거의 25일 만에 이곳에 온 것이다. 처음 시작할 때는 언제 지미봉에 다다르나 하고 그리워하던 곳이 아니었던가. 막상 현실에 직면하니 모든 것은 시간이 말한다는 생각이 든다. 박노해의 걷는 독서라는 팻말에 "서둘지 마라 그러나 쉬지도 마라. 위대한 것은 다 자신만의 때가 있으니."란 말이 여기에 어울리는 말이라고 생각한다.

지미봉地尾峰과 종달리終達里. 두 지명 모두 섬의 끝이라는 의미를 지니고 있다. 제주도는 고구마 모양을 하고 있는데, 서쪽의 한경면 두모리를 섬의 머리라 했고 동쪽 끝의 지미봉을 땅끝이라고 한다. 지미봉의 속칭인 땅끝은 종달리를 가리키기도 했다. 제주 올레도 땅끝에서 끝난다.

제주올레의 종점인 종달해변에 도착하였다. 이곳은 지미봉 정상에서 보았던 입체적인 풍광이 평면적으로 보이는 곳이다.

내 인생에 열정의 시간은 이미 지난 줄 알았는데 올레길을 걸으면서 내 인생에 새로운 계절이 열렸다. 이제 새로운 길, 새로운 만남을 기대하며, 기꺼이 다시 길을 걸을 것이다. 나는 당분간 쓸쓸히 올레의 끝을 앓고 있을 것이다.

제주올레의 종점은 탐구의 끝이 아니라 탐구의 완성이며 새로운 탐구로 이어지는 다리가 될 것이다.

제주 해녀

해녀는 바닷속에 들어가서 해삼, 멍게, 전복, 미역 따위를 따 내는 것을 업으로 삼는 여자를 말한다. 해녀는 1629년 이건의 『제주풍토기』 규장집에서 잠녀라는 이름으로 처음 세상에 알려졌고 제주 여인의 강인함과 근면성을 상징하고 있다. 해녀는 한 번에 10~15m 정도의 깊은 바닷속에서, 여름철에는 하루 6~7시간, 겨울철에는 하루 4~5시간, 연간 90일간 물질을 한다. 잠수하다 보면 잠수병을 앓거나 목숨을 잃는 경우도 적지 않다. 해녀는 물질 능력에 따라 상군, 중군, 하군, 똥군으로 나뉜다. 물질에 들어간 해녀들은 1~2분간 숨을 참았다가 물에 떠오른 후 '숨비소리'라는 독특한 호흡을 한다. 잠수를 앞두고 제주 해녀들은 심방(무당의 제주어)을 불러 바다의 여신인 용왕할머니에게 풍어와 안전을 기원하며 잠수굿을 지낸다. 제주 해녀의 존재는 『삼국사기』 고구려본기 무자왕 13년(503)에 처음으로 기재됐으며, 여러 정사正史에는 잠녀가 '진주 캐는 사람'으로 묘사되어 이름을 떨쳤다. 당시 진주를 채취하는 방법은 물질밖에 없었을 것이므로 우리나라의 물질은 삼국시대 또는 그 이전에 시작된 것으로 추정한다. 17세기 후반부터 전복을 채취하던 '포작'은 사라지고, 물질은 여자들이 주로 전담했던 것으로 분석되고 있다. 지금과 같은 형태의 직업적 해녀는 1900년대 초반부터 본격적으로 출현했다. 1895년 경상남도로 첫 출가 물질을 떠난 제주 해녀들은 우리나라 육지뿐만 아니라 일본과 중국, 러시아 블라디보스토크까지 행동반경을 넓혔다. 이에 1930년대 국내외 출가 해녀는 5,000여 명에 이르게 되었다. 해녀가 가장 많았던 1960년대 전후에는 제주에서 물질을 배우는 것이 자연스러운 일이었다. 그런데 이 시기 제주 사회는 여러 면에서 변화가 나타나기 시작했다.

새로운 품종의 감귤이 도입되면서 제주 전역으로 퍼지기 시작했고, 관광 개발이 시작되는 등 제주 경제 전반에 걸쳐 대변화를 맞게 된 것이다. '바다밭'이 축소되는 악영향도 피할 수 없었다. 이에 1970년 1만 4,000명을 웃돌던 제주 해녀의 수는 1980년에 7,804명으로 절반 가까이 줄어들게 된다. 이후에도 지속적인 감소세를 보이며 2022년 3,226명으로 축소되었다. 특히 이 중 50세 이상이 97%에 달하는 등 고령화가 심각한 문제로 대두되고 있다. 49세 이하 해녀는 점점 감소하고 신규 해녀가 발굴이 되지 않는 악순환이 되풀이되면서 제주 해녀라는 어업 자원의 보전과 관리, 활용 방안이 시급하다는 목소리가 높아지고 있다. 세계적으로 희귀한 어업 유산인 해녀 어업을 보존하기 위해 제주도는 해녀학교(법환좀녀마을 해녀학교, 한림읍 한수풀해녀학교)를 운영하고 있다. 제주 해녀의 물질은 고통과 슬픔의 역사를 넘어 우리 전통의 한줄기가 되었다. 해녀가 '살아 있는 유산'으로서의 명맥을 이어 가기 위해서는 제주도민들의 성원과 관심이 절실하다. 공동체 전체가 해마다 잠수 일수를 결정하고 작업 시간, 취할 수 있는 해산물의 최소 크기 등을 정하여 운영하고 있으며, 남획을 방지하기 위해 특정 기술의 사용을 금지하고 있다. 제주 해녀 문화는 자연에 순응하며 삶을 일구는 대표적인 사례이다.

EPILOGUE

세 번의 감동을 느껴 보자!

제주올레를 완주하고 완주기를 펴내고자 하는 이들에게.

책을 낸다는 것은 일반 상식으로 전문적인 지식을 소유하고 있는 사람이 내면에 품고 있는 정보를 관심 있는 많은 사람과 공유하기 위한 수단으로 생산되는 것이라 생각하고 있었다. 나 같은 평범한 사람은 그저 전문가들이 난고 끝에 펴낸 글들을 읽고 희로애락을 즐기면 되는 줄 알았다. 그런데 나에게도 이런 큰 영예가 오다니!

한 가지 아쉬운 것은 완주자들은 많으나 제주올레 완주기가 책으로 발간된 것은 아직 극소수에 그치고 있다는 것이다. 생각 같아서는 10대부터 장수 노인까지 다양한 사람들이 각기 다른 시각에서 자유롭게 완주기를 발간하여 향후 완주하게 될 후발 주자들에게 하나의 롤 모델이 되고 제주올레가 세계적인 트레일의 반열에 서게 되어 많은 세계인들이 찾게 되는 역할의 일부를 담당했으면 하는 것이다.

"명산은 그것을 노래한 시와 글이 있어 그 가치와 명성을 더해 간다."라는 말이 있다. 명작은 뛰어난 명품 해설이 더해져 그 내용이 풍부해지고 더욱 가치가 살아나게 되듯이 제주올레에 대한 기행문이 많이 나와서 그 가치와 명성을 더해 가길 바라는 마음이다.

또한 완주자들은 세 번의 감동을 느끼게 될 것이다.
첫 번째는 발로 걸어서 최종 목표점에 도달하는 감동을,
두 번째는 손으로 가슴으로 재생하여 기록하면서 또 한 번의 감동을,
세 번째는 책으로 발간하여 얻게 되는 승리의 감동을!

부디 제주올레가 많은 이들에게 애용되어 삶에 활력을 주고 변화를 일으키는 트레일이 되었으면 한다.
한 달 동안 나의 발걸음을 지켜 주시어 건강한 몸으로 완주할 수 있게 해 주시고 그 결과물을 책으로 펴낼 수 있도록 능력 베푸신 하나님을 경외하며 감사드립니다. 또한 이 글이 탄생하기까지 가족들의 지원에 고마움을 전하며 직간접적으로 도움을 주신 많은 분들과 제주올레사무국, 안은주 대표이사님께 심심한 감사의 말씀을 드립니다.

- 2024년 2월 남양주 자택에서

제주올레 안내 표지

제주올레는 도보여행자가 자유롭게 안내 표지를 따라 걸어가는 여행길이다.

간세		간세는 제주올레의 상징인 조랑말의 이름이다. 느릿느릿한 게으름뱅이라는 뜻인 제주어 '간세다리'에서 따왔다. 갈림길에서는 간세가 길을 안내한다. 시작점에서 종점을 향해 정방향으로 걷는 경우 간세의 머리가 향한 쪽이 길의 진행 방향이다.
리본		파란색과 주황색의 리본 두 가닥은 주로 사람의 눈높이보다 조금 높은 나뭇가지에 매달려 있다. 파랑색은 제주의 푸른 바다를, 주황색은 제주의 귤밭을 상징한다.
화살표		제주올레길의 진행 방향을 알려 주는 가장 기본적인 안내 표지다. 파란색 화살표는 시작점에서 종점으로 가는 정방향, 주황색 화살표는 종점에서 시작해 시작점을 향해 거꾸로 가는 역방향을 안내한다.
제주올레 패스포트		제주올레 여행자를 위한 여행 증명서로 제주올레길 모든 코스의 스탬프를 찍고 완주자임을 확인받는 올레꾼의 필수 아이템. 패스포트 소지자는 할인 업체를 통해 숙박, 식당, 카페, 입장료 등 다양한 혜택을 받을 수 있다.
제주올레 가이드북		제주올레 29코스를 걷는 데 필요한 정보가 총망라되어 있다. 제주올레 에티켓, 안전 수칙, 길 안내, 숙박, 교통, 코스별 설명과 주요 유적지 등을 상세히 소개하고 있다.

참고 도서

현용준 지음, 『제주도 전설』, 서문당, 1996

송일준 지음, 『제주도 한 달 살기』, 스타북스, 2021

문신희, 문신기 지음, 『제주 오름 여행』, 디스커버리미디어, 2021

오태수 지음, 『제주 올레 완주기』, 좋은땅, 2022

(사)제주올레 지음, 『제주 올레』, (사)제주올레, 2022

성우제 지음, 『제주 올레 왑주기』, 강, 2014

서명숙 지음, 『제주 걷기 여행』, 북하우스, 2008

최병욱, 최병선 지음, 『한국의 3대 트레킹』, 한국학술정보㈜, 2020

빈중권, 송인희, 정용혁 지음, 『제주 걷기 여행』, 디스커버리미디어, 2022

이영권 지음, 『제주사』, 휴머니스트, 2005

(사)제주올레 엮음, 『나의 제주 올레』, (사)제주올레, 2017

서명숙 지음, 강길순 사진 『숨, 나와 마주 서는 순간』, 북하우스, 2015

유홍준 지음, 『나의 문화유산답사기 제주편』, 창비, 2012

조성윤 외 엮음, 『추자도 바당』, 블루앤노트, 2012

준초이 지음, 『해녀와 나』, 남해의 봄날, 2020